Gewidmet allen unseren
Schutzengeln –
im Himmel und auf Erden.

Vorwort

Neun Minuten! Das sind drei Popsongs oder ein Zehntel eines Fußballspiels. Und der amtierende Weltrekordler mampft in dieser Zeit 61 Hotdogs. Neun Minuten dauern verdammt lange. Neun Minuten sind eine Ewigkeit. Vor allem, wenn man klinisch tot ist – das Bewusstsein verliert, das Herz nicht mehr schlägt, das Gehirn keinen Sauerstoff bekommt und man reanimiert werden muss. Neunzig Prozent aller Menschen überleben das nicht. Und wenn doch, dann ist die Wahrscheinlichkeit sehr groß, dass die Betroffenen danach geistig behindert, halbseitig gelähmt oder ähnlich gezeichnet sind.

Mein Name ist Clemens Hagen und ich habe das auf wundersame Weise alles unbeschadet er- und überlebt. Und noch viel mehr.

In »Neun Minuten Ewigkeit« schildere ich, wie ich kurz nach meinem fünfzigsten Geburtstag mit letzter Kraft in den Flieger von Berlin nach München steige. Zunächst glaube ich an eine Lebensmittelvergiftung wegen eines schlechten Rinder-Carpaccios, das ich am Vorabend gegessen hatte. Was ich nicht ahnen kann – ich habe eine innere Blutung. Es geht von jetzt an um jede Sekunde, um Leben und Tod. Das soll die nächsten Tage und Wochen auch so bleiben. Das Letzte, woran ich mich erinnern kann, ist der bedrohlich verstörte Blick der drei Ärzte auf der Intensivstation des Klinikums Gutsing bei München, die sich über mich beugen. Dann bleibt mein Herz stehen, ich muss wiederbelebt werden. Neun Minuten Ewigkeit vergehen, bis ich in einen sehr tiefen Schlaf versetzt werde – künstliches Koma. Ich lande in einer bizarren Welt voller Albträume, Ängste und Aggressionen, die die meisten Menschen nie kennenlernen. Ich treffe skurrile Gestalten, die mich abwechselnd quälen oder retten wollen.

In einer Parallelwelt lebe in dieser Zeit auch ich, Clemens' Verlobte Kimberly Hoppe. In den lebensbedrohlichen Stunden vor seiner Einlieferung und während der folgenden Zeit auf der Intensivstation bin ich immer bei ihm. Nach der ersten Not-OP sagt ein Arzt sehr direkt zu mir: »Kann sein, dass Ihr Mann heute Nacht stirbt.« So wie: »Kann sein, dass es morgen regnet.« Aber ich will nicht, dass es regnet. Ich will, dass morgen die Sonne scheint. Täglich kämpfe ich mit all meiner Liebe und Kraft darum, dass Clemens die schwerste Prüfung seines und auch meines Lebens übersteht. Stundenlang sitze ich an seinem Bett, rede mit ihm, singe ihm etwas vor und streichle ihn. In dieser dramatischen Zeit lerne ich auch den ungewöhnlichen Alltag auf einer Intensivstation kennen – die über Leben und Tod entscheidende Arbeit der Ärzte und das (Liebes-)Leben der Schwestern und Pfleger. Ich treffe andere Angehörige, die ihre Liebsten verlieren, und Patienten, die zu Hause so einsam sind, dass sie das Krankenhaus nicht freiwillig verlassen wollen.

Was mir in diesen schrecklichen Wochen hilft: Ich schreibe minutiös Tagebuch. Vom ersten Schock über Clemens' ersten Augenaufschlag bis zu seinen ersten Schritten auf eigenen Füßen schildere ich das Leben und Leiden in der Klinik – aber auch das Lachen. Denn es ereignen sich viele unfreiwillig komische Momente – wie Clemens' Fluchtversuch. Nur mit einer Unterhose bekleidet will er sich im tiefsten Winter selbst entlassen. Oder seine Pulsmesser-Zigarette. Als Folge seiner Nikotinsucht nimmt er unvermittelt tiefe Züge aus seinem rot blinkenden Pulsmesser am Zeigefinger. Oder seine nächtliche Hungerattacke, als er sich einen Toast mit Rasierschaum schmiert – den er für Schlagsahne hält – und diesen Snack auch noch isst. Oder seine Angst vor dem Chefarzt der Intensivstation, der ihm zwar den Luftröhrenschnitt einwandfrei legt, in dem er aber einen gefährlichen Zuhälter-Typen sieht.

»Neun Minuten Ewigkeit« erzählt unsere Nahtoderfahrung aus zwei Perspektiven. Die Realität erfährt der Leser von »Krankenschwester« Kimberly Hoppe, während »das medizinische Wunder« (O-Ton Arzt) Clemens Hagen ihn in seine verrückten Traumwelten entführt. In Tagebuchform schreiben wir in atemlosem Wechsel über eine Zeit, die niemand erleben, aber jeder nur überleben will.

Clemens Hagen & Kimberly Hoppe

27. November, abends

»Grüß Gott«, rutscht es mir raus. Ich will mir gerade noch auf die Zunge beißen, aber da kriege ich schon die Antwort, die jedem Münchner blüht, wenn er in Berlin nicht »Guten Tag« sagt.

»Haste 'nen Nagel im Kopf, du Bayer?«, blafft der junge Punk am Prenzlauer Berg zurück, als ich mich höflich nach der Adresse des italienischen Restaurants erkundige. Kimberly, meine Verlobte, knufft mich in die Seite.

»Hier gibt's ja wirklich noch echte Punks. Aber hast du gesehen, welches Bier der Charmebolzen trinkt? Natürlich unser Münchner Augustiner!«

»Manieren hat er keine, dafür Geschmack«, lobe ich.

Zehn Minuten später erreichen wir nach einigem Suchen unser Ziel. Als Kimberly und ich das »Bella Donna« betreten, werden wir gleich überschwänglich begrüßt. Wir sind mit einem befreundeten Berliner Paar verabredet, das wir seit Jahren nicht gesehen haben. Das Wiedersehen ist euphorisch, das Essen fantastisch.

Gerade habe ich den letzten Bissen der Hauptspeise, einer hauchdünnen Salamipizza aus dem Holzofen, verputzt, da erschrecke ich bei Kimberlys Anblick: »Schatz, wie siehst du denn aus? Du hast ja drei Augen! Und sechs Arme! Ähnelst ein bisschen Shiva, also dieser indischen Gottheit.«

Kimberly blickt mich irritiert an. Bevor sie etwas sagen kann, bricht Gelächter aus.

»Du verträgst auch nichts mehr, Clemens«, sagt Stoffel, der Mann von Nina und unser Freund.

»Unverschämtheit«, antworte ich gespielt entrüstet. »Ich habe nur zwei winzige Gläschen Wein getrunken.« Ich schaue in die Runde, aber alles verschwimmt vor meinen Augen, nicht nur meine Verlobte.

»Noch ein Tiramisu, Signore?«, fragt der Kellner. Nein, um Gottes willen, denke ich und schüttele energisch den Kopf.

»Alles okay mit dir?«

»Ja, ja, alles bestens. Ich brauch nur kurz frische Luft. Hier ist alles so verqualmt.«

»Aber es raucht doch niemand, Clemens.«

Verstört stehe ich auf und gehe vor die Tür. Vor dem Lokal fühle ich mich immer noch seltsam. Irgendwie high. So stelle ich mir einen LSD-Trip vor – einen besonders schlimmen Horrortrip allerdings. Kräftig atme ich ein und aus. Ich versuche, mich zu konzentrieren. Was ist nur los mit mir? War mein geliebtes Rinder-Carpaccio, das ich als Vorspeise hatte, etwa schlecht? Oder hat mir jemand heimlich K.-o.-Tropfen in den Wein gemixt? Ratlos starre ich vor mich hin. Die an mir vorbeiziehenden Menschen sehen alle aus, als würden sie schweben. Da kommt zum Glück Kimberly. Sie nimmt mich in den Arm und redet auf mich ein. Ich verstehe nur Wortfetzen. »Taxi«, »Hotel«, »Bett.« Ihr drittes Auge und die vielen Arme sind immer noch da. Als ich wieder halbwegs zu mir komme, sitze ich auf dem Hotelbett.

»Was war denn eben im Restaurant los?«, frage ich Kimberly verstört.

»Das wollte ich eigentlich dich fragen. Du hast dich vor Nina und Stoffel total komisch benommen. Was sollte der Scherz mit dem dritten Auge?«

»Aber ich sehe es doch genau! Da, über deiner Nase! Du musst mir glauben, Schatz, bitte, auch wenn alles seltsam klingt.«

Kimberly sieht mich noch irritierter an als vorhin im Lokal.

Immer wieder drückt Clemens seinen Finger an meine Stirn. Dann torkelt er durchs Zimmer, bewundert minutenlang die psychedelisch gemusterte Tapete mit den konzentrischen lila Kreisen. Er wirkt wie fremdgesteuert. Hat er heimlich die gesamten Grappa-Bestände beim Italiener vernichtet? So habe ich ihn noch nie erlebt. Im Gegenteil: Normalerweise übersteht er selbst die wildesten Partys ohne Ausfallerscheinungen. Ich überlege, ob ich den Notarzt rufen soll. Doch was soll ich dem sagen? Nach zwei Stunden beim Italiener hat er den totalen Indien-Flash und sieht überall dritte Augen? Keine wirklich präzise Diagnose …

Kimberly bringt mir ein Glas Wasser und ein Aspirin. Ernst sage ich: »Du, jetzt weiß ich, was mit mir nicht stimmt: Jemand will mich vergiften.«

»Aber wer soll dich denn vergiften? Und vor allem – warum? Du wirst sehen, morgen geht's dir wieder besser.«

In diesem Moment wird mir hundeübel. Ich renne ins Bad, schließe gerade noch die Tür, dann muss ich mich übergeben. Ich speie einen Schwall rötliches Erbrochenes aus. Das muss das verfluchte Carpaccio sein, bin ich mir sicher. Wenigstens bin ich es jetzt los. Ich werfe einen Blick in den Spiegel und bekomme einen Schock. Meine Sommerbräune ist einer aschfahlen Gesichtsfarbe gewichen. Trotzdem fühle ich mich etwas erleichtert und gehe zurück zu Kimberly.

»Das wird schon wieder«, beruhige ich uns beide und erzähle etwas von Lebensmittelvergiftung. »Vielleicht werde ich ja doch noch zum Vegetarier«, versuche ich sogar einen müden Scherz. Wir ziehen uns aus, legen uns ins Bett. Erschöpft blicke ich in Kimberlys Gesicht. Das dritte Auge ist weg. Endlich. Ich schlafe beinahe auf der Stelle ein. In der Nacht wälze ich mich viel herum und wache am nächsten Morgen schweißnass auf. Die Dusche erfrischt mich. Trotzdem fühle ich mich kraftlos und zittrig.

Später am Frühstücksbuffet versuche ich, mir meinen Zustand nicht anmerken zu lassen. Irgendwann muss sich das Gammel-Carpaccio doch aus meinem Magen verabschiedet haben. Ich nehme mir eine große Schüssel mit Joghurt und Früchten. Kimberly blickt mich an, als sei ich ein Außerirdischer.

»Du und Früchtejoghurt? Geht's dir doch noch so schlecht?«

»Vielleicht geben mir die Vitamine die Power für den Vortrag«, versuche ich, meine exotische Wahl zu erklären. Insgeheim hoffe ich das auch. In einer Stunde muss ich nämlich topfit sein. Ich soll mein neues Buch einer handverlesenen Runde wichtiger Buchhändler vorstellen. Ich soll eloquent sein, spritzig und witzig. Aber ich fühle mich gerade so, als hätte mir jemand mit einer überdimensionalen Spritze die ganze Kraft aus dem Körper gesaugt. Da hilft auch mein Früchteexperiment nicht. Im Gegenteil. Nach einer zweiten Portion eile ich zurück auf unser Zimmer, um mich erneut zu übergeben. Wieder hat das Erbrochene eine rötliche Farbe. Als ich zurück in den Frühstücksraum komme, sieht mich Kimberly besorgt an.

»Wollen wir nicht besser zum Arzt gehen? Sorry, du siehst schrecklich aus, mein armer Schatz.«

»Geht schon«, antworte ich schwach. »Aber zum Arzt? Kommt nicht infrage!«

28. November, mittags

Mitleidig sieht sie mich an, Maja, meine Lektorin.

»Na, Clemens, gestern 'ne lange Nacht gehabt?«

Mädchen, wenn du wüsstest, denke ich und schüttele den Kopf.

»Dann ist's sicher das Lampenfieber«, forscht Maja weiter. Bevor ich antworten kann, sagt sie: »Mach dir nichts draus, Clemens, ich bin auch immer total nervös, wenn ich vor vielen Leuten reden muss.« Wir stehen mit einigen anderen Verlagsmenschen um einen runden Tisch herum und warten auf meinen Auftritt vor den Buchhändlern. Immer wieder suche ich Kimberlys Blick. Ihre Anwesenheit beruhigt mich. Während mir ein anderer Autor enthusiastisch von seinem epochalen Werk zum Thema Burn-out erzählt, werden meine Beine schwach. Da rettet mich Kimberly aus der Situation.

»Komm, setz dich. Atme noch mal tief durch, du packst das schon!«

Ich verziehe mich in die hinterste Ecke des Vorraums. Mein Wasserglas muss ich mit beiden Händen umfassen, so sehr zittere ich. Kimberly legt mir ihre Hand auf die Stirn.

»Sollen wir deinen Auftritt lieber absagen?«

»Auf keinen Fall. Du weißt doch: einmal Rampensau, immer Rampensau!«

Da kommt schon Maja auf uns zu und sagt aufgeregt: »Clemens, schnell, schnell, du bist dran.«

Ich folge ihr in den großen Vortragsraum, nehme in der Mitte des Podiums Platz und blicke in etwa fünfzig gespannt dreinblickende Augenpaare. Da höre ich plötzlich die Sirene eines Krankenwagens, der draußen auf der Straße vorbeirast. Der Lärm geht mir durch Mark und Bein. Merkwürdig, ich frage mich plötzlich, welches arme Schwein da wohl gerade drinliegen mag. Eigentlich habe ich aber jetzt gar keine Zeit für solche Gedanken. Aufgeputscht durch das Adrenalin, das automatisch mit der Aufregung kommt und alle körperlichen Beschwerden für den Moment in den Hintergrund drängt, beginne ich meinen Vortrag. Die Witze, zuvor an Kimberly erfolgreich ausprobiert, sitzen. Mein Publikum lacht und applaudiert, nachdem ich ein Probekapitel aus meinem neuen Buch vorgelesen habe.

Das wäre geschafft, denke ich erleichtert. Ich stehe auf, verbeuge mich kurz. Dabei habe ich Angst, mich vor allen übergeben zu müssen. Ich verlasse das Podium, so schnell es geht.

»Kimberly, Schatz, bloß raus hier jetzt«, sage ich, zurück im Vorraum. Meine Beine tragen mich gerade noch bis in ein Café auf der gegenüberliegenden Straßenseite. Schwer atmend lasse ich mich dort in einen Sessel auf der Terrasse plumpsen. Die frische Luft tut gut. »Kimberly«, sage ich, »aus unserer Shopping-Tour wird heute nichts. Ich bin total alle.« Sie nickt verständnisvoll. Dann muss ich mich auf den Steinboden übergeben.

»Ist das Blut? Um Himmels willen!«

Fatalerweise haben wir den letzten Flug nach München gebucht. Umbuchen ist unmöglich, wie sich nach einigen Telefonaten mit der Fluggesellschaft herausstellt. Da es erst früh am Nachmittag ist, bleiben uns noch einige Stunden Zeit bis zum Abflug.

»Wollen wir in die Charité fahren, Clemens? Nur zur Sicherheit?«

»Bloß nicht. Die behalten mich am Ende gleich in der Klinik. Ich will einfach nur nach Hause. Irgendwie werde ich das schon schaffen.« Die folgenden Stunden vergehen zäh wie Kaugummi. Kimberly versucht, mich immer wieder aufzumuntern, während ich völlig entkräftet vor mich hin schweige. Ich habe keinen Hunger, keinen Durst, nichts. Nur Schmerzen. Immer wieder frage ich mich: Was ist nur los mit dir, Hagen? Mir fällt keine Antwort ein. Endlich ist es Zeit, zu gehen. Kimberly bestellt ein Taxi.

Es ist bereits dunkel, als wir vom Prenzlauer Berg zum Flughafen Tegel fahren. Unterwegs muss ich mich wieder erbrechen. Dieses Mal, weil es schnell gehen muss, einfach in einen Mülleimer am Straßenrand.

»Nett, dass Sie mein neues Taxi nicht vollgekotzt haben«, kommentiert der Taxifahrer.

Am Flughafen erledigt Kimberly den Check-in. Sie gibt das Gepäck auf und löst am Schalter die Tickets. Ich sitze währenddessen vor unserem Gate und habe Angst, dass ich den Gang durch die Sicherheitskontrolle nicht durchstehe, weil ich zu schwach bin.

»Ich helfe dir, komm, mein Liebster.«

Ich raffe mich auf und lege meinen Arm um ihre Schulter. Gemeinsam schaffen wir es zur Sicherheitsschleuse. Ich ziehe meinen Gürtel aus den Schlaufen der Jeans und lege ihn gemeinsam mit Armbanduhr und Kleingeld in die graue Plastikschale. Wir passieren die Schleuse. Immer wieder befürchte ich, dass mir gleich schwarz vor Augen wird. Alles dreht sich. Mein Herz schlägt wie verrückt.

Im Warteraum sehen mich die anderen Passagiere mitleidig an. Ich murmele etwas von »Entschuldigung, Lebensmittelvergiftung«, während wir uns durch die Menge Richtung Ausgang drängeln. Ich muss wirklich schlimm aussehen, denke ich, denn kein Mensch protestiert.

Als wir endlich im Flugzeug unsere Plätze in der letzten Reihe eingenommen haben, sage ich zu Kimberly: »Du, die paar Meter hierher waren das Anstrengendste, was ich jemals erlebt habe.«

Ich schließe erst meinen Sicherheitsgurt, dann meine Augen. Während wir auf den Abflug warten, schießen mir Bilder meiner sterbenden Mutter durch den Kopf. Wie sie reglos in ihrem Krankenbett lag, auf dem Tisch daneben eine billige Quarzlampe, die das ewige Licht symbolisieren sollte. Wie ich für sie immer wieder das Vaterunser betete. Wie nach langem Kampf das Leben aus ihrem schwachen Körper fuhr. Wie sie mit panischem Gesichtsausdruck in die Unendlichkeit starrte. Ein Moment, der so gar nichts Friedliches an sich hatte. Ich habe Angst.

Ich kann richtig sehen, wie Clemens immer gelber wird. Erst im Gesicht, dann am Hals und an den Händen. Panik macht sich in mir breit. Während er schläft, drückt er so fest meine Hand, dass sie wehtut. Clemens ist beängstigend kalt. Dann kommt eine Durchsage. Unser Flug muss eine Stunde über München kreisen. Zu viel Verkehr in der Luft. Verdammt. Ausgerechnet heute. Ich verfluche die Fluggesellschaft, das Carpaccio (obwohl ich langsam nicht mehr an eine Lebensmittelvergiftung glauben kann) und bete leise. Ich rufe die Stewardess und sage ihr, dass sie bitte den Notarzt am Flughafen alarmieren soll. Sie sieht kurz in Clemens' Gesicht, erschrickt und nickt.

»Früher landen können wir aber trotzdem nicht«, sagt sie.

Da wacht Clemens auf. Ich flöße ihm abwechselnd Wasser und Cola ein. Viel trinken ist ja nie verkehrt. Ich versuche, vor Clemens nicht völlig panisch zu wirken. Auch wenn es mir immer schwerer fällt. Die Stunde vergeht leider überhaupt nicht wie im Flug, schlimme Gedanken schießen mir durch den Kopf.

Um nicht durchzudrehen, zwinge ich mich, an etwas Schönes zu denken. Ich erinnere mich an unser Kennenlernen vor über drei Jahren. Ausgerechnet auf der Wiesn, wo es mehr um große Abstürze als um die große Liebe geht.

Es war am ersten Oktoberfest-Sonntag im Käfer-Zelt. Ich war als Journalistin für die »Abendzeitung« im Einsatz, sollte über die Schunkel-Society, berichten. Clemens arbeitete damals in München bei einer anderen Tageszeitung. Seinen Namen kannte ich vom Lesen, sein Gesicht nicht. Um zwischen Promis und Promille mal kurz Pause zu machen, setzte ich mich an einen Tisch, an dem ich so ziemlich jeden kannte – bis auf den Mann, der mir gegenübersaß. Er war der Einzige in Nicht-Tracht, ohne Lederhose, nicht mal ein kariertes Hemd hatte er an. Aber auch sonst stach er aus der Menge raus. Er sah richtig gut aus, so lässig. Seine braunen Haare fielen ihm ständig ins Gesicht, sein Lachen war mitreißend, die dunklen Augen funkelten. Ich fand ihn auf Anhieb sehr anziehend.

»Du bist die Kimberly, oder?«, fragte er gleich. »Ich mag die Sachen, die du so schreibst.«

»Oh, danke, und wer bist du?«

»Clemens Hagen. Freut mich, dass wir uns endlich kennenlernen. Wurde ja auch wirklich Zeit.«

Das ist Clemens Hagen? Ich traute meinen Augen kaum, hatte ich ihn mir doch ganz anders vorgestellt. Nicht so attraktiv. Er war männlich, aber kein Macho. Kein Bubi und trotzdem jung geblieben. Wir kamen sofort ins Gespräch, quatschten und lachten, bis das Zelt schloss. Sein Humor, seine Schlagfertigkeit, dieser Charme und Witz – ich war hin und weg. So schnell ist mir das noch nie passiert.

Ihm ging es wohl ähnlich, denn er schlug vor, noch ins P1 zu gehen. Um mich zu schonen, hatte ich mir zwar geschworen, am ersten Wiesn-Wochenende nicht prompt die Nacht durchzumachen, aber wer konnte schon ahnen, dass ich mich verlieben sollte?

Also ab ins P1. Ein Käfer-Mitarbeiter schenkte uns zum Abschied noch eine Flasche Rotwein, weil den wohl eh niemand von den Bierseligen trinken wollte. Wir versteckten die Flasche vorm P1, dem Club am Englischen Garten. Natürlich fanden wir sie nie wieder. Egal. Im P1 tranken wir Gin Tonic, erzählten uns unsere Leben und stellten gleich unfassbar viele Parallelen fest. Unsere Eltern haben dieselben Vor- und Zweitnamen, selbst unsere Onkels heißen gleich: Günter und Hans. Seine Eltern kamen aus Berlin, mein Vater auch. Wir waren beide Münchner Kindl und Kinder aus Journalisten-Familien – und wissen beide, was das bedeutet.

»Haben deine Kollegen anfangs auch immer gedacht, dass dir deine Eltern die Texte schreiben?«, fragte mich Clemens.

»Na klar!«

Zwischen uns machte sich gleich so eine Vertrautheit breit. So ein Grundverständnis. Das hatte ich vorher noch nie erlebt. Ich war verzaubert.

Er war der Mann, den ich immer gesucht hatte – ohne es zu ahnen. Als Single-Frau war ich davor auch nicht gerade unglücklich, aber jetzt und hier neben Clemens fühlte es sich alles so wunderbar vollständig an. Als hätte ich ein schönes Puzzle, bei dem die ganze Zeit nur ein Stück gefehlt hatte. Natürlich kann man das Bild auch so erkennen, aber mit dem fehlenden Stück ist es erst wirklich perfekt. Irgendwann fragte Clemens, ob er meine Handynummer haben dürfe. Ich, die sonst auch mal dem falschen Mann die falsche Nummer sagte, gab ihm die richtige Nummer. Weil er der Richtige war. Das spürte ich.

Trotzdem wählte Clemens gleich meine Nummer. Mein Handy klingelte.

»Nur zur Sicherheit«, meinte er grinsend. »Ich will dich unbedingt wiedersehen. Jetzt sind wir so lange in München aneinander vorbeigerannt und haben uns heute endlich getroffen. Ich wusste und hatte es gehofft, dass das passieren wird.«

Schmetterlinge machten sich in meinem Bauch breit. Ich hätte ihn gern geküsst. Er mich, glaub ich, auch. So blitzverliebt hatte ich mich noch nie in meinem Leben. Wir fuhren gegen vier Uhr nachts mit dem Taxi heim. Seit seiner Scheidung wohnte er bei einem Alt-Punk, nur fünfzig Meter Luftlinie von mir entfernt. Die erste Nacht wollte ich nicht gleich mit ihm verbringen, denn ich war mir sicher: Wir können noch warten. Wir werden den Rest unseres Lebens miteinander verbringen.

Ein lautes Geräusch reißt mich aus meinen Erinnerungen. Endlich, wir sind gelandet. Ich streichele Clemens, bestärke ihn, indem ich ihm erzähle, dass er diesen Flug überstanden hat und gleich Hilfe kommen wird. Nachdem auch der letzte Passagier ausgestiegen ist, stürmen zwei Sanitäter und ein Arzt in grellgelben Rettungsjacken durch den Flugzeuggang auf uns zu.

»Wie heißen Sie?«, fragt der Arzt, dessen Namen ich sofort wieder vergesse, in ziemlich ruppigem Tonfall Clemens.

»Clemens Hagen, ich habe, glaube ich, was Falsches gegessen.«

»Können Sie allein aufstehen und das Flugzeug verlassen?« Clemens schüttelt den Kopf. Die zwei Sanitäter bauen eine schmale Trage auf, heben ihn drauf und schleppen ihn Richtung Ausgang. Der Arzt fragt mich, ob Clemens rauchen und trinken würde. Ich bejahe.

»Ach so«, sagt er nur. Ich werde sauer. Ach so? Was heißt das denn?

»Entschuldigung«, sage ich. »Ich rauche und trinke auch. Aber mich müssen Sie hier nicht raustragen.«

Der Arzt entgegnet trocken, sogar vorwurfsvoll: »Er hat es wohl übertrieben.« Wut macht sich in mir breit. Wer übertreibt es denn nicht mal? Und was ist das überhaupt für ein Besserwisser? Für so eine Pseudo-Diagnose muss niemand Medizin studieren. Die Erklärung scheint mir viel zu einfach. Dann müsste ja die halbe Menschheit jetzt vor mir flach auf der Trage liegen.

Es ist bereits kurz vor Mitternacht. Draußen schüttet es. Der Notarztwagen steht direkt neben dem Flugzeug.

»Setzen Sie sich bitte vorne hin«, sagt der Arzt.

»Nein, ich möchte bitte bei Clemens sein«, entgegne ich und nehme neben ihm Platz. Die Situation ist surreal. Oft in Filmen gesehen, selbst noch nie erlebt. Der Arzt zieht Clemens das Hemd aus. Sein ganzer Oberkörper ist gelb. Tränen schießen mir in die Augen. Schnell wische ich sie weg, schließlich soll er nicht noch mehr Angst bekommen. In den nächsten Minuten bekommt er Kochsalzlösung und irgendwelche anderen Infusionen. Mit Blaulicht und lauter Sirene rasen wir los. Der Arzt fragt nach seiner Blutgruppe, ich gebe ihm Clemens' Versicherungskarte.

»Gut, dass Sie die dabeihaben«, meint er sichtlich erleichtert. Er ruft in der Klinik in Gutsing an.

»Können wir nicht zu einem Krankenhaus in München fahren?«, frage ich.

»Nein, so viel Zeit haben wir nicht. Ab sofort geht es um jede Minute.«

»Herr Hagen!«, ruft einer der Sanitäter. »Reden Sie mit uns! Hören Sie nicht auf, zu sprechen! Und schlafen Sie jetzt bloß nicht ein!« Clemens sieht mich ängstlich an.

»Es ist so wahnsinnig anstrengend, zu sprechen. Tut mir leid. Mir ist so kalt.«

»Du bist jetzt in guten Händen«, probiere ich, ihm Mut zu machen. »Alles wird gut, Liebling. Keine Angst.« Immer wieder sage ich diese Sätze. Ich will sie selbst glauben können. Clemens wird jetzt in eine silber-goldene Wärmefolie gepackt. Er zittert trotzdem am ganzen Körper. »Was ist nur los mit ihm?«, frage ich den Arzt.

Skeptisch zieht er eine Augenbraue hoch und meint: »Ich weiß es nicht.«

Draußen ist es schwarze Nacht, wir rasen übers Land. Das spüre ich, auch wenn ich durch die Milchglasscheiben des Notarztwagens nichts sehen kann. Ich höre verschiedene, sehr bayerische Stimmen, weiß aber nicht, wer da überhaupt spricht. Die Stimmen, ich glaube, drei Männer reden wild durcheinander, entfernen sich immer mehr. Außerdem sehe ich alles wie durch einen Schleier. Genauso wie bei dem kleinen Italiener in Berlin, denke ich. Nur viel schlimmer.

»Bleiben Sie bei uns!«, höre ich eine Stimme rufen. Ich versuche, zu sprechen. Vergeblich. Selbst unter Aufbringung meiner ganzen Willenskraft gelingt es mir jetzt nicht mehr, etwas zu sagen. Ich gleite hinein in einen Dämmerzustand, eine Art Schlaf, nur dass ihm alles Warme, Heimelige fehlt. Es ist kalt und ungemütlich. Vielleicht wird mir in dieser Sekunde erstmals der ganze Ernst der Lage klar. Schwebe ich in Lebensgefahr? War's das? Fünfzig Jahre Leben – und jetzt kommt der Sensenmann?

Plötzlich reißt jemand die Türen des Krankenwagens auf und mich aus meinen finsteren Gedanken. Ich höre Stimmengewirr. Laut und hektisch klingt es. Aber Zusammenhänge verstehe ich nicht. Krachend landet mein Bett auf seinen Rollen und ich werde über einen holperigen Weg in einen hell erleuchteten Raum geschoben. Plötzlich beugen sich Menschen in weißen Kitteln über mich.

»Herr Hagen, Herr Hagen, sprechen Sie mit uns, sprechen Sie!«, schreit man mich an.

Ich nehme all meine Kraft zusammen und erzähle: »Kommen aus Berlin ... Ich Autor ... Bücher ... da, Kimberly ... Liebe ... Sterben ...? Jetzt ...?« Die weißen Menschen sehen mich besorgt an. Blicke, die mir Angst machen. Während sie mich durch einen endlos lang erscheinenden Gang schieben, hebe ich noch mal meinen Kopf. Ich sehe Kimberly. Sie wirft mir eine Kusshand zu. Sie lächelt liebevoll. Ich versuche, ebenfalls zu lächeln, aber es gelingt mir nicht. Dann wird es dunkel um mich.

28. November, nachts

Eine Krankenschwester drückt mir hektisch Clemens' Uhr, seine Jeans und den Gürtel in die Hand.

»Das braucht er jetzt erst mal nicht«, sagt sie. Und: »Wir mussten ihn auf die Intensivstation bringen.« Intensivstation? Ich bekomme Gänsehaut.

»Warum? Was ist mit ihm?«, möchte ich wissen.

»Das kann ich Ihnen nicht sagen. Warten Sie auf der Ebene B1 einfach auf einen Arzt. Tut mir leid, aber heute Nacht ist hier echt der Teufel los.« Eilig läuft sie weg. Ich folge den B1-Pfeilen Richtung Intensivstation. Vorbei an Betten mit Menschen, die auf Hilfe warten. Eine ältere Patientin mit blutender Wunde im Gesicht schreit vor Schmerz und will nach meiner

Hand fassen. Ich lächle sie an, drücke ihre Hand und sage, dass sich gleich jemand um sie kümmern wird.

Dann stehe ich vor zwei gelben Türen, die nichts Gutes verheißen: »Intensivstation – Zutritt verboten!« Davor sind ein paar Holzstühle. Ich stelle meine Tasche ab. Die Koffer sind noch am Flughafen, aber das ist jetzt egal. In einer Plastiktüte habe ich drei Paar High Heels eingepackt, damit sie im Koffer nicht zerdrückt werden. Wie bescheuert. Ich stehe allein in diesem totenstillen Gang mit einem Berg von Stöckelschuhen. Nur wenige Meter entfernt muss Clemens liegen und ich kann nichts für ihn tun. Verzweifelt haue ich gegen die helle Wand. Das darf doch alles nicht wahr sein! Zwei Kameras an der Decke drehen sich surrend zu mir. Tränen laufen mir die Wangen hinunter. Nervös laufe ich den Gang auf und ab. Vorbei an Schwarz-Weiß-Fotografien, die alte Bäume zeigen. In einem kleinen Glaskasten an der Wand liegen Broschüren mit den Überschriften »Seelsorge« und »Hilfe für Hinterbliebene«.

Die Kameras verfolgen jeden meiner Schritte. Mein Herz schlägt immer schneller. Ich bin kurz vorm Durchdrehen. Ich mache mein Handy an, der Akku ist fast leer. Es ist halb drei. Es piept einmal. Ich habe eine SMS bekommen. Von meiner Mutter. »Seid ihr gut gelandet? Macht euch noch einen schönen Abend.« Ich schreie kurz auf. Zittere. Wähle ihre Nummer. Zum Glück geht sie ran.

»Mami«, sage ich und weine los. Ihre Stimme klingt schlagartig hellwach. »Wir sind in der Klinik, draußen in Gutsing. Clemens geht es nicht gut. Er ist auf der …«, meine Stimme stockt.

»… Intensivstation.«

Sie fragt, ob sie zu mir kommen soll.

»Danke, nein. Ich warte erst mal auf den Arzt. Wahrscheinlich pumpen sie ihm den Magen aus. Er wird wohl eine

Lebensmittelvergiftung haben. Ich melde mich, sobald ich mehr weiß.«

Sie sagt, dass ich später mit dem Taxi zu ihr fahren soll. Dass ich mir keine Sorgen machen soll. Dass Intensivstation nicht automatisch das Schlimmste bedeutet.

»Sie kümmern sich dort intensiv um ihn – und das ist doch gut.«

Ich nicke und lege keineswegs beruhigt auf. Im Gegenteil: Ich fühle mich wie in einem Horrorfilm. Der Gang ist gespenstisch leer und still. Ich gehe weiter auf und ab, falte dabei meine Hände und bete laut vor mich hin. Die Kameras surren. Irgendwann, es ist schon nach vier, öffnet sich eine Tür. Eine Ärztin, kaum älter als ich, kommt auf mich zu.

»Frau Hagen?« Ich bejahe, schließlich habe ich jetzt keine Energie für »Ich bin eigentlich die Verlobte«-Richtigstellungen. »Der Zustand Ihres Mannes ist sehr kritisch. Er befindet sich in akuter Lebensgefahr. Mehr kann ich derzeit leider nicht sagen. Wir tun unser Bestes.« Sie dreht sich um und will gehen.

»Warten Sie«, sage ich. »Sie müssen ihn retten. Bitte. Bitte! Retten Sie ihn!«

Sie sieht in meine verweinten Augen. »Wir tun wirklich alles für ihn.«

»Bitte tun Sie noch mehr.«

Ich rase durchs Weltall. Das Tempo ist so aberwitzig hoch, als würde das Raumschiff Enterprise auf Warp-Geschwindigkeit beschleunigen. Helle Lichtpunkte fliegen an mir vorbei. Ansonsten ist es tiefschwarz und totenstill. Was ist los? Wo bin ich? Plötzlich tauchen Bilder vor mir auf. Zu sehen nur für einen Sekundenbruchteil, kurz wie der Blitz aus einem Fotoapparat. Die Szenen bilden einen Strudel, geformt wie die Doppelhelix der DNA, in den ich immer weiter hineingesogen werde. Bilder meiner Kindheit in endloser Folge.

Meine Mutter spaziert mit mir durch den winterlichen Wald. Links und rechts des Weges wirft sie Schokoladenostereier in den Schnee, die ich glucksend vor Freude einsammele. Im Hintergrund funkelt ein Weihnachtsbaum, Silvesterraketen erhellen den Himmel. Mein Vater liest mir Geschichten aus »Dr. Doolittle und seine Tiere« vor. Ich liege im Bett, warm und wohlig eingepackt, und lausche. Auf leisen Pfoten schleicht ein Tiger durch mein Kinderzimmer, ein schlecht gelaunter Papagei schreit: »Polly will Keks!« Oh, welch glückliche, unschuldige Zeit.

Dann wird die Reise durch mein Leben immer rasender. Ich sehe die Zeit, Uhren, die zerschmelzen, wie auf Bildern des großen Salvador Dalí. Es kommen Schule, Pubertät, erster Kuss und erster Kummer, später Arbeit, Heirat, Scheidung, neue Liebe, Tod der Eltern. Jetzt, das weiß ich, werde ich sie gleich wiedertreffen. Nicht hier, an einem anderen Ort. Den sehe ich nicht, den fühle ich nur. Ich werde sie in den Arm nehmen, sie werden mir über den Kopf streichen und mich ganz fest drücken. So wie sie es damals taten, um mir ihre Liebe zu zeigen. Immer und immer wieder. Wir werden Zeit haben füreinander, viel Zeit. Wir werden uns Geschichten erzählen, wir werden lachen und weinen. Dann, so plötzlich wie die Bilderreise begann, endet sie wieder. Ich spüre Schmerz, stechenden Schmerz in der Brust. Warum? Ich bin doch noch gar nicht am Ziel. Wieder dieser Schmerz. Meine Eltern, wo sind sie? Werden sie mir etwa schon wieder genommen, ein weiteres Mal? Große Traurigkeit steigt in mir empor. Da! Wieder sticht es in der Brust.

Die Bilder sind zurück. Aber es sind nicht die Bilder meiner Eltern. Sie sind weg, unwiederbringlich womöglich, wie ich fürchte. Nicht einmal Lebewohl haben wir uns gesagt. Stattdessen tauchen andere Bilder vor mir auf. Situationen voller Selbstzweifel, Kümmernisse, von enttäuschten Lieben und Freundschaften, von schlaflosen Nächten voller Furcht. Die Summe aller Ängste eines menschlichen Lebens, meines Lebens. Ich habe keine Fernbedienung, ich kann das Programm nicht wechseln. Plötzlich ist mir sehr kalt. Und ich frage mich, ob es Trost gibt. So etwas wie das Jüngste Gericht? Habe ich in den fünfzig Jahren auf diesem Planeten mehr richtig gemacht oder mehr falsch? Wohin wird die Waagschale sich neigen? Wer wird darüber befinden? Was geschieht nun mit mir? Gibt es Himmel? Gibt es Hölle? Gibt es Strafe? Gibt es Vergebung? Gibt es Gott? Und wieder sticht es in der Brust. Noch stärker als bei den vorigen Malen.

Ich fliege. Von oben sehe ich den Friedhof, auf dem meine Eltern liegen. Es ist ein schöner Friedhof mitten in der Lüneburger Heide, umschlossen von saftig grünen Wiesen, auf denen schwarz und weiß gescheckte Kühe weiden. Es ist der friedlichste Ort auf der ganzen Welt. Von dort geht es weiter zu der nahen Windmühle, in der meine Eltern und ich, so oft es ging, die Ferien verbrachten. Ich umrunde die Mühle ein paar Mal und danach auch gleich den schiefen Turm von Pisa. Ich fühle mich wie Astrid Lindgrens »Karlsson vom Dach«, der Held meiner Kindheit. Dann fliege ich weiter nach Hamburg, wo ich lange lebte. In der Ferne sehe ich erst Sylt, dann Korfu und die Roseninsel im Starnberger See. Inseln meines Lebens. Von da geht es über Berlin nach München, die Stadt meiner Geburt. Lange kreise ich über dem Haus meiner Eltern, dem Garten, in dem mein Sandkasten stand, die Schaukel und das Fußballtor, das eigentlich ein kleines Handballtor war. Wie gern würde ich hier noch ein letztes Match mit meinen Freunden spielen. Zu spät. Ich trudele, ich stürze ab. Ich greife mir an die Brust. Diese verfluchten Schmerzen.

Ich schwimme. Ich schwimme in warmem, glasklarem, türkisfarbenem Wasser. Ein Meer von sagenhafter Schönheit. Zerklüftete Felsen, bunte Fische, Korallen, sphärische Musik klingt mir im Ohr. Der wundervollste Platz auf dieser Erde. Ich weiß nicht, wo ich bin, aber ich möchte nie wieder weg. Ich bewege mich schwerelos. Immer weiter tauche ich, ganz dicht unter der Oberfläche. Ich spüre die wärmende Sonne auf dem Rücken und kann mich nicht sattsehen an den immer neuen bezaubernden Unterwasserwelten. Das Paradies? Liegt es unter Wasser, gar nicht darüber? Aber was ist das? Plötzlich zieht mich eine Kraft hinab in die Tiefe. Das Wasser wird kälter, um mich herum wird es dunkler. Hier schwimmen keine Fische mehr. Immer schneller, immer tiefer tauche ich hinein ins Schwarze. Der Druck auf meiner Brust wird unerträglich. Ich bin wieder so schnell wie am Anfang meiner Reise durchs All. Die Lichtpunkte bilden erneut einen Tunnel, durch den ich rase. Dann sind auch die Punkte weg. Es ist Nacht.

29. November, frühmorgens

»Frau Hagen?« Ich bleibe im Gang stehen, drehe mich um. »Ich bin Dr. Wagner, es ist besser, wenn Sie sich setzen.« Oh, nein. Diesen Satz kenne ich aus jedem Krimi. Immer, wenn etwas Furchtbares passiert ist, sollen sich die Angehörigen setzen. Ich bleibe lieber stehen. Als könnte ich so das Schlimmste verhindern.

»Herr Hagen hat das Bewusstsein verloren. Wir mussten ihn wiederbeleben. Er hat zwei Drittel seines Blutes verloren. Sein Puls war am Schluss bei 26. Er war klinisch tot. Neun Minuten hat es gedauert, bis wir ihn wiederbeleben konnten. Sein Gehirn war über zwei Minuten ohne Sauerstoff. Es kann deshalb sein, dass er bleibende Schäden davonträgt. Er liegt jetzt im künstlichen Koma.«

Dr. Wagners Worte hallen in meinen Ohren nach. Tot? Neun Minuten? Künstliches Koma? Ich muss mich doch setzen.

Ich bin im Land, wo die Zitronen blühen, aber auch die Kakteen stehen. Ist das der Garten Eden? Lebe ich noch? Neben mir ein

Apfelbaum. Mmh, ich liebe Äpfel. Die Früchte sehen reif aus, glänzen in der strahlenden Sonne. Sie sind so schön wie gemalt. Ich sehe nach oben. Keine einzige Wolke am tiefblauen Himmel. Vogelgezwitscher in meinen Ohren. Gerade möchte ich einen Apfel pflücken, da erscheint eine Gestalt. Sie ist dunkel und bedrohlich.

Erschreckt frage ich: »Sie sind der Herr Vorsitzende, nicht wahr? Vorsitzender Richter am Jüngsten Gericht? Sie sind der Tod?«

»Gewiss, Clemens, der bin ich. Wir müssen reden«, sagt die Gestalt.

»Ich weiß, es ist Zeit, nicht wahr?«

»Ja, Clemens, es ist Zeit. Mach es dir bequem. Es wird ein bisschen dauern.« Ich setze mich, der Herr Vorsitzende nimmt gegenüber Platz. »Clemens«, beginnt der Herr Vorsitzende seine Ansprache, »es geht um deine Zukunft. Du hast dich in den vergangenen fünfzig Jahren in meiner großen Firma recht wacker geschlagen. Guter Durchschnitt bist du gewesen, aber mehr auch nicht.« Ich schlucke. Der Herr Vorsitzende spricht weiter: »Nun geht es um deine Weiterbeschäftigung. Um es gleich vorwegzusagen: Deine Kündigung habe ich dabei, schon unterschrieben. Jetzt hängt alles von dir ab.«

»Was soll ich tun? Kann ich überhaupt noch etwas tun?«, frage ich besorgt.

Der Herr Vorsitzende erwidert: »Nein und ja. Nein, denn gelebt hast du schon. Deine Taten, die guten wie die bösen, kannst du nicht mehr rückgängig machen. Ja, denn mir geht es um die Frage, ob du verstehst.«

»Was verstehen?«, will ich wissen.

Der Herr Vorsitzende lehnt sich zurück und sagt: »Clemens, weißt du noch, was du dem Thomas angetan hast? Damals als Kind an diesem schönen Sommertag beim Fußballspielen im Garten deiner Eltern? Du weißt genau, welchen Tag ich meine.«

»Ich glaube schon. Ich habe einen Elfmeter geschossen, mit voller Kraft. Thomas stand im Tor. Der Ball ging an den Innenpfosten und von dort dem Thomas genau, na ja, zwischen die Beine. Ein Kunstschuss. Meine Freunde und ich, wir haben uns totgelacht«, berichte ich schmunzelnd.

Der Herr Vorsitzende blickt mich ernst an und sagt: »Was du so sterbenskomisch fandst, fand Thomas nicht lustig. Ihr habt ihn den ganzen Nachmittag gehänselt. Es war auch nicht das erste Mal. Als er abends im Bett lag, dachte er an Selbstmord. Aus dem zweiten Stock wollte er springen, kopfüber in den gepflasterten Innenhof. Er stand schon am Fenster.«

»Aber, lieber Herr Vorsitzender, Kinder sind manchmal grausam. Daraus können Sie mir doch keinen Strick drehen. Der Thomas war ein ganz schrecklicher Torhüter und außerdem so ein ungeschicktes Riesenbaby. Er hat unseren Hohn und Spott irgendwie herausgefordert.«

Der Herr Vorsitzende: »Clemens, wenn du meinst.« Dann lehnt er sich wieder zurück und sagt: »Clemens, weißt du noch, was du der Bettina angetan hast? Damals als junger Mann an diesem grauen Novembertag in der Pizzeria am Bahnhofplatz? Du weißt genau, welchen Tag ich meine.«

»Ich glaube schon. Ich habe Schluss gemacht mit Bettina, einfach aus einer Laune heraus. Obwohl ich sie eigentlich noch mochte. Sie war einige Monate meine Freundin gewesen. Ich war, so sagte sie mir jedenfalls, ihr erster Mann. Rückblickend betrachtet war es sicher nicht mein größter Moment. Als Mensch, meine ich.«

Der Herr Vorsitzende blickt mich ernst an und sagt: »Nein, Clemens, das war er sicher nicht. Bettina war damals schwanger von dir, aber sie hat das Kind abtreiben lassen. Sie war ganz allein beim Arzt, weil sie Angst hatte, ihre Eltern einzuweihen. Sie hat sich danach sehr schlecht gefühlt, sehr schuldig. Sie tut es mitunter noch heute. Falls es dich interessieren sollte: Es wäre ein Junge geworden.«

»Aber, lieber Herr Vorsitzender, wie hätte ich das wissen sollen? Bettina hatte mir doch auch nichts gesagt. Wenn ich von der Abtreibung auch nur geahnt hätte, hätte ich ihr natürlich beigestanden in dieser schweren Zeit. Oder wir hätten eine andere Lösung gefunden.«

Der Herr Vorsitzende: »Clemens, wenn du meinst.« Dann lehnt er sich wieder zurück und sagt: »Clemens, weißt du noch, was du deinen Kollegen angetan hast? Damals als Chefredakteur dieser Internetfirma an diesem kühlen Herbsttag in deinem Büro? Du weißt genau, welchen Tag ich meine.«

»Ich glaube schon. Ich habe einem knappen Dutzend meiner Mitarbeiter die Kündigung ausgesprochen. Die wirtschaftliche Lage damals war schwierig. Es gab viele Pleiten im Land. Die Firma musste verschlankt werden. Es war grauenhaft. Die Leute taten mir wahnsinnig leid, wie sie, einer nach dem anderen, so sprachlos vor mir saßen, während der Schock langsam sackte.«

Der Herr Vorsitzende blickt mich ernst an und sagt: »Taten sie dir wirklich leid, Clemens? Nachdem du sie gefeuert hattest, fanden die meisten keinen neuen Job mehr in ihrer Branche. Darüber gingen mehrere Beziehungen in die Brüche. Betroffen war zum Beispiel ein Familienvater mit zwei kleinen Kindern.«

»Aber, lieber Herr Vorsitzender, was hätte ich denn tun sollen? Ich habe doch selbst nur die Anweisungen des unfähigen Geschäftsführers befolgt. Und der hat mich wenig später genauso über die Klinge springen lassen, also gefeuert. Ich hatte damals einfach keine andere Wahl.«

Der Herr Vorsitzende: »Clemens, wenn du meinst.«

Plötzlich fühle ich mich ganz schrecklich. Das waren drei Stiche mitten ins Herz. Aber bin ich ein schlechter Mensch? Ein so schlechter Mensch, wie es mich der Herr Vorsitzende glauben lässt? Das Leben besteht nicht nur aus Ruhmestaten. Leider. Kann ich vielleicht einfach auf Replay drücken, so wie bei einem CD-Spieler? Noch mal bei null anfangen?

»Nein, Clemens, das kannst du natürlich nicht«, sagt er, als könne er meine Gedanken lesen. »Dann wäre das Leben ein Kinderspiel.

Aber du, du wirst mit deinen Dämonen leben müssen. Oder sterben.« Es ist so wie damals in der Schule, als ich einmal vor einen Disziplinarausschuss musste. Wegen wiederholten Schwänzens. Ich bekam zwei Wochen Schulverbot. Eine Strafe? Ein Witz!

»Clemens, das hier ist kein Witz«, reißt mich der Herr Vorsitzende aus meinen Erinnerungen. »Du bist ein Hallodri, ein Bruder Leichtfuß.«

»Nein«, widerspreche ich, »diesen Gerichtstermin hier nehme ich ernst. Todernst, wenn Sie so wollen.« Der Herr Vorsitzende, erst jetzt fällt es mir auf, sieht aus wie mein alter Mathelehrer. Der, der damals dem Disziplinarausschuss vorsaß. Nur, dass er jetzt stark tätowiert ist und viele Piercings im Gesicht hat. Verrückt.

»Gefalle ich dir so besser?«, fragt der Herr Vorsitzende. Ich blicke einem Totenkopf in die leeren Augenhöhlen.

»Zu klischeehaft, lieber Herr Vorsitzender«, sage ich.

»Nun, Clemens, ich bin immer der für dich, den du in mir siehst.«

Dann hebt der Herr Vorsitzende seine Stimme an, so wie es die irdischen Richter tun, wenn es an die Urteilsverkündung geht: »Angeklagter Clemens, erhebe dich. An einige deiner schwärzesten Stunden habe ich dich im Laufe der Verhandlung erinnert. Ihr Menschen, seltsame Wesen, die ihr seid, verdrängt sie gern. Auf der anderen Seite warst du bis hierher aber auch kein schlechter Mensch. Oder böse, meinetwegen. Ich werde die Verhandlung vertagen, brauche Zeit, um in mich zu gehen. Du bist ein schwieriger Fall.«

»Bitte, lieber Herr Vorsitzender, lassen Sie doch Gnade walten!«, flehe ich. »Für die Todesstrafe bin ich noch zu jung, oder?«

Er runzelt die knochige Stirn, mustert mich von oben bis unten und antwortet: »Bedenke, Clemens, du bist schon fünfzig Jahre auf der Welt. Das ist 18.250 Mal länger als eine Eintagsfliege. Überlege von jetzt an jeden Tag ganz genau, was du tust und was du besser lässt. Deine Uhr läuft. Hörst du sie? Tick, tack, tick, tack …«

Ich höre sie tatsächlich. Das mechanische Geräusch in meinen Ohren wird immer lauter. Ich möchte etwas sagen, aber da ist die Gestalt bereits verschwunden. Als ich mich umdrehe, sehe ich meinen Vater, der unter dem Apfelbaum sitzt und ein Buch liest. Als er mich sieht, lächelt er gütig. So, wie er es getan hat, als er von dem Disziplinarausschuss und dem verschärften Verweis erfuhr, den ich damals in der Schule kassierte. Ich denke daran, dass er mir im Grunde genommen niemals richtig böse war. Völlig egal, was ich ausgefressen hatte. Er hat mich immer beschützt. Jetzt kann er es nicht mehr, das spüre ich.

»Es ist sehr, sehr kritisch«, sagt Dr. Wagner und sieht mich mit seinen dunklen Augen an. »Eine Ader in der Speiseröhre ist geplatzt. Sie muss vorher schon angerissen gewesen sein. Das Blut hat sich in seinem Magen, der Lunge und anderen inneren Organen verteilt. Dort ist es wie Gift. Wir konnten zum Glück die Blutung in der Speiseröhre stoppen. Das, nun ja, Gute ist, dass er auf der Intensivstation war, als er das Bewusstsein verloren hat. Ein besseres Timing gibt es nicht. Er hatte wirklich großes Glück. Zehn Minuten später und er wäre gestorben.«

Ich fühle mich, als hätte ich einen Schlag ins Gesicht bekommen. Komplett ausgeknockt.

»Das heißt, er überlebt das jetzt, oder?«, frage ich vorsichtig.

Dr. Wagner sieht betreten zu Boden. »Es kann sein, dass er in dieser Nacht stirbt.«

Kann sein? So wie: »Kann sein, dass es morgen regnet?« Ich will aber, dass die Sonne scheint.

»Das darf bitte nicht passieren, Dr. Wagner«, sage ich mit Nachdruck.

Er schluckt. »Fahren Sie besser heim, hier können Sie nichts tun. Wenn sich sein Zustand verschlechtert, rufen wir Sie an.«

Nachdem ich ihm meine Handynummer gegeben habe, frage ich, ob ich zu Clemens darf.

»Okay, Sie können sich von ihm verabschieden.«

»Für heute verabschieden«, verbessere ich ihn. »Nicht für immer.«

Er drückt meine Hand, führt mich zu Clemens. Als ich ihn in Zimmer 13 auf der Intensivstation sehe, stürme ich zu ihm. Zwei Ärzte stehen um ihn herum, er ist an zig Maschinen angeschlossen. Überall Blut. Piepende Geräusche. Mir wird übel. Am liebsten würde ich ihn fest an mich drücken. Mich zu ihm legen. Nie wieder weggehen.

»Darf ich seine Hand streicheln?«, frage ich den blonden Arzt.

»Aber sehr vorsichtig.«

Ich streichle Clemens' Hand, die so irre kalt, aber zum Glück nicht mehr so unheimlich gelb ist.

»Er hat viel neues Blut bekommen«, erklärt mir der Doktor. »Ganz schön knappe Geschichte. So etwas habe ich noch nie erlebt, dass jemand ausgerechnet auf der Intensivstation bewusstlos wird.«

»Er ist so ein großartiger Mann, glauben Sie mir. Es lohnt sich, ihn zu retten. Hat er jetzt Schmerzen?«

»Sie wollen doch nur eins wissen: Packt er's oder packt er's nicht?«

»Genau«, antworte ich.

Der Arzt sagt: »Das ist exakt das Problem. Wir können es Ihnen nicht sagen. Sorry, aber Sie müssen jetzt bitte gehen.«

»Du packst das!«, flüstere ich Clemens ins Ohr. »Ich bin immer bei dir. Hab keine Angst. Bleib stark. Ich liebe dich so sehr.« Ich küsse seine blutverschmierte Stirn.

Kimberly und ich fahren in einem Cabrio eine einsame Landstraße entlang. Sie sitzt am Steuer, ich bin ihr Beifahrer. Die Sonne scheint am tiefblauen Himmel und die sattgrünen Weiden mit den gefleckten Kühen machen das oberbayerische Postkartenidyll perfekt. Abgesehen vom Säuseln des Motors ist es still, beinahe lautlos um uns herum. Während wir so dahingleiten, werden die hügeligen Weiden von flachen Feldern abgelöst. Das Korn steht hoch und wiegt sich sanft im Wind.

Die Szenerie ist völlig friedlich. Ich bin glücklich. Aber was kommt da? Ein feuerroter Traktor rumpelt ganz langsam einen Feldweg entlang. Es ist ein sehr alter Trecker, ein Oldtimer. Vielleicht ein Hanomag oder ein Hentzschel, denke ich, während ich mich an die Spielzeugtrecker erinnere, mit denen ich als Kind Bauer spielte. Aber dieser Trecker ist echt. An seinen Hebearmen ist eine Mistgabel befestigt, eine sehr große Mistgabel. Sie wirkt bedrohlich. Der Trecker kommt direkt auf uns zu.

Der Unfall mit dem Trecker ist unausweichlich. Ich weiß es. Trotzdem versuche ich, Kimberly zu warnen. Ich schreie panisch: »Stopp! Brems! Brems doch! Um Himmels willen!« Aber Kimberly hört mich nicht. Sie fährt einfach weiter. Es kracht! Dünnes Autoblech, das kreischend laut von den stählernen Zacken der Mistgabel zerrissen wird. In meinem Kopf sehe ich den Unfall in Zeitlupe immer und immer wieder. Dann herrscht für einige Sekunden gespenstische Ruhe. Ich spüre Schmerzen. Sie sind überwältigend stark. Stärker, als es Schmerzen in meinem Leben jemals waren. Drei Zacken der Mistgabel haben sich in meinen Körper gebohrt, eine in die Schulter, eine in den Bauch, eine in die Hüfte. Ich spüre, wie warmes Blut aus den Wunden die Brust hinab in meinen Schoß fließt. Der Bauer auf dem Trecker grinst mich höhnisch an. Wie er das macht, weiß ich nicht, denn der Bauer hat eigentlich gar kein Gesicht. Es ist, als würde er eine Latexmaske tragen, die ihm jegliche Mimik nimmt.

Ich schaue nach links. Dort sitzt Kimberly. Sie ist völlig unverletzt, aber die Zacken der Mistgabel halten sie gefangen. Sie redet auf mich ein. Ihre Worte verstehe ich nicht. Der Schmerz betäubt mich. Irgendwann, eine gefühlte Ewigkeit später, kommt die Feuerwehr. Die Feuerwehrmänner sind ebenfalls allesamt gesichtslos. Mit einem Stahlschneider befreien sie zuerst Kimberly. Funken fliegen, als das Gerät unter lautem Kreischen eine Zacke nach der anderen durchtrennt. Dann wollen die Feuerwehrmänner mich aus meinem stählernen Gefängnis holen. Ich brülle vor Schmerz, als ein Retter versucht, eine der Zacken aus meinem Fleisch zu ziehen. Der Mann blickt mir aus leeren Augenhöhlen ins Gesicht. Er schüttelt den Kopf. Wortlos packen er und seine Kollegen ihre Rettungsutensilien zusammen und gehen. Kimberly, in eine Rettungsdecke gehüllt, folgt ihnen stumm. Ich friere. Ich bin allein. Das Letzte, was ich sehe, ist einer der Feuerwehrmänner, der sich noch einmal umdreht und mit den Achseln zuckt. Dann verliere ich die Besinnung.

Irgendwann, ich weiß nicht, wie lange ich in dem Autowrack ohnmächtig war, komme ich wieder zu mir. Es schüttet wie aus Eimern. Die Regentropfen laufen an mir herunter, vermischen sich mit meinem Blut. Die Schmerzen sind immer noch da, genauso stark wie vorher. Aber ich will nicht sterben, nicht hier, nicht jetzt. Mit aller Kraft reiße ich mir einen Zacken nach dem anderen aus dem Körper. Ich schreie jedes Mal laut auf. Die Wunden bluten wie wild, aber ich bin frei. Frei, endlich frei! Ich klettere aus dem Wrack und mache mich auf den Weg ins nächste Dorf. Ich brauche dringend Hilfe. Jeder Schritt auf dem nassen Asphalt ist eine Qual für mich. Ich wanke, stürze, stehe auf. Immer wieder. Dann führt mich die Straße zu einem einzeln stehenden Bauernhof. Ich betrete das Wohnhaus, schleppe mich bis zur Küche. Dort sitzt, ich kann es kaum glauben, der gesichtslose Bauer mit seiner gesichtslosen Familie. Sie essen. Ich denke, dass die beiden kleinen Töchter bei meinem Anblick doch eigentlich schreien müssten, aber die eine fragt nur: »Tut's weh?« Alle lachen.

Dann führt mich der Bauer wortlos über eine endlos lange Holzstiege hinab in den Keller. Dort sieht es aus wie im Kühlraum eines Krankenhauses. Die Wand mit den Fächern für die »Abgänge«, wie es im Klinikdeutsch heißt, ist sehr hoch und sehr lang. Ich schlucke. Der Bauer öffnet scheinbar wahllos ein halbes Dutzend Fächer und zieht die Schubladen mit den Leichen heraus. Die Körper sind alle in durchsichtige Plastiksäcke gehüllt. An den großen Zehen baumeln fein säuberlich beschriftete Kärtchen mit den Namen der Toten und dem Datum ihres Ablebens. Ich sehe sie mir an und bekomme einen Schock. Auf allen steht »28. November«, die Jahreszahl fehlt. Ich überlege. War denn nicht gerade noch Sommer? Der Bauer lächelt. Dann zieht er eine leere Kühlschublade aus der riesigen Wand und sagt: »Mach's mir einfach. Zieh dich bitte selbst aus und leg dich rein.« Ich gehorche. Der Bauer befestigt mir noch meinen Zettel am Zeh und zieht dann den Reißverschluss des Plastiksacks zu. Dann schiebt er mich in das Kühlfach hinein und schließt die Tür.

29. November, morgens

»Geht es Ihnen wieder gut?«, fragt mich der Taxifahrer.

»Wie bitte?«, frage ich zurück.

»Na, Sie wurden doch eben aus der Klinik entlassen«, fährt er fort. »Ist doch prima! Glückwunsch!«

Ich nenne ihm die Adresse meiner Eltern – eine knappe Stunde dauert die Fahrt zu ihnen nach München. Aber ich habe keine Lust auf Konversation. Ich habe mir Clemens' Schal um den Hals gebunden. Wenn er schon nicht bei mir sein kann, so rieche ich ihn wenigstens. Es ist eine Mischung aus Cartier-Parfum und meiner größten Liebe. Eine unfassbare Traurigkeit, Angst und auch Hilflosigkeit machen sich in mir breit. Immer wieder laufen mir Tränen über die Wangen. Ich kann die Flut einfach nicht stoppen. Höflich ignoriert der Taxifahrer meine Heulattacken.

»Können Sie das Radio bitte lauter machen?«, frage ich den Taxifahrer. Während die Musik aus den Boxen hämmert, falte ich die Hände und bete. Ich rede leise vor mich hin. In der Hoffnung, dass meine Sätze und Gedanken bei Clemens ankommen. Wir sind schnell zu einer einzigartigen Einheit geworden. Ich kann und möchte mir ein Leben ohne ihn gar nicht vorstellen. Fünf Tage nach unserem Kennenlernen sind wir zusammengezogen. Überstürzt? Überhaupt nicht. Der Punk-Vermieter hatte ihn rausgeworfen, weil er es nach zwei Jahren Junggesellendasein gewagt hatte, Frauenbesuch, also mich, mitzubringen. Da entpuppte sich der Punk plötzlich als Spießer. Für uns war es das Beste, was passieren konnte. Mit Sack und Pack und erstaunlich vielen Schuhen für einen Mann zog Clemens bei mir ein.

Seitdem hatten wir uns immer, ja wirklich täglich, in jeder freien Minute gesehen. Wir schliefen jede Nacht zusammen ein und wachten aneinandergekuschelt wieder auf. Wenn einer von uns mal aufs Klo musste, vermisste der andere ihn. »Ihr seid wie diese Love Birds«, sagte Sascha mal, ein Freund von Clemens, der auch meiner wurde. »Die sitzen immer eng zusammen, sind unzertrennlich und tatsächlich dauerglücklich.« Und jetzt? Muss ich Clemens allein zurücklassen. Dabei hatten wir uns geschworen, immer für den anderen da zu sein. Ich musste fast 30 Jahre warten, bis ich den Mann meines Lebens traf. Wenn man wie ich dieses unglaubliche Glück hat, will man es festhalten und nie wieder loslassen. Und schon gar nicht in einer Klinik zurücklassen müssen.

80 Euro und 33 Kilometer später klingele ich am Haus meiner Eltern und meiner Kindheit. Wie wunderbar unbeschwert war

es hier immer. Ich fühlte mich stets beschützt, hatte vor nichts und niemandem Angst. Der Tod war zwischen Sandkasten und Schaukel so wahnsinnig weit weg. Anders als jetzt.

»Mein Mäuschen«, begrüßt mich meine Mutter und nimmt mich in den Arm. Auch mein Vater kommt im Bademantel an, kann es einfach nicht fassen. Minutenlang drücken wir uns, weinen, schweigen. Leo, der Golden Retriever, kommt angewedelt und sucht im Flur nach Clemens. Aber da ist kein Clemens. Instinktiv spürt Leo, dass etwas überhaupt nicht stimmt, und weicht mir nicht mehr von der Seite. Er schleckt meine Hand ab, bringt mir ständig sein Hundespielzeug und hüpft später neben mich auf die Couch, als wir im Wohnzimmer noch eine Tasse Tee trinken.

»Versuch, etwas zu schlafen«, sagt meine Mutter irgendwann. Völlig erschöpft, aber auch völlig überdreht lege ich mich ins Bett zwischen sie und meinen Vater. Genauso behütet wie früher in meiner Kindheit. Nur, dass ich mich jetzt nicht sicher fühle. Draußen ist es hell, es schneit zum ersten Mal in diesem Jahr richtig. Ich habe Angst, dass mein Handy klingelt. Ich denke an die Worte des Arztes: »Wenn sich sein Zustand verschlechtert, rufen wir Sie an.« Wenn sich sein eh schon schlechter Zustand noch mehr verschlechtern sollte, stirbt er. Und dann werde ich angerufen. So meinte es der Arzt. Das ist die Wahrheit. Nicht ausgesprochen, aber über allem schwebend. Ich falte meine Hände, drücke sie ganz fest aneinander, bete und schicke Clemens all meine Kraft. Diese Hilflosigkeit ist wie Folter. Kurzzeitig muss ich doch eingenickt sein, weil mein klingelndes Handy mich aus seltsamen Träumen reißt. Bitte, lieber Gott, lass es nicht Gutsing sein! Dann die Entwarnung: Es ist nur der Wecker. Es ist bereits zehn Uhr morgens, genau die Zeit, zu der ich mich bei der Intensivstation melden soll. Ich starre ungläubig auf mein Handy.

Ein kleines Wunder ist passiert: Niemand hat angerufen. Kein Anruf! Noch nie habe ich mich so sehr über keinen Anruf gefreut. Ich merke, wie sich nicht nur Clemens', sondern auch mein Leben, mein Alltag – alles – schlagartig verändert hat. Nichts ist mehr wichtig. Nur eines zählt: dass Clemens überlebt.

Ich liege immer noch im Kühlfach. Eingezwängt in den Leichensack aus Plastik. Trotzdem versuche ich, mit meinen Füßen die Tür meines stählernen Sarges aufzustemmen. Meine Beine schmerzen von der Anstrengung. Aber nichts bewegt sich. Gar nichts. Ich frage mich, wie ich sterben werde. Ersticken? Verdursten? Verhungern? Oder bin ich etwa schon tot?

Die nächsten sechs Wochen habe ich frei, mein langersehnter Resturlaub, außerdem habe ich durch meine Sonntagsdienste noch jede Menge freie Tage angesammelt. Clemens und ich wollten so viel unternehmen. Nichts Spektakuläres, einfach zusammen sein. Fröhlich sein. Ausschlafen, endlich mal wieder Schlitten fahren, Squash spielen gehen oder Bowling, Freunde einladen, DVDs schauen, kochen. Sachen machen, die sonst oft zu kurz kommen. Ob wir jetzt überhaupt noch eine Zukunft haben? Jemals wieder miteinander reden können? Lachen? Was würde ich für eine Stunde mit ihm geben? Alles! Nur eine einzige Stunde, in der ich ihm in die Augen schauen könnte und ihm unentwegt sagen würde, was für ein großartiger Mann er ist. Wie glücklich er mich jeden Tag gemacht hat. Wie sehr ich ihn immer geliebt habe und lieben werde. Ich hätte es ihm noch viel öfter sagen müssen. Dabei habe ich es schon wirklich oft gesagt am Tag. Aber nie als Floskel, es war immer ernst gemeint. Ein tiefes Gefühl. Wenn er sterben würde … nein! Stopp! Daran kann und mag ich gar nicht denken. Sofort verwerfe ich die düsteren Gedanken. Clemens stirbt nicht. Niemals.

Mit dem Tod, der Vergänglichkeit, hatte ich bis jetzt in der Familie und im Freundeskreis zum Glück sehr wenig zu tun. Meine Großeltern starben, als ich ein Kind war. Das war schrecklich und traurig, vor allem, wenn man die eigenen Eltern weinen sieht und dabei so hilflos ist. Mit Clemens habe ich über den Tod kaum gesprochen. Nicht, weil der Tod ein Tabuthema ist, sondern weil er gar kein Thema war. Wer mitten im Leben ist, sollte es genießen und nicht ans Ende denken – das war immer meine Meinung. Ich finde den Tod schon befremdlich genug, habe ihn immer gern ausgeklammert. Und wenn ich doch mal dunkle Gedanken hatte, munterte mich Clemens stets auf.

»Ich bin immer bei dir«, hat er mir oft gesagt. »Immer und noch länger.« Ich denke an seine Worte. Er sagte auch gern: »Ich bin wie ein alter Kaugummi an deiner Schuhsohle, mich wirst du nie mehr los.«

»Ich will dich auch gar nicht loswerden. Außerdem bist du kein alter Kaugummi«, antwortete ich dann meist. Wir lachten und ich hatte keine Angst mehr, dass unser Glück zerstört werden könnte.

Mit zittrigen Fingern wähle ich nun die Nummer der Intensivstation der Gutsinger Klinik.

»Es geht ihm mäßig«, meint eine Ärztin.

»Das ist doch, ähm, gut, oder?«, frage ich vorsichtig. Mäßig ist schließlich besser als schlecht.

»Sein Zustand ist nach wie vor sehr kritisch«, antwortet sie. Das schmerzt. Ständig versuche ich, optimistisch zu bleiben. Stark, kämpferisch, dem Schicksal gegenüber fast trotzig. Sofort werde ich gebremst und kapiere: Diplomatie werde ich hier von niemandem erwarten können. Das Klinikleben ist knallhart.

Es geht um Leben und Tod. Da ist kein Platz für nette Worte und Schönfärberei.

Auf der einstündigen Fahrt nach Gutsing schaue ich an der Ampel in den Autospiegel. Meine Augen sind rot geheult. Ich sehe entsetzlich aus, aber das ist egal. Meine Eitelkeit hat sich komplett verabschiedet. Wozu soll ich mich schminken, wenn ich die Schminke eh gleich wieder wegweine? Hauptsache, ich bin pünktlich. Um vierzehn Uhr beginnt die Besuchszeit auf der Intensivstation. Keine Minute früher. Dort, wo jeden Moment alles passieren kann, gelten strenge Regeln. Zwei Stunden darf ich zu Clemens. Dann noch mal eine Stunde von achtzehn bis neunzehn Uhr. Drei Stunden insgesamt, mehr sind im Überlebensalltag nicht drin. Im Auto spreche ich laut mit Clemens, versuche so eine Art Telepathie, sage ihm, dass ich gleich da bin, dass es zum ersten Mal geschneit hat und alles so schön ausschaut. Die unberührte Natur da draußen, eine richtig heile Welt. Wie gern würde ich jetzt eine Schneeballschlacht mit ihm machen. Irgendwas tun, was man halt macht, wenn man keine Sorgen hat.

Ich stehe, die Beine bleischwer, im selben Gang wie gestern Nacht. Dort, wo ich stundenlang gebangt, gehofft und gezittert habe. Die alten Bäume hängen immer noch an den Wänden, allerdings ist hier jetzt mehr los. Lauter traurige Gestalten, alle sehr viel älter als ich, warten auf Einlass. Jeder Besucher muss einzeln klingeln, via Sprechanlage sagen, zu wem er will und wer er überhaupt ist.

»Grüß Gott«, begrüße ich die Wartenden. Als Antwort erhalte ich nur ein kollektives Gemurmel. Klar, jeder hat Wichtigeres im Kopf als Small Talk. Ich drücke einen Knopf an der Sprechanlage, stelle mich vor, die Kameras surren und die Tür öffnet sich. Ich muss meine Hände desinfizieren und gehe zu

Zimmer 13 auf der Intensivstation. Vorbei an vielen Zimmern mit noch mehr Schicksalen. Vorbei an piepsenden Geräten, die bedrohlich klingen. Ein paar Schwestern grüßen mich aufmunternd.

Dass die 13 für viele eine Unglückszahl ist, verdränge ich. Clemens würde darüber nur lachen. Er glaubt auch nicht an Horoskope. Auf Zehenspitzen betrete ich sein Zimmer. So leise, als würde ich ihn erschrecken können. Im karierten Krankenhemd liegt er im Bett. Er sieht ganz anders aus als noch vor ein paar Stunden. So friedlich und entspannt. Seine Gesichtsfarbe ist überhaupt nicht mehr gelb, sie sieht richtig gesund aus. Nirgendwo ist mehr Blut. Wenn ich mir all die Schläuche und Kanülen wegdenken könnte, ja, dann könnte er auch zu Hause in unserem Bett liegen.

Er sieht tatsächlich viel zu gut aus, um sich im Koma befinden zu können. Scheiße. Es ist schwer zu begreifen.

Ich sage extra laut: »Clemens, du Tollster! Guten Morgen, ich bin bei dir! Wie fühlst du dich?« Keine Antwort. Keine Bewegung. Nicht mal ein Zucken. Nichts. Was hatte ich auch erwartet? Dass er jubelnd aus dem Bett springt? Ich küsse seine Stirn, streichele seine Hand. Sie ist warm, nicht mehr so schrecklich schweißnasskalt wie gestern. Ich hatte mir vorgenommen, stark zu sein, nicht zu weinen. Aber ich kann das nicht steuern. Er liegt einfach da und ich muss einfach weinen.

Ich trage Clemens' Lieblingsparfum. Wenn er mich schon nicht sehen kann, riecht er mich vielleicht.

Eine hübsche Schwester kommt ins Zimmer, ich stelle mich vor und sie sagt: »Ich bin Schwester Vivi. Er hat wirklich großes Glück gehabt.« Sie erklärt mir, dass er künstlich beatmet wird, weil er nicht selbstständig atmen kann. Dass er

Stresshormone – Adrenalin – für den Blutdruck kriegt, Kreislauftabletten und immer noch viel neues Blut, weil er so viel verloren hat. Dass er sehr viel Sauerstoff benötigt und Fieber hat. Was die ganzen verwirrenden Anzeigen auf den kleinen Bildschirmen neben seinem Bett bedeuten.

»Er wird doch wieder?«, frage ich. Der Arzt würde später zu mir kommen, sagt sie daraufhin nur.

Autsch! Als ob ich nicht schon genug Schmerzen am ganzen Körper hätte, brennt jetzt auch noch mein Gesicht. Es fühlt sich an, als würde plötzlich eine heiße, scharfe Klinge von Geisterhand über meine Backen gezogen werden. Ich höre dieses eklige Knirschen, das beim Entfernen von Barthaaren entsteht. Wer ist gekommen, um mich zu rasieren? Ist es der Mann mit der Sense? Der Tod höchstpersönlich? Ich habe keine Ahnung. Ich weiß nur eines: In meinem Kühlfach herrschen plötzlich wieder Dunkelheit und Stille. Der unheimliche Barbier ist weg.

»Kann ich einfach bei ihm sein?«

Diesmal beantwortet Schwester Vivi meine Frage konkreter: »Natürlich, sehr gern. Sie können ihm beim nächsten Besuch auch ein Buch mitbringen und ihm daraus seine Lieblingsstelle vorlesen. Das machen viele, die nicht wissen, was sie sagen sollen.«

»Ich würde mich gern so mit ihm, nun ja, unterhalten. Gibt ja viel zu bereden. Sie müssen wissen, dass er sonst sehr viel gesprächiger ist. Vor allem für einen Mann.« Schwester Vivi, etwa in meinem Alter, lächelt kurz.

Zum Abschied sagt sie noch: »Wir mussten ihn übrigens rasieren. Wegen der ganzen Schläuche und so.«

Jetzt lächle ich und antworte: »Wäre er nicht im Koma, hätte er das niemals zugelassen. Er hasst es, sich zu rasieren.«

Mein Mund ist ganz nah an Clemens' linkem Ohr. »Hab keine Angst«, sage ich. Immer wieder und wieder. »Hab keine Angst. Alles wird gut. Du wirst wieder gut. Schlaf dich einfach gesund. Ich bin bei dir. Jede Sekunde. Immer bei dir. Weißt du noch, als wir uns kennengelernt haben? Damals auf der Wiesn – ich habe mich sofort in dich verliebt. Als wir nach fünf Tagen zusammengezogen sind, haben mich meine Freundinnen für verrückt erklärt. Weißt du noch, als du in meinen Kühlschrank geschaut hast und da nur fast fettfreier Käse war? Du warst völlig geschockt, meintest, Käse mit einem Fettanteil unter fünfzig Prozent würdest du nicht mal anfassen. Clemens, du bist mein Größtglück. Hörst du? Du kannst jetzt nicht einfach so die Kurve kratzen!« Ich küsse Clemens' Ohr, schaue, ob sein Gesicht mir eine Antwort gibt, eine Regung zeigt.

Da kommt Dr. Wagner ins Zimmer. Er lächelt nicht, als er mich begrüßt. Er schaut ernst. Viel zu ernst. Letzte Nacht habe ich ihn gar nicht richtig wahrgenommen. Jetzt bemerke ich seinen gütigen Blick, seine unaufgeregte Stimme.

»Herr Hagen ist stabil, aber …«

Ich unterbreche ihn höflich, will nicht, dass Clemens davon doch irgendwas mitkriegt und dann Panik bekommt. Also gehen wir nach hinten ans Fenster.

»Sein Zustand ist nach wie vor sehr kritisch. Er wäre innerlich fast verblutet. Neunzig Prozent der Menschen, denen das passiert, sterben in sehr kurzer Zeit. Er hatte unfassbar großes Glück. Aber das Blut, das in die Lunge und in den Magen geflossen ist, ist wie Gift. Das ist alles lebensgefährlich. Diese drei Baustellen – Speiseröhre, Lunge, Magen – haben für uns jetzt Priorität. Die Blutung konnten wir stoppen, nun müssen wir sehen, ob sich sein Körper davon erholen kann. Das wird einige Zeit dauern.«

»Was glauben Sie, wie lange etwa?«, frage ich. Er wirft mir einen prüfenden Blick zu. Es muss die falsche Frage gewesen sein. Wahrscheinlich, weil jede Frage die falsche Frage ist.

»Frau Hagen«, sagt er, »wir sind auf der Intensivstation. Ich wäre froh, wenn ich wüsste, was hier in den nächsten zehn Minuten passiert.«

29. November, spätnachmittags

Wo bin ich? Etwa Hamburg? Ich kenne die Hansestadt gut. Hier habe ich mehr als zwölf Jahre meines Single-Lebens verbracht. Ich liebe die Elbe, die Alster, die Parks, die vielen schönen Patrizierhäuser, ja auch St. Pauli. Nur den Regen, den liebe ich nicht. Aber jetzt regnet es in Strömen und ich befinde mich in einer ärmlichen Wohngegend. Kopfsteinpflaster auf der Straße. Es riecht nach Wasser, nach Hafen, es muss einfach Hamburg sein. Wo genau, das weiß ich nicht. Ich betrete einen roten Klinkerbau, ein Abbruchhaus mit kaputten Fenstern. Der Wind pfeift durch die langen, kahlen Gänge. Eine flackernde Neonröhre ist die einzige Lichtquelle. Es ist Nacht und so still, dass man eine Stecknadel fallen hören könnte. Keine Menschenseele ist hier. Außer mir natürlich.

Ich gehe weiter und betrete ganz vorsichtig einen primitiv zusammengezimmerten Anbau. Obwohl ich versuche, keinen Lärm zu machen, quietschen die Holzbohlen unter jedem meiner Schritte. Durch Astlöcher in der Wand fällt fahles Mondlicht. Als ich mich umsehe, entdecke ich einen einfachen, aber massiven Tisch und einen Stuhl, beide aus Holz. Sonst ist der Anbau, der nur aus diesem kleinen Raum besteht, komplett leer. Auf einmal zerreißen Schüsse die nächtliche Ruhe. Es sind Salven aus Maschinenpistolen, die aus der Hütte in Sekundenbruchteilen Kleinholz machen werden. Das ist mir sofort klar. Instinktiv werfe ich mich flach auf den Boden und robbe, so schnell es geht, zu dem Tisch. Ich reiße ihn um, suche Deckung dahinter. Mir fliegen Kugeln um die Ohren. Hoffentlich hält der Tisch den vielen Geschossen stand, denke ich. Ich fühle mich wie in einem Computerspiel. Zahlreiche Angreifer machen Jagd auf einen einzelnen Flüchtenden. Mich!

Ich sitze total verheult in einem bayerischen Wirtshaus, das tatsächlich »Zur guten Besserung« heißt. Es befindet sich schräg gegenüber der Gutsinger Klinik. Zwei Stunden muss ich überbrücken, dann darf ich noch mal zu Clemens. Das kleine Krankenhaus-Café war völlig überfüllt, da gab es keinen Platz, weil durch das Schneechaos so viele Menschen ausgerutscht sind und nun mit Knochenbrüchen nach Gutsing mussten. Hier im urigen Lokal sind ausschließlich Russen und Araber. Sie trinken, je nach Religionszugehörigkeit, entweder Wodka zum Bier oder Tee ohne Bier. Ich entscheide mich für Pfefferminztee. Es dudeln Weihnachtslieder aus den Lautsprechern, die Russen grölen betrunken mit zu »Jingle Bells« und fangen schon an, mit den Gläsern zu schmeißen. Die kurvige Wirtshausangestellte Svetlana, natürlich im Dirndl, besänftigt sie charmant. Sie ist auch Russin, wie sie mir erzählt. Extra eingestellt, um die vielen solventen Landsleute, deren Familienmitglieder sich in der gegenüberliegenden Klinik befinden, sprachlich kompetent zu betreuen.

»Gutsing hat einen sehr guten Ruf«, erklärt sie mir. »Auch im Ausland. Wer von dir ist dort?«

»Mein Verlobter«, sage ich.

»Was hat er?«, will sie wissen. Tja, wie soll ich das erklären?

»Er war tot. Fast neun Minuten. Aber die Ärzte haben ihn zurückgeholt«, bringe ich es gleich auf den Punkt. So direkt habe ich es bisher noch nicht formuliert. Ich erschrecke selbst dabei. Neun Minuten war er tot. Das ist schwer zu begreifen.

Neun Minuten. So lange brauche ich morgens zu meiner Arbeit mit der Straßenbahn. Neun Minuten – im normalen Alltag eigentlich keine lange Zeit. Jetzt eine Ewigkeit. Svetlanas Hand, die ein Tablett mit Wodka und Bier hält, beginnt zu zittern.

»Er war tot? Neun Minuten?«, wiederholt sie und kann es auch nicht glauben. Ich nicke. Meine Augen werden glasig. »Das ist doppelt so lange, wie meine Zigarettenpause dauert«, murmelt sie. »Aber jetzt ist er, äh, nicht mehr tot?«

»Er wurde reanimiert, war wieder kurz bei Bewusstsein und dann haben sie ihn ins künstliche Koma versetzt. Sein Körper muss sich von der inneren Blutung erholen.« Ich muss schlucken. Normalerweise redet man doch mit Wildfremden über das Wetter oder irgendwelche Belanglosigkeiten, ich jedoch spreche plötzlich über meinen schlimmsten Albtraum. Tränen laufen mir die Wangen hinunter.

»Du liebst ihn sehr, oder? Das spüre ich.«

»Und wie«, antworte ich.

»Glaubst du an Gott?«, frage ich zurück.

Svetlana nickt energisch: »Natürlich!«

»Bitte bete für Clemens! Er kann jeden guten Gedanken, jeden Schutzengel gebrauchen.«

Svetlana eilt davon und kommt mit einem bunten Heiligenbildchen wieder. Zwei Engel sind darauf zu sehen.

»Für dich«, sagt sie. »Ich werde später eine Kerze für deinen Clemens anzünden. Hör nicht auf, zu lieben und zu glauben.«

Spontan nehme ich Svetlana in den Arm.

»Und was ist mit dir? Hast du einen Freund oder einen Mann?«

Svetlana schüttelt den Kopf, ihre dunklen Haare fliegen wild umher.

»Lange her. Ich war jung und naiv, er hat mich mit meiner Nachbarin betrogen. Wenig später ist er gestorben. Autounfall. Das ist Gerechtigkeit. Geliebt habe ich ihn keine Sekunde. Zum Glück.« Sie drückt mir ein Glas Wodka in die Hand: »Das ist unsere Medizin. Nastrovje!«

Plötzlich fliegt die Tür auf. Eine dunkle, massige Gestalt betritt den Raum. Sie trägt einen Ledermantel und eine abgesägte Schrotflinte. Ihr Gesicht wird vom Mondlicht beschienen. Es ist das Gesicht eines Mannes, breit, faltig und von Narben übersät. Im Mund hat er einen Zigarrenstumpen. Er wirft mir einen kurzen Blick zu, dann eröffnet er, ohne zu zögern, das Feuer auf die Angreifer. Der Schusswechsel ist kurz, aber heftig. Der Mann holt blitzschnell immer wieder neue Patronen aus seiner Manteltasche, lädt sein zweiläufiges Gewehr nach. Ich kauere hinter meinem Tisch und beobachte, wie er einen Angreifer nach dem anderen mit kleinen Bleikugeln durchsiebt. Er schießt wie der Teufel, denke ich. Als das Feuer verstummt, wage ich mich aus meinem Versteck hervor. Mein Retter grinst und winkt mich zu sich. Gemeinsam besehen wir die toten Schützen. Sie sind allesamt schwarz gekleidet und – gesichtslos.

Ich bekomme einen Schreck. Warum quälen mich diese Figuren ohne Augen, Nasen, Ohren und Münder? Sie lassen mich nach einem Unfall einfach verbluten, anstatt mich zu retten. Oder sie versuchen gleich, mich zu erschießen. Und wer ist mein furchtloser Retter mit der Schrotflinte? Ich finde keine Antworten. Alles macht keinen Sinn. Mein Gehirn ist überfordert. Das macht mich hilflos, verzweifelt.

Da stellt sich der Mann im Ledermantel vor: »Hey, Clemens, du kennst mich doch noch? Ich bin's, Chucky!«

Ich bin verwirrt. Chucky, natürlich, da fällt es mir ein. Ende der Achtziger-, Anfang der Neunzigerjahre kannte ich mal einen

Grafiker, einen Zeitungslayouter, der so hieß. Er arbeitete im selben Verlagshaus, in dem ich als Reporter angestellt war. Wir lernten uns, wenn ich mich recht erinnere, bei einem miserablen Bohneneintopf mittags in der Kantine kennen. Er war mir auf Anhieb sympathisch.

Früher war Chucky ein fröhlicher älterer Kollege, mit dem ich nach getaner Arbeit ab und zu ein Feierabendbier trank. Er hatte einen lustigen Zwirbelbart im Gesicht und sah gut gelaunt seiner Rente entgegen. Er hatte so gar nichts von dem Chucky, dem nach Alkohol und Tabak stinkenden Revolverhelden mit dem kehligen Lachen, der mir gerade das Leben gerettet hatte. Warum ihn alle schon damals Chucky nannten, also wie »Chucky, die Mörderpuppe« aus dem gleichnamigen Horrorfilm, ist mir ein Rätsel. Den letzten Kontakt mit ihm hatte ich ungefähr Mitte der Neunzigerjahre. Wir verloren uns damals einfach aus den Augen, so wie es im Berufsleben jedem Angestellten wahrscheinlich einige Dutzend Mal passiert. Es gab keinen Grund, kein böses Blut, kein gar nichts. Jetzt ist Chucky zurück. Auch wenn er mein Leben gerade gerettet hat: Ich habe Angst vor ihm. Höllische Angst.

Was Clemens wohl gerade denkt? Ob er Schmerzen hat? Ich lasse seine Hand keinen Moment los, erzähle ihm von meiner Begegnung mit der netten Russin Svetlana.

»Ach, diese Russen«, sagt Schwester Vivi beim Betreten. »Die sind ja wirklich überall. Wollen immer mit der ganzen Großfamilie anrücken. Aber wir sind hier ein Krankenhaus, nicht Disneyland.«

»Glauben Sie, dass Clemens mitbekommt, dass ich hier bin?«

Vivi prüft seine Infusionen und sagt: »Da gehen die Meinungen und auch Forschungsergebnisse sehr weit auseinander.

Wenn Sie das mal googlen, bekommen Sie eine Milliarde Treffer.«

»Tut mir leid, dass ich so blöd fragen muss. Aber ich war noch nie in so einer Situation. Ich war davor noch nicht mal auf einer Intensivstation. Ich mag auch diese ganzen Arzt-Sendungen nicht.«

»Die schau ich mir auch nie an«, meint Vivi und lacht kurz. »Was sich wirklich im Krankenhaus abspielt, wird da doch nie gezeigt. Das Publikum will alles mit Happy End. Hier gibt es aber nicht immer ein Happy End.«

30. November, nachmittags

»Danke, mein Lebensretter«, begrüße ich Chucky und reiche ihm die Hand.

»Komm rein, Clemens«, antwortet mein schießwütiger Ex-Kollege, ohne mir die Hand zu geben. Ich betrete sein Haus. Das Wohnzimmer: kaum Möbel, keine Fenster, schwarze Wände. Licht spendet nur eine nackte Glühbirne an der Decke.

»Setz dich«, befiehlt Chucky und weist auf einen riesigen, dunkelbraunen Holzstuhl, eine Art Thron mit rotem Samtpolster und üppigen Schnitzereien, die hässliche Fratzen darstellen. Als ich mich setze, klicken metallene Schellen um meine Handgelenke und Knöchel. Ich sitze fest. Wehrlos.

»Willst du was trinken, Clemens?«, will Chucky wissen. Eingeschüchtert nicke ich. Wortlos schiebt Chucky meine Hemdsärmel hoch und dicke Infusionsnadeln in meine Venen.

»Schmeckt's?«, fragt er höhnisch lachend und lässt sich in eine abgewetzte Ledercouch plumpsen. Durch meine Infusionsschläuche fließen bunte Flüssigkeiten. Mir wird schwindelig.

Trotzdem bemühe ich mich, ein möglichst unverfängliches Gespräch zu beginnen: »Sag, Chucky, was hast du all die Jahre so getrieben?«

»Getrieben ist lustig«, sagt Chucky.

»Wie geht's deiner lieben Frau Marianne?«, forsche ich weiter.

»Tot! Der Krebs. Vor acht Jahren. Danach ist mein Leben ein wenig aus den Fugen geraten.«

Ich: »Erzähl!«

»Ich bin mit meinem Sohn nach Amerika, Detroit. Wir haben da für die Mafia gearbeitet. Menschen erschossen. Für Geld, wenn du verstehst, was ich meine.« Ich verstehe. Der Colt, der in Chuckys Hosenbund steckt, lässt wenig Raum für Zweifel. Er berichtet weiter: »Irgendwann ging in Detroit was schief und wir mussten ganz schnell verschwinden. Wir sind dann nach Kalifornien ins San Fernando Valley bei L.A., wo die ganzen Pornos gedreht werden. Wir haben in vielen Pornos mitgespielt, Schwulen-Pornos. Ich habe mir mit Silikon meinen Penis auf über zwei Meter Länge aufspritzen lassen. Ich habe den längsten Schwanz der Welt. Die Amis stehen auf so was.«

Hoffentlich spürt Clemens das nicht. Mir tut er schon leid, wenn ich nur hinsehe. Fest drücke ich seine linke Hand. Er ist Linkshänder und ich hoffe, dass er mich mit der linken Hand vielleicht eher spüren kann. Pfleger Bruno, ein smarter etwa Vierzigjähriger, auf Anhieb sehr positiv wirkender Mensch, checkt gerade Clemens' Katheter, zieht daran herum. Dann deckt er ihn wieder zu.

»Vielen Dank«, sage ich. »Auch in seinem Namen.«

Er lächelt. »Ihr Mann wird schon wieder. Er ist doch noch so jung.«

Die Worte gehen runter wie Öl. Endlich mal jemand, der mir Mut macht. Ich würde Bruno am liebsten um den Hals fallen. Stattdessen frage ich ihn: »Was träumen Menschen im künstlichen Koma so? Haben Sie irgendeine Ahnung?«

»Meistens nur schlimme Sachen, die sich um den Tod drehen«, meint Bruno jetzt weniger Mut machend. »Ein Patient erzählte mir, dass er nur davon geträumt hat, dass er bei vollem Bewusstsein verbrannt wird. Als er aufwachte, hatte er Angst vor diesen Schubladen hier. Er glaubte, sie seien der Ofen, in den er immer wieder geschoben wurde. Es hat lange gedauert, ihm klarzumachen, dass das nur Träume waren.«

»Puh, das klingt heftig. Gibt es keine Tabletten für schönere Träume?«

Bruno setzt sich zu mir auf einen Hocker. »Schauen Sie mal, was Herr Hagen da alles bekommt.« Er zeigt auf die vielen Infusionsnadeln in seinen Armen, Beinen und in seinem Bauch. »Härter als alle Drogen dieser Welt zusammen. Dazu verabreichen wir ihm Stresshormone, Adrenalin und so, damit sein Kreislauf stabil bleibt. Er kriegt aber auch Sachen gegen schlimme Albträume und gegen das Erinnern. Künstliches Koma ist eine harte Geschichte für Körper und Geist.«

»Du hast dich ganz schön verändert, Chucky«, sage ich. Etwas Schlaueres fällt meinem von den Infusionen benebelten Hirn gerade nicht ein.

Chucky legt seine Stirn in Falten und meint: »Tja, das liegt sicher an den Drogen. Mein Sohn und ich, wir nehmen viele Drogen, vor allem Koks, aber auch Heroin, LSD, Ecstasy, Crystal Meth. Was gerade zu haben ist.«

»Bunte Mischung«, sage ich beeindruckt.

»Genug geschwätzt!«, antwortet Chucky zornig. »Ich zeig dir jetzt meinen Hobbykeller.« Er zieht die Infusionsnadeln aus meinen Armen, öffnet die Stuhlfesseln und legt mir Handschellen an. Dann gehen wir die Treppe hinab in den Raum, den Chucky »Hobbykeller«

nennt. In der Ecke liegt eine nackte junge Frau. Sie bewegt sich nicht, ihre Haut ist wachsartig hell.

»Ist mir beim Foltern mit Elektroschocks abgekratzt«, doziert Chucky im Tonfall eines Arztes, dem eine Operation misslungen ist. Mir dreht sich der Magen um.

»Warum tust du so was?«, will ich wissen.

»Weil ich's kann. Und weil's mir Spaß macht, du Penner. So, und jetzt wollen wir mal sehen, wie viel Strom du verträgst.«

Bruno muss weiter, im Zimmer nebenan geht ein Alarm los. Ich schrecke hoch.

»Nichts Schlimmes«, beruhigt er mich. »Das Geräusch kündigt nur das Ende einer Infusion an. Bis die Tage, Kimberly, und schön tapfer bleiben!«

Kaum ist er weg, erscheint eine Ärztin Anfang fünfzig. Brille, streng zusammengebundener Pferdeschwanz. »Frau Dr. Maier-Blechschmid« steht auf ihrem Kittel.

»Und Sie sind?«

»Kimberly Hoppe, seine Verlobte.«

»Sie wissen schon, dass eine Verlobte nichts zählt.«

»Na ja …«

»… ich sage nur, wie es ist. Rechtlich gesehen hat dieser Status keinen Wert.«

»Verzeihung, aber ist das nicht etwas altmodisch und spießig?«, erwidere ich.

Dr. Maier-Blechschmid meint: »In der Klinikwelt hat sich die moderne Beziehung noch nicht durchgesetzt. Wir sind hier noch im Mittelalter. Wie ist denn Ihre Beziehung zu Herrn Hagen? Erzählen Sie mal ein bisschen, damit ich mir ein Bild machen kann.«

Ich erzähle und erzähle. Euphorisch, fröhlich. So als würde Clemens nicht einen Meter von mir entfernt im Koma liegen, sondern neben mir sitzen. In einer netten Bar, in der man Freunden seine amüsantesten Kennenlern-Anekdoten bei einem Glas Wein erzählt. Ich berichte Frau Doktor von der ersten Begegnung auf der Wiesn. Liebe auf den ersten Blick. Dem schnellen Zusammenziehen. Seelenverwandtschaft. Ich muss aufpassen, dass es nicht zu kitschig wird. Ich glaube, Dr. Maier-Blechschmid kann mit Seelenverwandtschaft nichts anfangen. Zu viel Esoterik für eine Medizinerin. Also versuche ich es anders: »Clemens ist die Liebe meines Lebens … Können Sie das nachvollziehen? Ich will um alles in der Welt, dass er wieder gesund wird. Ich will nicht ohne ihn sein. Das soll nicht egoistisch klingen, aber ich brauche ihn. Er will bestimmt auch leben. Er liebt das Leben und jeder liebt ihn. Könnte er jetzt reden, würden Sie ihn bestimmt auch sofort in Ihr Herz schließen.«

Dr. Maier-Blechschmid, gerade noch ziemlich unterkühlt, lächelt jetzt. Zumindest ganz kurz.

»Ich wollte das nur alles wissen, weil wir ja unsere Patienten hier nicht selbst fragen können. Nicht selten ist der Partner der größte Feind, der den Patienten am liebsten, nun, sterben sehen möchte. Aus finanziellen Gründen zum Beispiel.«

Ich protestiere: »Nein! Nein! Bloß nicht! Ich will kein Geld, kein Erbe, nichts. Ich will nur, dass er gesund wird.«

»Gut«, antwortet sie knapp. »Dann haben wir dasselbe Ziel. Sind Sie morgen wieder da?«

»Natürlich.«

»Hoffen wir, dass sein Zustand stabil bleibt. Und dass keine schlimme Lungenentzündung ausbricht. Er hatte ja Blut in der Lunge, das wir entfernen konnten. Aber nur ein winziger Tropfen ist dort ein Fremdkörper und kann eine Entzündung auslösen. Wir spritzen ihm dagegen gezielt Antibiotika.«

»Wie schlimm wäre eine Lungenentzündung für ihn?« Verflixt, solche Fragen muss ich mir abgewöhnen. Antworten bekomme ich ja doch nie.

Genau das höre ich auch: »Eine Lungenentzündung ist nie schön. Schon gar nicht, wenn der Körper eh so geschwächt ist.«

Chucky schubst mich auf einen Stuhl, reißt mir das Hemd auf und holt eine alte Autobatterie aus der Ecke. Dann hält er die Enden des angeschlossenen Starthilfekabels aneinander. Funken sprühen.

»Muss das jetzt sein?«, frage ich.

»Es muss!«, antwortet Chucky kurz. Der folgende Schmerz überwältigt mich. Ich habe das Gefühl, als würden Blitze meinen Körper durchzucken. Immer wieder, bis ich die Besinnung verliere. Aber Chucky kennt kein Erbarmen. Er schüttet mir aus einem Eimer so lange Wasser ins Gesicht, bis ich wieder zu mir komme.

»Warum tust du das?«, presse ich hervor. Wortlos foltert mich Chucky weiter.

Kurz bevor ich erneut ohnmächtig werde, sagt er: »Du hast Glück, dass ich dir vorher Schmerzmittel gegeben habe.« Wie pervers, denke ich. Chucky gibt mir Medikamente, damit er mich länger misshandeln kann. »Du bist jetzt mein neues Spielzeug«, sagt Chucky und zeigt auf das tote Mädchen in der Ecke. »Ich will's nicht gleich wieder kaputt machen.« Dann öffnet er meine Handschellen und verlässt laut lachend seinen Folterkeller. Natürlich schließt er die Tür hinter sich ab.

Als ich wieder einigermaßen bei Kräften bin, inspiziere ich mein Verlies. Ein vergitterter Lichtschacht ist der einzige Weg in die Freiheit. Ich muss raus hier, raus aus den Fängen dieses Sadisten. Ich muss Chucky stoppen. Ich muss die Polizei holen. Wenn ich's nicht tue, wer dann? Die Gitterstäbe vor dem Lichtschacht sind nicht einbetoniert, sondern nur in der Erde verankert. Ich grabe mir die

Finger blutig. Und tatsächlich: Ein Stab nach dem anderen löst sich. Ich komm raus! Ich schaff's! Ein Klimmzug noch, dann stehe ich im Freien. Chuckys Haus steht mitten im Wald. Deshalb hatte er auch keine Angst, dass ich schreien könnte. Ich laufe los, dann knallt ein Schuss. Die Kugel trifft mich ins Bein. Chuckys Sohn steht vor mir und lacht. Dieselbe Lache wie der Vater, denke ich. Bevor ich etwas sagen kann, zieht mir Chuckys Sohn den Knauf seiner Pistole über den Schädel. Als ich wieder klar bin, liege ich im Folterkeller. Gefesselt an Armen und Beinen.

1. Dezember, mittags

Es schneit und schneit und ich stehe im Stau. Ich nutze die Zeit auf dem Weg zur Klinik, um Clemens' engste Freunde anzurufen. Ich höre die Geschichte selbst sehr ungern, will niemandem die Hoffnung nehmen. Will nicht Sätze aussprechen, die wahr werden könnten. Jetzt wähle ich die Nummer seines besten Freundes Sascha. Er ist gerade im Single-Urlaub in Thailand, die Verbindung ist schlecht. Also schicke ich eine SMS: »Clemens ist in der Klinik.«

»OMG! Warum?« Dazu ein Smiley-Icon mit aufgerissenen Augen.

»Innere Blutung. Künstliches Koma. Aber er ist zum Glück stabil.«

»Wann ist er wieder gesund?«

»Hoffentlich bald!!!«

»Flüster ihm ins Ohr, dass ich ihn liebe.«

»Mach ich gern. Schick ihm deine Liebe in Gedanken.«

»Okay, versprochen!«

Sascha, sonst nicht für große Gefühlsausbrüche bekannt, reagiert so entzückend verständnisvoll, wie ich es nie erwartet hätte. Anders als Clemens' Jugendfreund Tobi, der mir dauernd Google-Ergebnisse per Mail schickt. Was alles Schlimmes bei einer Speiseröhrenblutung passieren kann. Lauter Horrorszenarien. Ich rufe ihn an, sage, dass er damit aufhören soll. Ich bin richtig wütend.

»Tobi, ich spreche mehrmals täglich mit den besten Ärzten hier. Ich brauch keine Ferndiagnosen aus dem Internet.«

Tobi entschuldigt sich, fragt, ob ihm das auch passieren kann. Die Frage, die sich alle Freunde von Clemens stellen. Die Angst, die plötzlich jeder hat. Immerhin ist Tobi nur drei Wochen jünger als Clemens.

»Es kann jedem passieren«, antworte ich wahrheitsgemäß. »Natürlich ist es nicht gut, zu rauchen, Alkohol zu trinken und Stress zu haben. Aber es gibt auch Patienten, die sehr gesund gelebt haben, und denen das trotzdem passiert ist. Kein toller Trost, ich weiß.«

Tobis Stimme klingt plötzlich ziemlich kleinlaut. »Er packt das doch, oder?«

»Natürlich«, antworte ich und will es selbst unbedingt glauben. Tobi sagt, dass er ab sofort statt Wein nur noch Ingwerwasser trinken will und mir viel Kraft wünscht.

Endlich! Ich sehe die Sonne wieder. Nach endlosen Tagen und Stunden in Chuckys Verlies. Wie lange ich dort gefangen war? Ich weiß es nicht. Jetzt stehe ich auf dem Kai eines namenlosen Hafens. Es muss irgendwo in der Karibik sein, denke ich. Jedenfalls sieht es hier so aus. Der Himmel ist so blau wie das Meer. Vor mir liegt angetäut ein wunderschöner Windjammer. Der schneeweiße Dreimaster sieht ein bisschen aus wie das berühmte Segelschulschiff Gorch Fock. Habe ich etwa eine Kreuzfahrt gewonnen? Ich stürme voller Vorfreude die Gangway empor. Dort versperrt mir ein muskelbepackter Kerl mit Narbengesicht den Weg. Chucky! Natürlich! Wer sonst?

»Na, Clemens, das ist ja mal 'ne hübsche Überraschung«, begrüßt er mich sarkastisch. »Du siehst mitgenommen aus, Kleiner. Brauchst wohl Ferien.« Statt zu antworten, nehme ich meinen ganzen Mut zusammen, stoße Chucky beiseite und laufe weiter. Seltsamerweise verfolgt mich mein Peiniger dieses Mal nicht.

Auf dem Deck erwartet mich eine Überraschung: Drei braun gebrannte Bikini-Schönheiten fallen mir kichernd um den Hals.

»Clemens, du musst nur kurz unterschreiben, dann kann die Reise losgehen«, flötet mir eine zu und hält mir ein Schriftstück unter die Nase.

»Was soll ich denn da unterschreiben?«, will ich wissen.

»Dass du während deiner Passage auf unserem Sex-Schiff die goldene Regel befolgen wirst. Nur eine Formalität«, sagt sie.

Ich: »Welche goldene Regel?«

Das Bikini-Mädel sagt kichernd: »Na, du kannst jederzeit mit jeder Frau an Bord Sex haben. Aber das gilt auch umgekehrt. Nicht schlecht, oder?«

»Gut, ich unterschreibe. Nur eine Frage noch: Ist Chucky bei unserem Törn dabei?«

Das Mädchen sieht mich mitleidig an und sagt: »Klar, Chucky ist der Kapitän!«

Vielleicht, so denke ich, kann ich während der Schiffsreise dem Sadisten Chucky aus dem Weg gehen. Vielleicht hat er sich ja auch ein neues Opfer unter den Passagieren gesucht, das er quälen kann.

Ich beschließe, zuerst mal meine Kabine zu inspizieren. Auf dem Weg dorthin sehe ich überall Paare, die es miteinander treiben. Auf dem Sonnendeck, im Swimmingpool, in den Gängen, ja selbst in den Rettungsbooten. Außerdem entdecke ich Reihen von speziellen Sex-Tanks, die zu zwei Dritteln mit Wasser gefüllt sind. In diesen Nasszellen vögeln die Menschen miteinander, was man durch eine Glasscheibe beobachten kann. Ich bleibe kurz stehen, um das seltsame Spektakel zu verfolgen. Komischerweise ekelt und erregt es mich gleichzeitig. Plötzlich der Schock! Ich sehe meine Verlobte Kimberly, wie sie mit zwei – wiederum gesichtslosen – Bodybuilder-Typen in einem der Tanks Sex hat. Kimberly betrügt mich vor meinen Augen. Mir wird schlecht. Ich muss weg. Sofort. Ich renne in meine Kabine, werfe mich aufs Bett und schluchze hemmungslos. Irgendwann schlafe ich entkräftet ein.

Seit eineinhalb Stunden sitze ich neben Clemens' Bett. Ich streichele seine Beine, die, wie mir Bruno erklärt, durch die vielen

Infusionen dicker geworden sind. Wasser habe sich dort angesammelt, was sie wohl bald absaugen werden.

Bruno meint, es gebe eine gute Nachricht: »Wir haben die Medikamente erstmals etwas niedriger dosiert.«

Ich freue mich. »Super! Clemens! Hast du das gehört? Das ist ja großartig! Du bist so tapfer!« In der Sekunde hebt er seinen linken Zeigefinger. Ich freue mich noch mehr. Ein erstes Lebenszeichen. Ich weine vor Glück. »Hat er mich gehört und sogar erkannt?«, frage ich schließlich Bruno.

»Kann schon sein. Ich glaub da ja dran. Dass Patienten viel mehr mitbekommen, als wir meinen. Kann aber auch nur ein zufälliger Reflex sein.«

Glücklich drücke ich Clemens' Hand, küsse seine Stirn, erzähle ihm, wie der FC Bayern gespielt hat, dass meine Schwester im Indienurlaub gerade einen Stopp in Mumbai macht und dort in einer Kirche fünfzig Kerzen für ihn angezündet hat. Dass Leo in der Hundeschule neue Kunststücke gelernt hat. Er kann jetzt sogar Rolle, sich um die eigene Achse drehen.

»Ihnen geht der Gesprächsstoff wohl nie aus«, kommentiert Bruno leicht amüsiert meine Monologe.

»Clemens wird sich ärgern, dass er so wenig zu Wort kommt. Aber jetzt kann er mir eine Zeit lang mal nicht widersprechen«, sage ich leicht aufgedreht.

Da kommt die Ärztin ins Zimmer.

»Leider bahnt sich die Lungenentzündung immer mehr an«, so Dr. Maier-Blechschmid unverblümt zur Begrüßung.

»Oh nein.« Ich fühle mich wie vor den Kopf gestoßen. Da bewegt Clemens wieder seine Hand. »Schauen Sie nur«, sage ich zur Ärztin. »Ist das nicht toll?«

»Nichts ist toll. Herr Hagen ist noch immer in Lebensgefahr«, meint die Ärztin gnadenlos ehrlich. Ich befinde mich auf einer emotionalen Achterbahnfahrt. Freud und Leid wechseln sich im Sekundentakt ab. »Ohne die Maschinen könnte er nicht selbstständig leben«, sagt sie noch. Anschließend geht sie aus dem Raum, Bruno folgt ihr. Ich schaue Clemens an, unterdrücke meine Tränen und habe Angst, die Nerven zu verlieren.

»Hör da nicht drauf, Liebling«, sage ich zu Clemens und werde immer lauter. »Natürlich wirst du wieder gesund. Hörst du!? Ich liebe dich! So! So! Sehr!«

Als ich wieder erwache, steht Chucky in der Kabinentür.

»Das Leben ist hart, Kleiner«, sagt er in ungewohnt sanftem Tonfall. Dann stürzt er völlig unvermittelt auf mich zu und reißt mir meinen Arm hinter dem Rücken nach oben. Ich schreie vor Schmerz. Der Polizeigriff macht mich wehrlos.

»So, Clemens«, sagt Chucky ruhig, »ich habe endgültig genug von dir. Ich bringe dich jetzt um.«

Chucky schiebt mich durch die langen Gänge des Schiffs, bis wir das Deck erreichen. Dort legt er mir Ketten an. Der Stahl drückt schmerzhaft in meine Haut. Chucky verschwindet kurz und kommt mit einer Harpune zurück.

Er legt auf mich an und sagt lachend: »Wenn du nicht ersäufst, dann fressen dich die Haie.« Der Pfeil der Harpune durchbohrt meine linke Seite und die Wunde beginnt augenblicklich, heftig zu bluten. Chucky schleppt mich zur Reling. Bevor er mich ins Meer schmeißt, sehe ich noch Kimberly, wie sie schreiend auf uns zurennt. Zu spät. Ich falle bereits, durchschlage Sekundenbruchteile später die Wasseroberfläche und sinke schnell. Das Wasser wird immer kälter und dunkler.

2. Dezember, nachmittags

Ich traue meiner Nase kaum. Hier riecht es ja wie in einer Dönerbude – und gar nicht mehr nach Desinfektionsspray. Mich erwartet eine fünfzehnköpfige türkische Großfamilie, als ich den Eingang zur Intensivstation erreiche. Alle essen Döner, offenbar mit extra viel Zwiebel, unterhalten sich laut, die Frauen tragen Kopftuch, die Jungs spielen mit elektrischen Autos, von denen eins prompt gegen meinen Fuß brettert. Ich grüße, die Großfamilie grüßt freundlich zurück. Dann klingle ich. Eine Schwesternstimme sagt, ich solle noch drei Minuten warten.

»Besuchen Sie auch Ihren Mann?«, möchte eine Frau wissen, die weder Kopftuch trägt noch Döner isst. Wir kommen ins Gespräch, ich erfahre, dass ihr Mann Unternehmensberater und auf dem Land Mitglied der freiwilligen Feuerwehr ist und nur einen Tag nach Clemens eingeliefert wurde. Die Diagnose? Ein Blutgerinnsel im Gehirn. Er hat plötzlich einfach das Bewusstsein verloren.

»Die reden hier so mit mir, dass ich überhaupt nichts verstehe«, beschwert sich die Frau des Feuerwehrmannes, die sich als Julia vorstellt. »Ich kann ja schlecht mit dem Lexikon rumrennen. Und wenn ich mal nachfrage, tun alle so, als sei ich voll bescheuert.«

»Hier kann man nur falsche Fragen stellen«, bestärke ich sie. »Musste ich auch erst lernen.«

»Sind die Ärzte zu Ihnen auch so schonungslos direkt?«, fragt sie weiter. »Also zu mir sind die alle ziemlich gefühllos. Tun so, als sei mein Mann selbst schuld, dass er hier liegt. Dabei ist er erst 47. Sportlich, kernig, supergesund. Jetzt das. Ich versteh es nicht.«

Die Schwesternstimme meldet sich. »Frau Hoppe, Sie dürfen hereinkommen!«

Ich gehe zum Eingang, Julia folgt mir unaufgefordert. Auch die Großfamilie setzt sich in Bewegung. Die Dönerreste hat sie glücklicherweise entsorgt. Wie eine Touristengruppe betreten wir geschlossen die Intensivstation. Ich gehe voran, sehe das Oberhaupt der Großfamilie, einen etwa Achtzigjährigen, in Zimmer 9 liegen und höre zwei Schwestern, die versuchen, seine Angehörigen zu stoppen. Vergeblich. Aufgebrachte Stimmen, Chaos, dazu die piependen Geräusche. Ich winke Julia und der munteren Großfamilie noch zu, dann bin ich bei Clemens. Über seinem Kopf baumelt ein kleines Radio, aus dem Weihnachtsmusik erklingt. Richtig gemütlich hat er es.

»Mein Liebster, wie geht es dir?«, begrüße ich Clemens und ziehe meinen Mantel aus. »Gut siehst du aus. Ach, was sage ich, ganz wunderbar. Das blaue Hemd steht dir toll. Karl Lagerfeld wäre neidisch.« Da hebt Clemens plötzlich seinen rechten Arm.

»Ja, hallo! Servus, Clemens! Hi!«, jubele ich. Ich drücke seine Hand.

Schwester Vivi kommt herein und serviert mir gleich eine frohe vorweihnachtliche Botschaft: »Er braucht keine Kreislauftabletten mehr, weil sein Kreislauf stabil ist.« Ich liebe dieses Wort: stabil. Außerdem dachte sie, dass er etwas Musik hören will.

»Sehr lieb«, bedanke ich mich. »Könnten wir nur bitte den Sender wechseln? Clemens steht nicht so auf Weihnachtsmusik, er nennt das immer Kitsch-Gedudel. Gibt's denn vielleicht was Rockiges?«

Vivi schmunzelt und ändert den Sender. Irgendwo läuft gerade AC/DC, »Highway to Hell«.

»Perfekt«, sage ich. »Das wird er lieben.«

Die grüne Hölle! Ich bin mittendrin. Ich renne durch einen Urwald. Ich bin, glaube ich, in Afrika. Die Pflanzen hier stehen so dicht, dass man keine drei Meter weit sehen kann. Meine Arme und Beine brennen wie Feuer. Ich habe sie mir an den rasiermesserscharfen Blättern der Gräser, Büsche und Bäume aufgerissen. Ich stolpere durch das Dickicht, bleibe irgendwo mit den Füßen hängen, stürze, raffe mich wieder auf. Es ist eine Tortur. Aber ich muss weiter, immer weiter. Denn ich bin nicht allein. Sie sind hinter mir her. Eingeborene Jäger, Menschenfresser, wie ich denke, verfolgen mich mit Blasrohren voller giftiger Pfeile. Falls ich ihnen in die Hände falle, ist es vorbei. Daran besteht kein Zweifel. Hilfe habe ich hier keine zu erwarten. Wer soll mich in diesem dichtesten aller Dschungel schon sehen können? Hören können? Riechen können? Niemand kann das. Rettung gibt es nicht. Also muss ich mich selbst retten.

Irgendwann, ich weiß nicht mehr nach wie vielen Stunden atemlosen Wettlaufs um mein Leben, habe ich aber keine Kraft mehr. Erst muss ich mich, an einen Baum gestützt, im Stehen übergeben. Dann versagen mir die mit Dornen gespickten Beine endgültig. Ich kann nicht mehr. Ich sacke zusammen. Auf dem Boden liegend höre ich schon die fremdartigen Stimmen meiner Häscher. Im Flüsterton rätseln sie wohl darüber, wo sich ihre Beute – ich – befindet. Dann haben sie mich umstellt. Sie beugen sich über mich und sehen sich mit verdutzten Gesichtern das in die Enge getriebene Häuflein Mensch an. Aufgeregt bestaunen sie, bekleidet nur mit Lendenschurz, meine helle Hautfarbe. Für sie muss ich wohl ein ganz besonderes Stück Wild sein. Anstatt mir gleich an Ort und Stelle den Rest zu geben, binden sie mich an einen Baumstamm und tragen mich leise tuschelnd in ihr Dorf. Dort werde ich, die Hände mit dünnen Lianen auf den Rücken gefesselt, den Frauen der Eingeborenen übergeben.

Zu meiner Überraschung behandeln sie mich pfleglich. Ich werde gewaschen, dann werden meine Wunden mit einer seltsamen, übel riechenden Pflanzenpaste bestrichen und anschließend mit großen Blättern verbunden. Immer wieder streicheln die Frauen mit offenen Mündern ungläubig meine weiße Haut. Sie versuchen sogar, mit mir zu sprechen, auch wenn ich keinen Ton von dem Gesagten verstehe. Dann holt mich eine Gruppe Männer aus der Lehmhütte. Unter ihnen ist wohl auch ihr Anführer, ein besonders kräftiger Kerl mit vielen bunten Federn im Haar. Sie schleppen mich auf den Dorfplatz, um den herum kreisförmig die Hütten des Stammes stehen. In der Mitte befindet sich ein Baumstamm, eine Art Marterpfahl, auch wenn es in Afrika ja gar keine Indianer gibt. An ihn werde ich unter dem Gejohle der Männer nun gebunden. So fest, dass es keine Chance auf ein Entkommen gibt.

Zwei Stunden und zwei Pfefferminztees im Wirtshaus »Zur guten Besserung« später – ich habe viele russische Trinklieder gelernt – darf ich wieder zu Clemens. Das Radio ist aus, seine Hände sind am Bettgestell rechts und links festgebunden.»

Fixiert nennen wir das«, klärt mich Vivi auf. »Sie hatten recht. Je lauter und rockiger vorhin die Musik wurde, desto mehr hat er sich bewegt. Fast ein bisschen zu wild.«

»Er rockt sich ins Leben zurück«, antworte ich optimistisch. Ich schenke Vivi als Dankeschön für ihre Radio-Idee einen Schokoriegel. »Clemens mag die besonders, wegen der doppelten Glasur. Es wäre ihm eine Freude, wenn Sie ihn annehmen.«

Vivi steckt den Schokoriegel ein, sagt noch, dass mich Frau Dr. Maier-Blechschmid gleich noch sprechen wolle, und verlässt das Zimmer.

Ich streichele Clemens' Kopf, seine feinen Haare.

»Du Super-Rocker«, fange ich an – doch da steht schon Frau Doktor vor mir.

»Dass er sich bewegt, ist ein sehr gutes Zeichen«, sagt sie. »Wir hatten ja Angst, dass er einseitig gelähmt ist. Als Folge des fehlenden Sauerstoffs im Gehirn. Umso mehr freuen wir uns über jede Bewegung von ihm.« So viele positive Sätze am Stück hat sie, glaube ich, noch nie gesagt. Ich warte auf ein Aber. »Aber«, ergänzt sie auch sogleich, »Herr Hagen stört sich sehr an seinem Mundstück. Das ist lebenswichtig, es verbindet ihn schließlich mit der Beatmungsmaschine. Er hat versucht, es sich herauszureißen. Nichts Ungewöhnliches. Die meisten Patienten stören sich daran. Es ist auch sehr unangenehm. Allerdings wollen wir auch nicht wieder die Medikation erhöhen müssen, nur damit er ruhiger wird. Wir denken deshalb über einen Luftröhrenschnitt nach.«

Mir stockt der Atem. Diese Frage kann ich mir nicht verkneifen, auch wenn sie sicher wieder mal falsch ist: »Ist das gefährlich?«

Dr. Maier-Blechschmid sieht mich wie immer streng an: »Alles ist gefährlich. Man kann sich auch an einem Stück Papier schneiden und daran verbluten.« Na bravo. Ich muss an die Feuerwehrmann-Frau Julia denken, versuche jedoch, freundlich zu bleiben.

»Verstehe«, sage ich. Und: »Frau Dr. Maier-Blechschmid, ich bin hier doch machtlos. Ich kann nichts tun, außer Ihnen zu vertrauen. Wenn Sie sagen, dass es das Beste für Clemens ist, dann tun Sie es, bitte. Wenn ihm jetzt eben ein Luftröhrenschnitt helfen kann beim Gesundwerden, dann schneiden, also machen Sie den, bitte.«

Plötzlich hellt sich das Gesicht der Ärztin auf. Mit ungewöhnlich sanfter Stimme meint sie: »Das stimmt nicht, Frau Hoppe, was Sie sagen. Sie tun nicht nichts. Sie tun sehr, sehr viel. Sie machen das ganz toll. Wie Sie mit Herrn Hagen reden, auf ihn eingehen, das können nicht viele. Die meisten sind gehemmt und sprachlos in so einer Situation. Ihre Liebe ist mindestens so wichtig wie unsere Medizin. Es gibt auch Intensivstationen, wo überhaupt keine Angehörigen zugelassen sind. Wir in Gutsing glauben aber, dass es hilfreich sein kann. Wären mehr Angehörige wie Sie, würde der Besuch auf der Intensivstation sicher auch in anderen Krankenhäusern mehr und mehr erlaubt werden.«

Vor Rührung habe ich Tränen in den Augen. Es ist das vielleicht schönste Kompliment, das ich je bekommen habe.

»Danke, Frau …«

Sie unterbricht mich: »Wegen des Luftröhrenschnitts wird sich ein Gericht bei Ihnen melden.«

»Wieso das?«

»Da Sie ja nicht verheiratet sind, brauchen Sie in solchen Angelegenheiten einen Betreuer. Das Gericht wird Ihnen einen stellen. Aber in neunzig Prozent aller Fälle will der Betreuer dasselbe wie Sie: dass der Patient gesund wird. Da Herr Hagen viel Sauerstoff benötigt, wird auch Ihr Betreuer einem Luftröhrenschnitt zustimmen.«

So ganz ungefährlich ist ein Luftröhrenschnitt wohl doch nicht, denke ich. Aber ich sage lieber nichts.

»Ich melde mich bei Ihnen, Frau Hoppe. Ein, zwei Tage wird es noch dauern. Hängt vom Gericht ab, wie schnell das reagiert.«

Ich verbringe die Nacht allein in der Kälte. In der Ferne höre ich, wie Buschtrommeln geschlagen werden. Ich friere. Aus meinen vielen Wunden tropft jetzt auch wieder Blut. Irgendwann, es muss schon Nachmittag sein, erscheinen die Kinder des Dorfes. Sie gackern vor Freude, als sie mich so wehrlos an dem Pfahl stehen sehen. Dann ziehen sie kleine Stöcke hervor. Es sind, ich kann es kaum glauben, Blasrohre im Miniformat. Der größte der Eingeborenen-Jungs lädt sein Rohr mit einem Minipfeil und bläst ihn mir punktgenau auf die Stelle, an der mein Herz liegt. Autsch, der Schuss tut weh, aber nicht viel stärker als ein Wespenstich. Der Rest der Kinder quittiert seinen Treffer mit lautem Geschrei. Dann schießt der nächstgrößere Junge. Er trifft meinen Oberschenkel. Dann ist wiederum der Nächste dran und so geht es weiter reihum. Nicht jeder einzelne ein Treffer, aber die Summe aller verursacht mir starke Schmerzen. Ich verliere viel Blut und werde immer schwächer. Auch wenn die Pfeile der Kinder zum Glück anscheinend nicht giftig sind.

Ich frage mich inzwischen, ob ihre Eltern mich schlichtweg vergessen oder mich als eine Art Kinderspielzeug ihren Kleinen überlassen haben. Vielleicht sind die erwachsenen Stammesmitglieder gemeinsam auf der Jagd? Es wird schon dunkel. Wann kommen sie wieder? Werden sie mich retten? Während ich darüber nachdenke, versuche ich gleichzeitig, die Schmerzen zu verdrängen. Dann, endlich, kommen die Erwachsenen zurück. So wie sie mich gestern ins Dorf trugen, so haben sie heute ein halbes Dutzend toter Äffchen als Beute an einem Ast hängend dabei. Als mich die Stammesangehörigen entdecken, befiehlt der Anführer den Frauen, mich loszumachen, mir die vielen kleinen Pfeile der Kinder aus der Haut zu ziehen und mich wieder zu verbinden. Ich jubele innerlich. Sie wollen mich anscheinend nicht töten, diese Eingeborenen. Die Nacht verbringe ich auf einem Bett aus dicken grünen Blättern in einer Hütte für mich allein. Nach einer gefühlten Ewigkeit endlich ein bisschen Erholung.

3. Dezember, mittags

Beim Frühstück erzählt mir mein Vater, dass er von Clemens geträumt hat. Dass Clemens ihn immer wieder gerufen hat. Ihn retten wollte. »Nicht umgekehrt«, wie mein Dad sagt. »Als würde es ihm gut gehen – und mir schlecht.«

»Ich habe auch von ihm geträumt, wie er plötzlich aufgetaucht ist und mich angelächelt hat«, fällt mir ein. »Ich bin mit so einem guten Gefühl aufgewacht.«

»Das ist doch ein schönes Zeichen, Mäuschen«, sagt meine Mutter. »Heute ist dein Tag und er ist bei dir, bei uns allen.«

Dass ich Geburtstag habe, hätte ich fast vergessen. Auf Facebook haben mir zwar Dutzende Freunde gratuliert, aber ich habe das nur schnell überflogen: »Hoch die Tassen«, »Lass es krachen« – solche Sachen eben. Meine Gedanken kreisen eher um einen Luftröhrenschnitt als um wildes Gefeier. Nur einen Wunsch habe ich neben Clemens' Überleben – dass mich meine Eltern auf die Intensivstation begleiten. Oder, wie ich es lieber ausdrücke: Clemens besuchen.

»Ich hasse Krankenhäuser«, meint mein Vater in seiner gewohnt direkten Art.

»Niemand mag Krankenhäuser, Dad. Trotzdem: Clemens würde sich sicher freuen. Und ich mich sowieso.«

Zu dritt betreten wir eine gute Stunde später Zimmer 13. Clemens liegt dort nicht mehr allein, ein weiterer Patient ist in seinem Zimmer. Dazwischen ein schmaler Vorhang – und ein neuer, recht gut aussehender Arzt, der gleich auf uns zukommt.

»Ich bin Dr. Nebel. Und Sie?« Ich stelle mich und meine Eltern vor. »Will Herr Hagen Sie überhaupt um sich haben?«, fragt er recht uncharmant.

Mein Vater reagiert prompt: »Was ist das für eine Frage? Wie können Sie nur so mit meiner Tochter sprechen?«

Ich versuche, zu schlichten. »Clemens liebt meine Eltern, als wären es seine eigenen. Aber die sind leider tot. Er würde sich wirklich darüber freuen, dass sie hier sind, also, wenn er könnte.«

Dr. Nebel wird etwas freundlicher. »Entschuldigen Sie, aber mir geht es nur um das Wohl des Patienten. Schwiegereltern, oder in Ihrem Fall Fast-Schwiegereltern, sind ja nicht immer die beliebtesten Familienmitglieder. Trotzdem muss ich Sie bitten, immer nur maximal zu zweit die Station zu betreten. Das ist eine Intensivstation und kein Ausflugslokal.«

Mein Vater will widersprechen, beherrscht sich jedoch aus Rücksicht auf mich und verlässt das Zimmer. Nach einer halben Stunde geht meine Mutter raus und mein Vater nimmt neben mir am Bett Platz.

»Ach, Clemi«, sagt er liebevoll und streichelt seine Hand. Er muss kräftig schlucken, ich bin kurz vor einer Heulattacke.

Pfleger Bruno kommt herein, begrüßt meinen Vater und sagt: »Wir mussten Herrn Hagen auch an den Beinen fixieren.« Er hebt die Bettdecke kurz an – breite Ledergurte umspannen seine Knöchel. Seine Füße zucken unkontrolliert. Überall hat er Blutergüsse vom Absaugen des Wassers aus den Beinen. »Herr Hagen bewegt sich ganz schön wild. Heute ist der erste Tag, an dem wir die Medikation deutlich reduziert haben. Natürlich bekommt er noch Antibiotika wegen der drohenden Lungenentzündung, aber er macht einen guten Eindruck. Die Gliedmaßen funktionieren – auf beiden Seiten.«

»Clemens«, rufe ich fast triumphierend, »das ist das tollste Geschenk, das du mir zum Geburtstag machen konntest.« Mit der linken Hand reißt Clemens nun an der Fixierung herum, er atmet schwer, will sich offenbar das Mundstück entfernen.

»Hat sich Ihr Betreuer bei Ihnen gemeldet?«, fragt Bruno. »Wegen des Luftröhrenschnitts.«

Ich verneine und greife nach Clemens' linker Hand, um ihn zu beruhigen. Und tatsächlich: Nach ein paar Minuten wird er etwas ruhiger, die Atmung normalisiert sich, seine Finger drücken meine immer fester. Was für ein tolles Gefühl.

Ich kann ihn wieder spüren. Seine Kraft. Und seinen starken Willen.

Als ich am nächsten Tag in meiner Dschungelhölle erwache, bin ich erneut an den Marterpfahl gefesselt. Vor mir steht der größte der Eingeborenen-Jungs und grinst mich nun unverhohlen böse an. Dann nimmt er sein Blasrohr in den Mund und schießt mir einen Pfeil mitten in die Stirn. Mein Martyrium als menschliche Dartscheibe beginnt von Neuem, denke ich. Aber in der folgenden Nacht, die Erwachsenen haben mich wohl der Einfachheit halber gleich am Marterpfahl gelassen, besucht mich ein kleines Eingeborenen-Mädchen. Während sie meine Fesseln entknotet, legt sie ihren Finger auf meine Lippen. »Pssst!« Ein Laut, der in jeder Sprache dasselbe bedeutet. So leise, wie ich nur kann, schleiche ich aus dem Dorf. Ich irre den Rest der Nacht durch den Dschungel, bis ich am nächsten Morgen eine nahezu unbewaldete Ebene erreiche. Ich laufe weiter, immer weiter. Erst mittags mache ich Rast im Schatten eines großen Baumes. Da zittert plötzlich ein großer Pfeil über meinem Kopf im Stamm. Ich sehe eine Horde Indianer auf mich zustürmen. Es geht wieder los, denke ich. Dieses Mal bin ich in Amerika. Ich stehe auf und renne um mein Leben.

Auf der Rückfahrt danke ich meinen Eltern fürs Mitkommen.

»Was du jeden Tag durchmachst«, meint mein Vater. »Dieser Arzt war ja zum Davonlaufen. Fast hätte ich mich vergessen. So ein Kotzbrocken.«

»Also bitte! Später wurde er ja netter«, versucht meine Mutter, zu beschwichtigen. »In manchen Fällen wird er recht haben. Dass der Patient einen Teil der Familie gar nicht dahaben möchte. Aber er kann sich halt nicht wehren, geschweige denn artikulieren.«

Ich mache mein Handy an, schließlich muss es auf der Intensivstation wegen der vielen Geräte immer aus sein. Ich habe 37 neue Nachrichten auf der Mailbox und null Bock, auch nur eine abzuhören.

Unser netter Hausmeister Wolfi hat mir eine SMS geschrieben: »Erreiche Clemens wegen des Duschkopfs nicht. Habe ihn entkalkt. Gern geschehen.« Da fällt mir plötzlich ein, dass Clemens' Handy seit Tagen aus ist. Genauer: Seit wir das Flugzeug in Berlin betreten haben. Seinen PIN-Code weiß ich nicht. Ich bin ja schon froh, wenn ich mir meinen eigenen merken kann.

»Mami, Wolfi hat den Duschkopf entkalkt. Eigentlich ist mir das völlig egal, aber in unsere Wohnung müsste ich schon mal wieder. Ich brauche ja ein paar frische Klamotten.«

»Mäuschen, du kannst dir gern weiterhin was von mir leihen. Oder wir fahren die Tage zusammen hin. Du allein in eurer Wohnung, das halte ich für keine gute Idee. Das macht dich nur noch trauriger.«

Mein Vater schimpft weiter vor sich hin: »Dieser Besserwisser-Arzt! Wie der sich aufgeführt hat!«

Jetzt bellt auch noch Leo neben mir auf der Rückbank. Mir wird plötzlich alles zu viel.

»Dieser ganze Geburtstag ist doch total absurd«, mache auch ich mir Luft. Das alles überfordert mich.

Meine Mutter ruft: »Jetzt beruhigt euch alle mal!«

»Die Koffer am Flughafen haben wir auch noch nicht abgeholt«, sage ich. »Ich habe nur das Handgepäck mit diesen blöden High Heels.«

Plötzlich müssen wir drei lachen, obwohl es nichts zu lachen gibt. Unsere Anspannung braucht ein Ventil. Seit Tagen haben wir nicht mehr gelacht. Fast habe ich vergessen, wie es geht. Jetzt kann ich nicht mehr aufhören. Ich lache und lache. Es ist für alle eine kleine Befreiung.

4. Dezember, nachmittags

Neben mir röchelt es. Die Geräusche kommen nicht von Clemens, sondern von Herrn Schindlinger, seinem neuen Mitbewohner, der unter Nierenversagen leidet. Er ist Dialyse-Patient, sein Blut muss gewaschen werden. Immerhin liegt der ältere Bayer nicht im künstlichen Koma, wie schnell zu hören ist.

»Kruzifix!«, ruft er mit heiserer Stimme. »Ist da jemand?«

Ich stehe von meinem Hocker auf, hole Vivi, meine Lieblingsschwester auf der Station. Sie ist patent und selbst im größten Chaos immer freundlich. Zu meinem Glück arbeitet sie den ganzen Dezember durch, weil sie sich mit ihrer Familie gestritten und keine Lust auf Weihnachten hat. Wie man sich mit Vivi streiten kann, ist mir zwar unbegreiflich, weil sie so herzensgut ist, aber da wir nie lange am Stück reden können, kenne ich die näheren Familienumstände nicht.

Vivi fragt sehr laut, da er offenbar schwerhörig ist: »Herr Schindlinger, was ist los? Wie geht's Ihnen?«

»Wos?«, fragt er in breitem bayerischem Dialekt zurück.

»Wie geht's Ihnen?«

»Ned guad. I muss bieseln. Und groß missat i a.« Er macht Anstalten, aufstehen zu wollen. Allerdings halten ihn die Schläuche zurück.

Vivi ruft: »Sie müssen nicht aufstehen! Sie können einfach so auf die Toilette gehen! Im Liegen! Da geht nichts daneben. Machen Sie einfach!«

Herr Schindlinger hat so etwas wohl noch nie gehört und sagt nur: »Aha.«

Vivi verlässt das Zimmer, was ich aus verständlichen Gründen auch gern machen würde. Aber Clemens hält gerade so süß meine Hand. Ich möchte bei ihm bleiben. Herr Schindlinger geht nun also im Liegen aufs Klo. Um die dazugehörigen Geräusche nicht hören zu müssen, fange ich an, ein Lied zu singen. Ich singe leider sehr schlecht, aber meine Version von Robbie Williams' »Angels« ist immer noch besser als die Geräusche von nebenan.

In einem namenlosen Modegeschäft sitze ich auf einer Empore und beobachte das bunte Treiben unter mir. Frauen probieren Hüte, besehen sich im Spiegel, wobei sie immer wieder kritisch den Kopf drehen. Dann gehen sie zu ihrem Begleiter und hauchen ihm erwartungsfroh ein »Ist der nicht schön, Schatz?« oder ein »Der steht mir doch gut, oder?« ins Ohr. Die Befragten nicken stets eifrig, meist mit leicht schwachsinnigem Grinsen im Gesicht. Plötzlich bekomme ich einen Schreck. Ist da nicht Kimberly? Meine Kimberly? Tatsächlich! Sie trägt einen dunkelgrünen Jägerhut mit ewig langer Fasanenfeder auf dem Kopf. Ein bisschen schief. Ihre Kopfbedeckung sieht ganz entzückend aus, finde ich. Aber anstatt die wenigen Stufen zu mir zu erklimmen, geht sie schnurstracks auf einen anderen Mann zu, fällt ihm um den Hals und gibt ihm einen dicken Schmatz. Ich kann's nicht fassen.

»Des war guad«, kommentiert Herr Schindlinger zufrieden seinen Stuhlgang. Vivi kommt und leert die Bettpfanne.

Sie fragt: »Wo kommen Sie her?«

»Aloan, i bin ganz aloan.«

Auch wenn sein Familienstatus nicht die Herkunft klärt, tut er mir plötzlich sehr leid.»

Mei Frau is weg, die Kinder a. I hob koan Menschen mehr.« Dann schläft er laut schnarchend ein. Erst jetzt wird mir klar, was ich die ganze Zeit an Clemens vermisse: sein Schnarchen. Schlafend kenne ich ihn – aber eben nur mit seinem sägenden Geschnarche. Ich hatte mich nach den drei Jahren so an das nächtliche Hintergrundgeräusch gewöhnt, dass es mir jetzt auf einmal richtig fehlt. Ich muss schmunzeln.

Vivi erklärt mir, dass es vielleicht gut sei, Clemens hin und wieder zu sagen, welcher Tag gerade ist. »Ich habe mal von einer Patientin gehört, die sich nach dem künstlichen Koma daran erinnern konnte, dass ihr die Tochter täglich einen Kalenderspruch vorgelesen hat – mit dem passenden Datum. Manchmal hatte sie einen schlimmen Traum, den sie für die Realität hielt. Sie dachte, es sei Winter und sie sei von einer Lawine verschüttet worden, aber dann hörte sie von ihrer Tochter, dass Sommer ist, und wusste, dass das mit der Lawine nur ein Traum war.« Tatsächlich? Ich überlege, in welchen Traumwelten sich wohl Clemens im Moment befindet. Hoffentlich hat er nur schöne Träume.

»Clemi«, sage ich. »Du machst gerade einen ausgiebigen Winterschlaf. Es ist Dezember, der vierte Dezember, weißt du? Draußen schneit es. Wir sind daheim, also fast daheim, in der Nähe von München. Gestern hatte ich Geburtstag, ich habe ein Stück Torte für dich mitgegessen. Ich vermisse dich so sehr. Sogar dein Schnarchen. Ist das zu fassen?«

Ich stürme das Treppchen hinab und stelle Kimberly zur Rede.

»Wer ist denn das bitte schön?«, frage ich zornig.

Ihr Bekannter sagt: »Nicht hier, bloß nicht hier.«

Aber meine Verlobte blickt ihn trotzig an und antwortet: »Wieso nicht hier? Irgendwann muss er es ja erfahren.« Während ich noch rätsle, was sie mit »es« meint, dreht sich Kimberly zu mir und sagt: »Darf ich vorstellen? Das ist der Rudi, mein neuer Freund. Wir sind schon über einen Monat ein Liebespaar.«

Ich spüre, wie der Boden unter mir zu wanken beginnt. Hatten Kimberly und ich uns nicht ewige Liebe versprochen?

Verzweifelt sage ich: »Aber Schatz, das kann doch unmöglich dein Ernst sein.«

Auf Kimberlys Stirn kräuseln sich kleine Zornesfalten.

Sie sagt: »Mann, bist du langsam von Begriff! Ich meine das todernst.« Dann hakt sie sich bei ihrem Rudi unter und verschwindet mit ihm in einer der geräumigen Umkleidekabinen. Ich komme mir vor wie ein Vollidiot. Weil ich keine Ahnung habe, was ich jetzt tun soll, besehe ich mir – typische Übersprungshandlung – die vielen Damenhüte in den Regalen. Plötzlich höre ich verdächtige Geräusche aus Kimberlys Umkleidekabine. Als ich den Vorhang zur Seite reiße, sehe ich es. Kimberly und ihr Rudi haben Sex. Ich traue meinen Augen nicht. Ich erkenne meine Liebste nicht wieder. Ist das wirklich Kimberly, die Frau, die ich seit Jahren liebe? Der ich mehr als jedem anderen Menschen auf der Welt vertraue? Ich stürme aus dem Hutgeschäft. Vor der Eingangstür wird mir schlecht.

Ich bestehe auf einer Aussprache. Auch wenn es das letzte Mal sein sollte, dass ich Kimberly sehe. Ich will auf jeden Fall um sie kämpfen. Wir verabreden uns in einem Fischrestaurant in unserem Viertel.

»Weißt du noch, Clemens, als du bei dem Münchner Radiosender das Interview zu deinem neuen Buch gegeben hast?«, fragt Kimberly ohne Umschweife. »Der Typ, der dir damals die Fragen gestellt hat, das war der Rudi. Wir haben uns gesehen und sofort ineinander verliebt. Und du hast nichts gemerkt, gar nichts, du Armer.«

Ich muss schlucken. Dann antworte ich: »Weißt du überhaupt, mit wem du dich da eingelassen hast? Ich habe ein bisschen recherchiert. Dein Rudi hat zehn Kinder. Und er ist verheiratet.«

»Pah«, sagt Kimberly, »das weiß ich doch längst. Heute Abend fahre ich zu Rudi. Er wohnt in Norddeutschland. Du kannst mich ja begleiten.« Kurz überlege ich, ob eine achthundert Kilometer lange Autofahrt allein mit Kimberly in meiner derzeitigen Gefühlslage nicht zu schmerzhaft sein würde. Dann sage ich zu.

Während des Trips reden wir wenig. Trotzdem bin ich froh, sie bei mir zu haben.

Zehn Stunden später sind wir am Ziel: in Hitzacker in Niedersachsen, einem malerischen Fachwerkdorf an der Elbe. Hier lebt Rudi mit seiner Familie auf einem Hausboot. Also dann, wenn er nicht gerade in München arbeitet und anderen Männern die Verlobte ausspannt.

Nachdem Kimberly ihren neuen Boyfriend liebevoll begrüßt hat, sagt sie: »Du, Clemens, der Rudi und ich, wir wollen jetzt ein bisschen Zeit für uns haben. Das verstehst du doch? Wir haben uns das Hochzeitszimmer im Hotel ›Dorfkrug‹ genommen. Morgen gemeinsames Mittagessen?«

Ich sage lächelnd zu, auch wenn mir zum Heulen zumute ist. Während sich meine Liebste im »Dorfkrug« mit ihrem Neuen vergnügt, rede ich auf dem Hausboot lange mit Rudis Frau. Auch sie ist verzweifelt.

»Ich bin zum elften Mal schwanger«, verrät sie mir unter Tränen. »Der Rudi ist ein Schwein.«

Als ich Kimberly am nächsten Tag beim Mittagessen, wir nehmen beide Kutterscholle mit Kartoffelsalat, die Neuigkeit erzähle, sieht sie mich fassungslos an.

»Was? Ein elftes Kind? Davon habe ich nichts gewusst«, sagt Kimberly entsetzt.

Ich antworte: »Komm, wir fahren zurück nach München. Sofort! Soll dieser Rudi mit seiner Großfamilie auf dem Hausboot verrotten.«

Kimberly stutzt und sagt nach einer langen Pause: »Clemens, ich verstehe mich selbst nicht mehr. Was war nur mit mir los? Bitte verzeih mir, ich liebe doch nur dich!« Ich möchte ihr glauben. So sehr. Aber mein Herz, das schmerzt.

5. Dezember, morgens

Mein Handy klingelt. Die Vorwahl der Klinik erscheint auf dem Display. Ich kriege einen Eisesschreck.

»Schwester Edda hier. Frau Hoppe?«

»Ja?«, frage ich vorsichtig.

»Sie brauchen heute nicht wie gewohnt um vierzehn Uhr in die Klinik kommen.«

»Was ist passiert?«

»Herr Hagen bekommt um fünfzehn Uhr seinen Luftröhrenschnitt.«

»Heute? Aber mich hat bis jetzt kein Betreuer, kein Gericht noch sonst jemand angerufen.«

»Dafür hat sich Ihr Betreuer, Herr Peters, bei uns gemeldet. Er hat den Luftröhrenschnitt abgesegnet.«

»Wieso heißt er Betreuer, wenn er mich überhaupt nicht betreut?«, möchte ich wissen. Ich versuche, nicht zickig zu klingen.

Schwester Edda sagt: »Es ist in der Tat ungewöhnlich, dass er Sie nicht kontaktiert hat. Wahrscheinlich hat er viel um die Ohren. Aber Sie sind doch nach wie vor auch für einen Luftröhrenschnitt, oder?«

»Ich bin für alles, was Clemens hilft.«

»Fein. Dann melden Sie sich am besten nach sechzehn Uhr.«

»Moment, ich kann ihn doch abends besuchen?« Sie bejaht. »Okay, dann wünsche ich Ihnen einen … wie sagt man … besonders guten Schnitt!«

»Freust du dich, mich wiederzusehen?« Eine harmlose Frage, die mir jedoch das Blut in den Adern gefrieren lässt. Chucky! Er ist zurück! Wie hat er mich gefunden? Hier in einem abgelegenen Postamt, so weit weg von den Plätzen, an denen wir bisher aufeinandertrafen.

Zu meiner Verwunderung sieht Chucky aus wie ein ganz normaler Kunde. Statt seines schwarzen Ledermantels und der schweren Cowboystiefel trägt er Jeansjacke und Sneakers. Hinter uns sortieren Dutzende von Postmitarbeitern an einem Laufband Pakete. Die vielen Menschen um mich herum vermitteln mir ein trügerisches Gefühl der Sicherheit.

Da sagt Chucky: »Kleiner, Zeit, sich in Sicherheit zu bringen. Gleich knallt's hier ganz furchtbar. Komm mit!« Ich tue, wie mir befohlen. Chucky zeigt mir ein enges Loch im Fußboden, in das wir kriechen. Auf sein Geheiß decke ich mich mit Postsäcken zu, um mich zu schützen. Chucky nimmt mich in den Arm. Ich habe Angst. Plötzlich beendet ein lauter Knall das geschäftige Treiben im Postamt. Ein Paket ist explodiert. Und mit ihm eine ältere Postmitarbeiterin. Körperteile und blutige Fleischfetzen fliegen durch den Raum. Chucky lacht. Ich bin glücklich, dass keines der scharfen Schrapnells mich erwischt.

»Schönes Feuerwerk. Lob mich mal«, fordert mich Chucky auf. Ich schweige. Da geht sein »Feuerwerk« schon weiter. Dieses Mal stirbt ein junger, sympathisch aussehender Postler.

Chucky grinst mich an und sagt: »Genieß die Show, Kleiner. Du kannst eh keinem helfen.«

Ich nicke und frage: »Chucky, warum tust du das? Die Leute haben doch nichts getan.«

Chucky sagt: »Spaß!«

Da explodiert das dritte Paket. Dieses Mal habe ich weniger Glück. Ein glühendes Stück der Rohrbombe bohrt sich in meinen Bauch. Ich schreie vor Schmerz.

Um Punkt fünfzehn Uhr zünden meine Mutter und ich in der Küche eine Kerze an. Sie backt Vanillekipferl, die Clemens so mag, ich schaue ihr dabei zu und bin in Gedanken beim Luftröhrenschnitt. Mein Handy klingelt. Sascha, Clemens' bester Freund und Vorzeigejunggeselle, ruft an.

»Wie geht's dem Patienten? Ist er schon aus dem Koma erwacht?« Die Verbindung ist schlecht, da er immer noch in Thailand urlaubt.

»Er ist ja nicht ins Koma gefallen, sondern wurde ins künstliche Koma versetzt. Das ist ein Unterschied«, erkläre ich. Langsam höre ich mich schon selbst an wie eine Krankenschwester.

»Ach so. Und was heißt das genau?«, fragt Sascha. Im Hintergrund sind aufgekratzte asiatische Stimmen zu hören. Weibliche natürlich. »Sorry, ich bin hier in einer, äh, Thai-Sauna.«

»Schon klar«, sage ich und möchte gar nicht mehr wissen. »Auf jeden Fall wird seine Medikation immer stärker reduziert, das Aufwachen geschieht also kontrolliert, sobald sich der Körper von der ganzen Geschichte erholt hat. Das dauert wohl noch ein bisschen. Jetzt kriegt er erst mal einen Luftröhrenschnitt.«

Der sonst so coole Sascha reagiert geschockt: »Oh, Shit! Das passiert doch sonst nur so Drogenfreaks in Hollywoodfilmen. Mit einem Kugelschreiber, zack!, durch den Hals, kurz vorm Abnippeln! Scheiße! Der Arme!« Wenn die Luftröhrenschnitt-Story schon Sascha so verstört, denke ich, werde ich sie vorerst besser für mich behalten.

»Keine Bange«, muntere ich ihn auf. »Das ist Alltag für die Ärzte, wie Naseputzen, das machen die ständig. Clemi kann danach besser atmen«, sage ich und versuche, dabei betont ruhig zu klingen.

»Du bist echt krass, Kimberly«, meint Sascha. »Clemens hat echt Glück mit dir. Gib ihm einen dicken Kuss und richte ihm aus, dass ich ein Tiger Beer auf ihn trinke.«

Chucky holt ein Springmesser aus seiner Hosentasche und drückt mir die Klinge so fest an den Hals, dass ich gleich spüre, wie Blut in meinen Hemdkragen läuft. Ausgerechnet mein neues Lieblingshemd, das mir Kimberly zum letzten Geburtstag geschenkt hat. Doch für modische Probleme ist jetzt der falsche Zeitpunkt. Um uns herum im Postamt explodieren weitere Paketbomben. Endlich stürmt ein Sondereinsatzkommando der Polizei das Gebäude. Natürlich sind sie auf der Suche nach dem Bombenleger.

Chucky befiehlt: »Sei bloß still, wir wollen doch nicht auffallen.« Um seiner Anweisung Nachdruck zu verleihen, schneidet er mir noch einmal in den Hals. Immer mehr Blut läuft an mir herunter. Während die Nacht hereinbricht, immer weitere Explosionen das Postamt erschüttern und das SEK Chucky und mich immer noch nicht entdeckt hat, kämpfe ich darum, bei Bewusstsein zu bleiben. Weitere Schrapnellsplitter treffen meinen Körper. Mir wird schwarz vor Augen. Als ich wieder zu mir komme, ist es draußen hell – und Chucky verschwunden. Überall liegen Leichen. Es herrscht gespenstische Ruhe im zerstörten Postamt. Zurückgelassen hat er nur einen zerknitterten Zettel. Auf dem steht in krakeliger Schrift: »Bis bald, Kleiner. Dein Sprengmeister Chucky.« Ich bin sicher, ihm ist die Flucht gelungen. Ich werde ihn wiedersehen.

Sehr viele Vanillekipferl später rufe ich in der Klinik an. Mein Puls rast. Schwester Edda ist gleich dran.

»Und, ähem, wie war der Schnitt?«, frage ich.

»Es ist alles problemlos verlaufen«, beruhigt sie mich. Ein Stein fällt mir vom Herzen. »Dem Dr. Berger ist wirklich ein besonders sauberer Schnitt gelungen.«

»Das ist ja toll! Super! Tausend Dank!« Wenig später fahre ich zu Clemens. Die Strecke beherrsche ich mittlerweile wie im Schlaf. Die Radio-Charts kann ich mitsingen und zwar rauf und runter. Alles Routine. Selbst in Gutsing habe ich immer grüne Welle, weil ich genau weiß, wie schnell ich zwischen den Ampeln fahren muss. Auf dem Klinikparkplatz habe ich inzwischen meinen Stammplatz. Die sonst so mürrische Dame am Empfang begrüßt mich mit einem freundlichen Kopfnicken. In der Eingangshalle der Klinik stellen sie schon den Weihnachtsbaum auf. Ich hoffe inständig, dass Clemens am Heiligen Abend wieder bei Bewusstsein sein wird. Bis dahin sind es zwar noch knapp drei Wochen, aber das Krankenhaus ist wie ein Zeitloch. Es verschluckt Minuten, Stunden, Tage.

Wieder bei Clemens. Das Mundstück ist weg, er schlummert friedlich. Ich betrachte seinen Hals. Ein durchsichtiges Plastikstück befindet sich oberhalb des Brustbeins. Zwei Gummibänder halten es an seinem Hals fest. Ein Schlauch verbindet wiederum seine Luftröhre mit der Beatmungsmaschine hinter seinem Bett. Faszinierend, was die Medizin heute alles kann. Mit einem Hollywoodthriller, wie Sascha am Telefon meinte, hat das hier zum Glück nichts zu tun. Pfleger Bruno kommt ins Zimmer, kümmert sich erst um den gerade erwachten Herrn Schindlinger (»Krieg i a Weißbier?«), dann um Clemens.

»Nur dreißig Minuten hat der Luftröhrenschnitt gedauert. Ich durfte auch dabei sein und helfen«, berichtet Bruno ein bisschen stolz. Ich schenke ihm für alle Schnitt-Beteiligten eine Packung Merci-Schokolade.

Dr. Maier-Blechschmid betritt den Raum, begrüßt mich kurz, geht aber weiter zu Herrn Schindlinger.

»Sie werden heute Abend noch verlegt.«

»Wos?«

»Sie werden verlegt. Auf ein normales Zimmer.«

»Naaa!«, wehrt er sich lautstark. »I möcht aber gern hierbleiben! Hier gfallt's mia! Besser als dahoam!«

»Tut mir leid, Herr Schindlinger, es gibt keinen Grund, Sie auf der Intensivstation zu behalten. Das sollte Sie eigentlich freuen!«

»Ach, geh, zefix!«, entgegnet er grantig. »Der andere da, der derf ja a bleiben.« Er hebt seine Hand und deutet auf Clemens. »Hier san lauter Engeln – der blonde da drübn, dort der schwarze. Nur Engeln. Hier mog i bleiben. Für immer.« Die Ärztin geht kommentarlos, Bruno wechselt in Windeseile Clemens' Kissenbezug und ich denke über die Worte von Herrn Schindlinger nach. Die Intensivstation ist wirklich eine Welt für sich. Eine Zwischenwelt. Eine Welt zwischen Himmel und Hölle.

6. Dezember, abends

Ich irre über die Reeperbahn. Ich bin zurück in Hamburg. Meine Ohren schmerzen noch von Chuckys Feuerwerk des Grauens, das er im Postamt gezündet hat. Ich habe schrecklichen Durst. In der Kneipe, in der ich mir ein Bier genehmigen will, sitzt ein ausgesprochen gut gekleideter Herr mittleren Alters an der Theke. Ich nehme auf dem Barhocker neben ihm Platz. Der Mann fällt auf in seinem braunen Maßanzug, dem blauen Hemd, der Seidenkrawatte und den teuren Budapester Schuhen. Vor allem deshalb, weil die anderen Gäste sämtlich schmuddelige FC-St.-Pauli-T-Shirts zu ebenso schmuddeligen Jeans tragen. Ich bestelle mir ein Astra-Pils und frage meinen Sitznachbarn, ob er sich vielleicht verlaufen habe. Er dreht sich zu mir und sieht mich aus seinen stahlblauen Augen durchdringend an. Er hat ein scharf geschnittenes Gesicht, markantes Kinn, Dreitagebart, grau meliertes Haar.

Langsam und leise sagt er: »Du bist mutig, Junge. Kennen wir uns?«

Verdutzt denke ich darüber nach, was an meiner Frage so mutig gewesen sein könnte. Ich sage: »Nein, besonders mutig bin ich gewiss nicht. Ich habe in letzter Zeit viel durchgemacht, viel Mist.«

»Ablenkung gefällig?«, fragt der Gutgekleidete unvermittelt. Ich bejahe spontan, wir zahlen unsere Zeche und verlassen die Kneipe.

Es staut sich vor dem Eingang der Intensivstation. Obwohl es achtzehn Uhr ist und die offizielle Besuchszeit beginnt, darf niemand rein. Feuerwehrmann-Frau Julia und ich überbrücken die Wartezeit mit Koma-Austausch. Ich berichte vom Luftröhrenschnitt und ernte Entsetzen: »Waaas!? Du hast dich nicht dagegen gewehrt?«

»Nein, für Clemens ist es besser. Er kann viel leichter atmen und bekommt mehr Sauerstoff in die Lunge«, antworte ich im Facharzt-Jargon.

»Mir wollten die auch einen Luftröhrenschnitt für meinen Mann aufschwatzen«, sagt sie flapsig. »Aber das ist schrecklich. Ich habe sofort abgelehnt.«

Ich denke an die Worte der Ärzte. Dass der engste Partner der größte Feind sein kann. Vielleicht wäre es doch besser, wenn auch Eheleute einen neutralen Betreuer hätten. Dann meldet sich eine Schwesternstimme und die Angehörigen-Karawane zieht Richtung Intensivstation.

»Ich kann einen Luftröhrenschnitt nur empfehlen«, sage ich Julia zum Abschied.

»Nee, Kimberly, das kommt mir nicht in die Tüte.«

Über Clemens' Bett baumelt eine Postkarte. Er ist wieder allein im Zimmer, schläft friedlich. Herzfrequenz, Kreislauf, Blutdruck, Atmung und all die vielen Kurven auf dem Monitor – stabil. Sehr gut. Herr Schindlinger ist weg, der Arme. Konnte sich wohl doch nicht gegen die Verlegung wehren. Ich lese die Genesungswünsche (»Klempi, was machst du für Sachen? Meld dich, wenn du wieder fit bist! Dann leeren wir einen Kasten Bier!«) von zwei Bekannten aus Köln, Alex und Richie, die Clemens, wenn ich mich richtig erinnere, ab und zu mal erwähnt hat, aber zuletzt vor fünf, sechs Jahren gesehen hat. Sie haben beide ziemlich herbe Frauen geheiratet, die sie permanent betrügen, glaube ich. Als Freunde hat Clemens sie nie bezeichnet. Aber woher wissen sie von Clemens' Klinikaufenthalt? Nur ein sehr kleiner Kreis kennt seine, na ja, Geschichte.

Da erscheint Schwester Vivi, ich erzähle ihr von den Uralt-Bekannten, die sich jetzt plötzlich melden.

»Bestimmt würden die ihn am liebsten auch noch besuchen kommen. Manche Menschen schauen sich den Eiffelturm an, andere machen eine Sightseeing-Tour in die Intensivstation. Das ist auch eine Art Touristenattraktion. Danach fühlt sich jeder besser, vom Glück geküsst, weil ihm das nicht passiert ist.«

»Sollten enge Freunde Clemens besuchen dürfen?« Sie schüttelt vehement den Kopf. »Würde ich total verbieten an Ihrer Stelle.«

»Freut er sich nicht, wenn er vertraute Stimmen hört?«

»Freuen? Hm. Vor den Kumpels wollen Männer doch gern taff und cool sein. Wenn Herr Hagen nur ansatzweise spürt, dass seine Freunde oder Bekannten da sind und er gleichzeitig merkt, dass er nicht der coole Typ sein kann, irritiert und überfordert ihn das. Er könnte noch mehr Panik bekommen und versteht noch weniger, was gerade los ist. Für seine Stabilität nicht gerade förderlich.« Ich verstehe.

»Sie haben, ich sag es mal deutlich, die Arschkarte, Frau Hoppe. Ihre Beliebtheit im Freundeskreis wird dadurch nicht steigen, das ist klar. Aber Herr Hagen würde es Ihnen danken, wenn er könnte.«

Vor der Kneipentür sagt der gut gekleidete Mann: »Hallo, ich bin Ulli, Uzi-Ulli. Wie heißt du?«

»Uzi-Ulli? So wie die berühmte israelische Maschinenpistole?«, will ich wissen.

»Genau«, sagt er, »ich bin Geschäftsmann hier auf dem Kiez. Uzi-Ulli heiße ich bei den Leuten.«

»Aha, verstehe«, antworte ich, »ich heiße Clemens.« Dass jemand denselben Namen trägt wie eine Schnellfeuerwaffe und sich selbst als Geschäftsmann bezeichnet, kann auf St. Pauli nur eines bedeuten: Er ist Zuhälter!

Uzi-Ulli sagt: »Willst du mich begleiten? Könnte interessant werden. Ich muss jetzt sowieso meine Runde drehen.«

»Klar«, sage ich, »hab eh nichts Besseres vor.« Gemeinsam gehen wir die Große Freiheit entlang, jenes berühmte Sträßchen mit den vielen Sex-Clubs und Animierschuppen. Jeder der vielen Türsteher-Schränke dort grüßt Uzi-Ulli untertänigst, was mich, ich gebe es zu, beeindruckt.

Wir laufen weiter, biegen dann ab in den Innenhof eines Mietshauses auf der Reeperbahn. »Kontakthof« steht in riesigen roten Buchstaben über dem Eingang. Hier warten Dirnen auf Kunden.

Uzi-Ulli geht zielstrebig auf die Hübscheste von allen zu und sagt zu mir: »Das ist Sandra, mein bestes Pferd im Stall.« Dann wendet er sich Sandra zu, einer langbeinigen, schlanken Blondine mit einem unverbrauchten, unschuldigen Gesicht. Ich schätze sie auf höchstens Anfang zwanzig. In ihren roten Pumps und dem superknappen Latex-Mini sieht sie irgendwie deplatziert aus. Sandra will noch an ihrer Zigarette ziehen, da verpasst ihr Uzi zur Begrüßung einen Magenschwinger.

Sandra geht zu Boden, Uzi schreit sie an: »Du hast mich beschissen, Schlampe! Ich krieg noch 'nen Tausender!« Dann richtet Uzi sein Seidenjackett und sagt zu mir: »Hätte ihr gern ihr hübsches Näschen zertrümmert. Aber ich darf die Ware ja nicht beschädigen.«

Geschockt nicke ich. Sandra gibt ihm zitternd ein Bündel Geldscheine. Uzi und ich verlassen den Kontakthof.

»Darf ich Sie mal etwas Persönliches fragen?«, sagt Vivi, die in den letzten paar Tagen mehr über Clemens und mich mitbekommen hat als die meisten unserer Bekannten in den letzten Jahren.

»Immer. Aber ich finde, wir sollten uns duzen«, antworte ich. Sie strahlt. »Ich bin Kimberly und gerade 32 geworden. Sehr viel älter bist du nicht, oder?«

»Echt? Ich bin auch 32. Guter Jahrgang. Klingt vielleicht ein bisschen komisch, in dieser Situation«, sie schaut kurz zu Clemens, »aber bist du zufrieden mit deinem Leben? Also, würdest du alles genauso wieder machen? Job, Mann, …«

»Klar!«, sage ich gleich und meine es auch so. »Was ist mit dir?« Vivi schmeißt ihre Plastikhandschuhe in einen Müllbeutel in der Ecke des Zimmers und sagt: »Ich weiß es nicht. Und das allein ist kein gutes Zeichen.«

»Dein Job ist ja auch echt der Wahnsinn. Das könnte ich nicht. Ich bin Journalistin, schreibe für die ›Abendzeitung‹. Überwiegend über Promis. Natürlich gibt's auch mal fiese Rosenkriege, aber ich bin hauptsächlich für lebensfrohe Dinge zuständig. Und du? Du rettest Leben, kriegst Krankheit und Tod mit, hilfst jeden Tag. Das ist wirklich wichtig.«

»Klatsch hilft doch auch«, meint sie. »Er unterhält die Menschen und lenkt sie von Naturkatastrophen oder Kriegen ab.«

»Was würdest du ändern, wenn du die Zeit zurückdrehen könntest?«

»Weniger auf meine Eltern hören.«

»Sind sie nicht stolz auf dich? Du bist der Engel der Station!«

»Ach, denen wäre es sicher lieber, wenn ich Ärztin wäre. Obwohl, noch besser Klinikchefin. Das wäre vielleicht gut genug. Dann würde ich mehr verdienen und sie müssten nicht nur von ihrer mickrigen Rente leben.«

»Magst du denn deinen Job? Du kriegst täglich so viel Leid mit …«

»… das Sterben gehört dazu. Find ich nicht schlimm. Schlimmer ist es, dass sie mir meinen letzten Freund ausgeredet haben. Permanent haben sie ihn runtergezogen. Jetzt hat er eine andere, lebt in Berlin und wird bald zum ersten Mal Vater. Er fehlt mir.«

»Mir fehlt Clemens auch. Ganz schrecklich.«

»Aber ihr habt euch – trotz Koma. Ich hab niemanden. Keine Ahnung warum, aber Männer verlieben sich nicht in mich.«

»Stehen Krankenschwestern nicht hoch im Kurs?«

»Nö, bei wem denn?«

Pfleger Bruno betritt den Raum: »Vivi, Dr. Wagner sucht dich.«

Sie winkt mir zu: »Bis später! Macht Spaß, mit dir zu reden.«

Bruno schaut verdutzt und fragt frech: »Soll ich euch noch Kaffee und Kuchen bringen?«

Vivi gibt ihm einen Klaps auf den Hinterkopf, verschwindet und ich habe eine Idee. »Bruno«, frage ich. »Sind Sie eigentlich, ähm, noch zu haben?«

7. Dezember, spätnachmittags

Während der Gutgekleidete mit der furchteinflößenden Aura und ich weiter auf der Reeperbahn laufen, nehme ich meinen ganzen Mut zusammen und sage: »Du, Uzi, hättest du dein Mädel nicht erst mal höflich um die Kohle bitten können?«

Er sieht mich entgeistert an und sagt: »Auf welchem Planeten lebst du denn? Hör mir bloß auf mit dieser Gutmenschen-Scheiße! In meinem Gewerbe ist ein Magenschwinger schon das Äußerste, was man einem Menschen an Höflichkeit entgegenbringt.«

»Okay, Uzi, war nett mit dir. Ich muss dann mal weiter.«

Uzis Miene verfinstert sich. »Du kommst schön mit, Bürschchen. Hab meine Runde doch gerade erst angefangen«, erklärt der Zuhälter. Ich füge mich. Schweigend gehen wir weiter bis zur Herbertstraße, zu der Frauen keinen Zutritt haben. Also alle Frauen, bis auf die, die hier arbeiten. Uzi bleibt vor dem größten Freudenhaus der Straße stehen, breitet die Arme aus, strahlt mich an und fragt: »Toll, oder? Alles meins! Wie findest du's?«

Ich antworte: »Schöne Fassade! Alles im Originalzustand, nicht wahr?«

Uzi gibt mir einen Klaps auf den Rücken und sagt lachend: »Du bist ja richtig komisch, Clemens. Weißt du was? Hier gibt's alles: Sex mit Ladyboys, Hardcore-SM-Sex und sogar Horoskop-Sex.«

»Hm, also ich bin Waage«, sage ich, ohne einen Schimmer davon zu haben, was die Nummer mit den Sternzeichen bedeutet. »Kriege ich da zwei Frauen? Also für jede Waagschale eine?«

»Hey, Süßer! Da bin ich«, rufe ich laut, als ich Zimmer 13 betrete. Dr. Maier-Blechschmid steht an Clemens' Bett, zuckt kurz zusammen und notiert sich dann in einem großen Buch ein paar Dinge.

»Oh, tut mir leid, falls ich Sie erschreckt habe«, sage ich.

Die Ärztin meint: »Nichts passiert. Gut, dass Sie da sind. Es gibt Neuigkeiten.«

Jetzt erschrecke ich – vor allem wegen ihres strengen Blickes. Ich rede mir schnell ein, dass sie einfach immer streng schaut, das muss angeboren sein. Dr. Maier-Blechschmid würde auch ernst und schmallippig schauen, wenn sie erfahren würde, dass sie im Lotto gewonnen hat.

»Also, es geht um die Lungenentzündung. Seit Tagen hat sie sich ja nun angebahnt …«

»Oh, Scheiße«, rutscht es mir heraus.

»Für mich ist das unbegreiflich«, redet sie weiter. »Denn sie ist … weg.« Weg? Ich schaue sie überrascht an.

»Wie? Weg?«

»Das gleicht einem achten Weltwunder«, meint Dr. Maier-Blechschmid ungewohnt anschaulich. »Es war ja Blut in seiner Lunge, außerdem ist Herr Hagen Raucher. Alles keine idealen Bedingungen. Aber die Lungenentzündung hat sich ganz plötzlich verabschiedet.«

»Das ist ja fantastisch!«, jubele ich freudestrahlend und reiße die Arme nach oben. Dr. Maier-Blechschmid lächelt etwa vier Sekunden lang. Was in ihrem Alltag sicher eine Ewigkeit für positive Gedanken ist. Sie macht den Eindruck, als könnte sie es selbst nicht glauben. Medizinisch nicht zu erklären. Egal. Hauptsache, diese Gefahr ist schon mal gebannt.

»Clemens raucht, seit er 15 ist. Wollte nie aufhören. Er liebt es, zu rauchen. Er ist ein Genussraucher«, erzähle ich in meiner Euphorie. So etwas hört eine Ärztin natürlich nicht gern.

Prompt sagt sie: »Wenn er das hier überlebt, wäre ein guter Zeitpunkt, mit dem Rauchen aufzuhören. Sein Körper hat dann zumindest den körperlichen Entzug hinter sich.«

»Natürlich überlebt er das!«, antworte ich.

Dr. Maier-Blechschmid geht darauf nicht weiter ein. Dafür sagt sie: »Sie können heute übrigens nur eine Stunde bleiben. Wir wollen ihn später durchchecken und ihm eine Magensonde legen.«

»Oh, was ist das noch mal?«

»Mit einer Magensonde kann er ernährt werden.«

»Das hört sich gut an.«

Die Ärztin geht, weil ihr Telefon klingelt, ich setze mich zu Clemens und bin richtig stolz auf ihn.

»Na, du achtes Weltwunder! Da haste ja alle super überrascht! Ach, und alles Gute nachträglich zum Nikolaus. Hier, ich hab dir was mitgebracht, auch wenn du deine Stiefel nicht vor die Tür gestellt hast. Hab ich gestern leider vergessen. Ist ja grad ziemlich viel los. Schau, ein Pinguin. Ist doch dein Lieblingstier, weil sie so süß watscheln, immer so verliebt sind und monogam leben.« Ich binde den Plüschpinguin, der einen rot-weißen Schal trägt, an der Stange über seinem Bett fest. Clemens schläft friedlich. Als ich seinen Arm streichele, hebt er ihn an. Er greift mit seiner Hand nach meinen Fingern und hält sie so fest, als wolle er sie nie wieder loslassen.

Uzi sagt, dass er mir das mit dem Horoskop-Sex und den geilen Aszendenten später erklären würde. Wir betreten sein Reich aus Spiegeln, rot-weißem Samt und schwerem Parfumgeruch. Ein altes Männchen kommt, gestützt auf einen Stock, hinkend auf uns zu. Eine Art Kalfaktor, denke ich.

Er drückt Uzi einen dicken Briefumschlag in die Hand und sagt: »Hier, deine Scheinchen. War 'n guter Tag.«

Uzi wirft einen prüfenden Blick in das Kuvert, zwinkert mir zu und sagt: »Genug Spielgeld. Ich bin bereit. Also fast.« Er geht zu einer Bar und lässt sich von einer nackten Schwarzhaarigen einen Koffer aushändigen.

»So, jetzt auf zum Pokern«, sagt Uzi beschwingt. Dann verlassen wir seinen Super-Puff und gehen um die Ecke, wo seine in Tarnfarbe lackierte Maybach-Limousine geparkt ist.

»Schicke Karre«, sage ich anerkennend. Während »P.I.M.P.« von 50 Cent aus den Boxen dröhnt, fahren Uzi und ich Richtung Hamburger Speicherstadt.

»Heute werde ich das Albaner-Pack richtig ausnehmen, Clemens. Heute sind sie fällig«, kündigt Uzi kämpferisch an. Ich muss schlucken und denke, dass eine Pokerrunde mit Uzi und seiner Balkan-Gang gefährlich werden könnte. Aber Uzi tut meine Bedenken mit einem »Pah, die haben keine Eier« ab.

Wir steigen aus der Limousine. Von der Tiefgarage geht es mit dem Lift direkt ins Penthouse des Neubaus am Elbufer. Der Mann, der uns die Tür öffnet, wird mir als Entspann-dich-Abdul vorgestellt. Er hat viele Muskeln, viele Tattoos und kennt Uzi anscheinend gut. Die beiden gehen schwatzend Arm in Arm Richtung Wohnzimmer. Ich trotte hinterher. In der Mitte des Raumes steht ein großer Pokertisch. Die Runde spielt die Texas-Hold'em-Variante, wie ich sofort erkenne. Ich darf nicht mitmachen, logisch, mir fehlt das Kleingeld. Stattdessen nehme ich auf einem Stuhl hinter Uzi Platz und sehe zu. Die Albaner gewinnen. Uzi verliert in sehr kurzer Zeit sehr viel. Während Entspann-dich-Abdul tatsächlich immer entspannter wird, verspannt sich der Zuhälter. Wie viele Tageseinnahmen er verzockt hat, weiß ich nicht, aber er sieht nicht besonders glücklich aus. Plötzlich schnappt sich Uzi seinen Koffer, den er unbemerkt unter dem Pokertisch deponiert hatte. Blitzschnell holt er zwei der kurzläufigen Maschinenpistolen heraus, denen Uzi seinen Spitznamen verdankt.

Während Clemens in der nächsten Stunde seine Magensonde gelegt bekommt – ich darf ihn leider erst morgen wieder besuchen –, gehe ich im Supermarkt einkaufen. Ich möchte mich bei meiner Mutter revanchieren und heute mal kochen. Sonst ist sie es ja, die mich allabendlich mit leckeren Gerichten aufpäppelt. Großen Appetit habe ich nicht, aber, wie sie zu Recht betont, bringt es Clemens ja auch nicht weiter, wenn ich entkräftet zusammenbreche.

»Du brauchst jetzt doppelt Kraft«, sagt sie oft, »damit du Clemens viel Kraft geben kannst.«

Ich gehe mit meinem Einkaufskorb zur Kasse, da ruft jemand: »Kimby!«

Huch, so wurde ich ewig nicht mehr genannt. Ich drehe mich um und sehe Fritzi und Susi, meine Freundinnen aus der

Schulzeit. Wir haben uns seit dem Abi aus den Augen verloren, das Wiedersehen ist umso fröhlicher.

»Bist du nicht in die Stadt gezogen?«, will Susi wissen.

»Ja, schon. Aber ich habe gerade frei und besuche für ein paar Tage meine Eltern hier draußen. Und ihr?«

»Bis in die Stadt haben wir es nicht geschafft. Wir wohnen zusammen hier in einer WG. Und heute heißt es: Pisco-Sour-Time!« Sie strecken mir aufgekratzt ihre Einkäufe entgegen: Limettensaft, Zuckersirup, Eier und Zimt. »Pisco, also diesen Traubenschnaps, habe ich aus Chile mitgebracht«, erklärt Fritzi. »Da war ich ja die letzten Monate. Hab dort in einem Observatorium gearbeitet.«

»Du hast einfach nur die Sterne angeschaut«, scherzt Susi.

»Die sieht man bestimmt schnell, wenn man das Zeug trinkt, oder?«, sage ich. Wir lachen. Es ist wie früher – zumindest für ein paar Minuten.

»Wir mixen den Pisco Sour und kommen später bei dir vorbei, Kimby, okay? Wie zu Abi-Zeiten. Da haben wir doch so oft bei dir daheim vorgeglüht. War immer witzig. Happy Hour den ganzen Abend!«

Freudig strahlen sie mich an.

»Na komm! Wir haben uns so lange nicht gesehen, ist bestimmt viel passiert«, meint Susi.

»Das kannst du laut sagen«, antworte ich.

Uzi feuert gleichzeitig aus beiden Waffen auf die Albaner. Leere Kugelhülsen fliegen durch die Luft. Blut spritzt. Der Lärm der Schüsse und Schreie ist ohrenbetäubend. Entspann-dich-Abdul und seine Spießgesellen gehen in dem Kugelhagel zu Boden. Dann ist es plötzlich mucksmäuschenstill. Uzi blickt mich grinsend an.

»Die waren überfällig, Clemens«, kommentiert er das Blutbad mit einem Schulterzucken. Ich nicke. Sprechen kann ich nicht.

Wir gehen. Ohne Hektik. Uzi hat seinen Koffer mit den Uzis in der Hand. Zurück auf der Reeperbahn parkt er den Maybach am Straßenrand.

»Kleiner, verschwinde jetzt. Ich muss mich noch ums Geschäft kümmern. Wollen wir uns morgen Mittag zum Brunch treffen?«, fragt Uzi. Ich bin immer noch sprachlos und nicke.

Zum Abschied ruft mir mein Zuhälter nach: »Schlaf schön! Und träum süß!«

Während ich über den Kiez schlendere, denke ich darüber nach, wie Uzis nächster Arbeitstag ablaufen wird. Wen wird er wohl morgen abknallen? Mich?

Vier Stunden später sitzen Fritzi, Susi und ich in meinem alten Kinderzimmer, das jetzt ein Gästezimmer ist, auf dem Boden. Um uns herum Chips, Gummibärchen und halb leere Gläser Pisco Sour.

»Boah, das Zeug ist echt sauer«, sage ich und verziehe meinen Mund.

Fritzi entgegnet: »Keine Angst, es schmeckt mit jedem Schluck besser. Sauer macht ja auch lustig.«

»Na dann, Prost!«

»Auf was trinken wir?«, fragt Fritzi. »Auf uns?«

»Auf die Gesundheit«, schlage ich vor.

»Wie langweilig. So etwas sagen nur alte Menschen«, kichert Susi. Viel vertragen hat sie noch nie. »Jetzt erzähl mal, Kimby. Bist du verliebt? Hast du einen Freund?«

Ich überlege kurz. Eine »Ja, aber er liegt im Koma«-Antwort würde den Mädels nur den Abend verderben. Also sage ich: »Ja, aber er ist gerade in Berlin.«

»Was macht er da?«

»Fotoshooting für ein neues Buch.«

»Cool! Ist er Model?«

»Nein, er schreibt. Aber er könnte auch modeln.« Beide grinsen mich an.

»Wie alt?«

»Gerade fünfzig geworden.«

»So alt?«

»Also bitte. Fünfzig ist das neue dreißig.« Stimmt das? Hab ich mir je gewünscht, dass er jünger wäre? Die 18 Jahre Altersunterschied haben mich tatsächlich nie gestört. Clemens war es damals auch, der wissen wollte, wie alt ich bin. Mir war sein Alter egal. Was sagt eine Zahl schon aus? Als er meinte, er sei noch ein paar Tage 46, war ich doch überrascht. Ich hätte ihn auf 39 geschätzt. Das glaubt er mir bis heute nicht. Ich bin froh, dass er ein richtiger Mann ist. Gebildet ist, Lebenserfahrung hat. Mit beiden Beinen im Leben steht. Wir haben uns beide ausgetobt, müssen uns nicht betrügen, nur um mal betrogen zu haben. Natürlich hätte ich ihn gern schon im Sandkasten kennengelernt, aber hätten wir das beide damals schon so zu schätzen gewusst? Hätten wir als Kinder ahnen können, dass wir füreinander bestimmt sind? Wohl kaum.

»Und ihr?«, frage ich, um von mir und der ganzen Situation abzulenken. »Was macht die Liebe?«

Fritzi, früher nur bekannt für One-Night-Stands, sagt tatsächlich: »Ich bin seit einem Jahr mit Max zusammen. Wir wollen heiraten.«

Die Freude ist groß, der Pisco Sour wirkt.

»Er muss mir nur noch einen Antrag machen.« Der Jubel bricht kurzzeitig ab.

»Ach, na ja, das kriegst du schon hin. Wer würde dich nicht heiraten wollen?«, ermutige ich sie.

»Die Männer sind komisch geworden«, sagt Susi.

»Hast du das vor 14 Jahren nicht auch schon gedacht?«

Susi prostet mir zu. »Stimmt! Scheiß drauf! Ich bin seit vier Jahren Single. Der Sex fehlt mir gar nicht. Ich mochte, äh, ihr wisst schon, das noch nie so. Aber das Kuscheln fehlt mir.«

Ich denke an Clemens. Die Magensonde. Was er gerade so träumt. Ob er überhaupt träumt.

»Jetzt mal keine Melancholie, Mädels«, sagt Fritzi. »Wir sind doch noch so jung! Wir haben alles noch vor uns! Hoch die Tassen! Auf das Leben!«

Ich ergänze: »Auf die Liebe!«

Ich beobachte Susi und Fritzi, während wir Fotos aus Chile auf dem Smartphone anschauen. Wir lachen, dabei ist mir nur zum Weinen zumute. Es war mein Fehler, ihnen nicht die Wahrheit gesagt zu haben. Sie können nichts dafür. Ich schauspielere herum und habe ein schlechtes Gewissen. Sie können ja nicht ahnen, was mit Clemens ist. Klar, jeder hat seine Probleme. Aber ich merke, wie unwichtig alles erscheint, wenn es nur ums Überleben geht. Wie unbeschwert alles mal war. Diese Zeit kommt mir plötzlich irre weit weg vor.

8. Dezember, mittags

Yippie, ich habe einen neuen Job. In New York. Ich bin ein milliardenschwerer Finanzinvestor mit Sitz an der Wall Street. In was ich investiere? In den Tod! In aller Bescheidenheit gesagt: Ich bin DER Händler des Todes, und zwar global betrachtet. Ein Bürgerkrieg in Schwarzafrika? Kein Problem. Eine Virusepidemie in Asien? Schon erledigt. Ein Terroranschlag im Nahen Osten? Meine Spezialität. Nie hätte ich mir träumen lassen, dass man mit dem Blut anderer Menschen so reich werden kann. Kimberly und ich schwimmen im Geld. Wir bewohnen die obersten drei Etagen im Chrysler Building, dem coolsten Wolkenkratzer der Stadt. Wir haben mehr Schlafzimmer als die Queen im Buckingham Palace. Wahrscheinlich auch mehr Hausangestellte. Mehr Autos sowieso. Und Kimberly besitzt mehr Schuhe als Imelda Marcos, die Witwe des verstorbenen philippinischen Diktators Ferdinand Marcos, zu ihren besten Zeiten. Zehn begehbare Schuhschränke hat Kimberly. Seltsam. Sonst ist ihr Luxus egal. Aber jetzt müssen es Manolos oder Louboutins sein.

Etwas übermüdet treffe ich vor der Klinik Feuerwehrmann-Frau Julia.

»Kimberly!«, schreit sie. »Rate, was passiert ist!« Mir fehlt die Energie, zu raten. Dieser verfluchte Pisco Sour. Dankenswerterweise muss ich meine Gehirnzellen nicht weiter anstrengen. Julia liefert aufgedreht die Antwort: »Felix ist wach! Vorbei ist dieses Scheiß-Koma!«

»Wow! Ach, das freut mich! Hoffentlich hat er alles gut überstanden.«

»Bestimmt«, meint Julia. »Er ist ein tapferer Mann. Paar Tage im Koma können ihn nicht umhauen. Jetzt wird alles gut.«

Mein Arbeitstag ist spannend und abwechslungsreich. Vormittags treffe ich zum Beispiel einen amerikanischen Waffenproduzenten. Lunch esse ich mit einem chinesischen General. Nachmittags steht ein Meeting mit einem südamerikanischen Auftragskiller an. Und zum Dinner kommt ein flüchtiger afrikanischer Ex-Präsident, der ein paar Hunderttausend Landsleute auf dem Gewissen hat. Zu essen gibt es dann deutsche Hausmannskost, gern Blutwurst und Schlachtplatte. Unsere Gäste lieben dieses Menü. Skrupel habe ich beim Spekulieren mit dem Leid anderer Menschen nicht. Warum auch? Wenn ich den Job nicht mache, macht ihn ein anderer. So ganz ohne Gewissen lebt sich's ganz prima. Als mich irgendwann eine Schulklasse im Büro meiner Firma »Death & Co.« an der Wall Street besucht, erkläre ich den Kleinen meine

Philosophie so: »Das Böse im Menschen ist stärker als das Gute. Sät Hass in der Welt und ihr werdet Kriege ernten. Verkauft Waffen und werdet reich dabei.« Die Schüler haben mir stehend applaudiert.

Wenige Minuten später bin ich bei Clemens. In einem Nasenloch steckt ein dünner Schlauch, durch den gelbe Flüssigkeit fließt – das muss die Magensonde sein.

»In der Früh war er richtig wild«, berichtet Pfleger Bruno. »Wir mussten seine Medikation wieder etwas erhöhen. Seine Atmung war zu heftig, er wollte sich permanent irgendwelche Schläuche herausreißen. Das ist gefährlich, er könnte in kürzester Zeit verbluten.«

»Um Himmels willen«, sage ich und sehe, dass Clemens an den Armen, Beinen und um die Hüfte fixiert ist.

»Dass er nach all der Zeit hier überhaupt noch so viel Kraft hat, ist ungewöhnlich«, meint Bruno.

Da betritt ein attraktiver Mann das Zimmer, den ich hier noch nie gesehen hab. Er sieht irgendwie intellektuell aus, hat ein markantes Gesicht, eisblaue Augen und einen Dreitagebart. Nach einer kurzen Begrüßung erfahre ich, dass er Dr. Berger, Chef der Intensivstation Gutsing, ist.

»Herr Hagen macht sich doch recht positiv, oder?«, frage ich und streichele Clemens' linkes Bein. In dem Moment öffnet Clemens seine Augen. Ganz langsam, wie in Zeitlupe. Dazu hebt er seinen Kopf leicht an.

»Clemens, willkommen zurück«, rufe ich erleichtert. Er sieht mich an, dann sinkt sein ausgemergelter Oberkörper zurück aufs Bett. Ich kann es kaum fassen.

Ich schaue zu Dr. Berger, der meine Euphorie aber postwendend wieder bremst, als er sagt: »Es kann passieren, dass er Sie nicht erkennt. Dass er keine Erinnerung hat.«

Kann sich hier niemand mal ein bisschen mit mir freuen? Geht wohl nicht, auf der Intensivstation ist kein Platz für Fröhlichkeit.

»Ich sage das nur, weil Sie sich auch auf das Schlimmste vorbereiten sollten«, erklärt Dr. Berger. »Die nächste Zeit wird nicht einfach. Weder für Herrn Hagen noch für Sie. Nach dem künstlichen Koma beginnt die Aufwachphase. Die Aufwachphase ist eine Zeit, über die ungern gesprochen wird, die auch nie im Fernsehen gezeigt wird. Sie ist zu düster.«

»Düsterer als jetzt? Kann ich mir nicht vorstellen.« Ich versuche, zu lächeln.

»Sie müssen entscheiden, ob Sie sich das antun wollen. Ich könnte es auch verstehen, wenn Sie in dieser Zeit nicht hier sein möchten.« Mir wird mulmig zumute.

»Dr. Berger, darf ich Ihnen eine dumme Frage stellen?«

»Es gibt keine dummen Fragen.« Plötzlich wird er mir sympathisch.

»Für Clemens ist es doch sicher gut, wenn ich bei ihm bin, wenn er aufwacht, oder?«

»Ja und nein. Kann auch passieren, dass er seine gesamte Wut und Angst der letzten Tage auf Sie projiziert.«

»Er ist eh ein Morgenmuffel«, probiere ich es mit etwas Humor. »Nach dem Aufwachen ist er nie sehr charmant. Für mich ist das nichts Neues. Ich bin ja nicht aus Zucker.«

»Glauben Sie mir«, sagt Dr. Berger, »für Sie wird das neu sein. Sehr neu.«

»Alles klar. Natürlich bin ich hier bei Clemens. Jetzt und auch in dieser Aufwachphase.«

Herr Berger nickt und meint: »Prima. Es wird sowieso noch ein paar Tage dauern. Aber Herr Hagen macht sich erstaunlich gut, also für jemanden, der in höchster Lebensgefahr schwebte.«

Für seinen letzten Satz könnte ich ihm glatt um den Hals fallen.

Die sogenannte feine Gesellschaft reißt sich geradezu um Kimberly und mich. Eine Einladung zum Tee in unser Ferienhaus in den Hamptons (manche nennen es Ferienschloss) ist der Ritterschlag für New Yorks High Society. Alle wissen, womit ich mein Geld mache. Allen ist es egal. Kim and Clem, wie sie uns im Big Apple nennen, sind Gastgeber für Senatoren, Kongressmitglieder, selbst Ex-Präsidenten. Manchmal muss ich allerdings auch wieder in die Niederungen meines schmutzigen Gewerbes hinabsteigen. Heute treffe ich mich in Downtown Manhattan mit einem russischen Spion. In einem Steakhaus, ich mag's blutig. Der Mann ist Ex-KGB-Agent und muss mir einen Gefallen tun. Ich will einen veritablen Bürgerkrieg in einer ehemaligen Sowjetrepublik am Kaspischen Meer entfachen. Es geht um Öl und damit um jede Menge Kohle. Wassilij Sperkow weiß, wie man eine Rebellion anstiftet. Er hat Erfahrung auf diesem Gebiet.

Ich sage: »Wassilij, alter Freund, mein Plan ist einfach: Ich stelle dir fünfzig Millionen Dollar zur Verfügung und Waffen, so viele du brauchst. Damit organisierst du den Staatsstreich und das neue Regime verscherbelt mir die Offshore-Bohrrechte für einen Penny.«

Wassilij nippt an seinem Bourbon und sagt: »Clemens, zehn Prozent der fünfzig Millionen überweist du auf mein Schweizer Konto. Wie immer. Den Rest kannst du als erledigt betrachten.« Zufrieden mit dieser Antwort widme ich mich meinem monströs großen Porterhouse-Steak. »Dir ist klar, dass die Sache nicht unter 50.000 Toten abgehen wird?«, fragt Wassilij.

Ich sage: »Glasklar. Und? Iss lieber dein Steak. Sonst wird es kalt. Das wäre schade.«

Wassilij hakt nach: »Clemens, ich will dir das Essen nicht vermiesen, aber eines interessiert mich: Hattest du nie Probleme mit deinem Gewissen, wenn du mal wieder Unglück über die Welt gebracht hast?«

Ich werde sauer: »Geh mir bloß nicht auf die Nerven. Meinst du, du abgehalfterter Wodka-KGBler, dass du der Einzige bist, der gute Kontakte zu Rebellenführern am Kaspischen Meer hat? Ich kann meine Geschäfte auch mit Sergej machen. Der stellt mir nicht so idiotische Fragen.« Ich stehe auf, schmeiße die Serviette auf den Teller und brülle Wassilij an: »Du zahlst! Und pass schön auf auf deinem Heimweg. Dass dir nur nichts passiert. New York ist gefährlich ...«

Als ich auf den Lift nach unten warte, treffe ich erneut Julia.

»Und?«, frage ich jetzt munterer als vorhin. »Wie geht's deinem Felix?« Aufgedreht wirkt sie nicht mehr.

»Na ja.«

»Na ja?«

»Er hat nicht viel gesprochen. War irgendwie neben der Spur.«

»Hat er dich erkannt?«

»Das schon. Aber richtig gefreut, mich zu sehen, hat er sich nicht. Er war echt seltsam drauf.«

»Ach, das wird schon. Er muss sicher erst mal zu Kräften kommen, die letzten Tage verdauen.«

»Hm.«

»Hat er was von der Zeit im Koma erzählt? Also, an was er sich erinnern konnte? Ob er was geträumt hat?«

»Nee, er war nicht so gesprächig. Er wollte nur seine Ruhe. Aber, ich mein, die hatte er doch jetzt die ganze Zeit schon.«

Zornig darüber, dass sich ausgerechnet ein gewissenloser Kriegsgewinner wie Wassilij mir gegenüber zum Moralapostel aufschwingt, besteige ich meine Stretchlimousine. Auf dem Weg zu unserem

Luxusappartement im Chrysler Building lasse ich die elektrische Trennscheibe zu meinem Chauffeur herunter und sage zu ihm: »Franco, du kennst doch Wassilij, diesen schnapsnasigen Russen. Wenn er die Sache am Kaspischen Meer für mich erledigt hat und wieder nach New York kommt, dann werden wir uns um ihn kümmern. Klar?«

»Klar, Boss«, sagt Franco, »was darf's sein? Das Übliche?«

»Das Übliche! Gefesselt mit Gewichten an den Füßen in den Hudson. Mal sehen, ob er ein guter Schwimmer ist, der liebe Wassilij«, sage ich zu Franco, der aus einer der alteingesessenen New Yorker Mafiafamilien stammt.

Franco lacht sein kehliges Lachen und sagt: »Bei all unseren anderen Wasserleichen ist Wassilij dann ja in guter Gesellschaft.« Ich nicke grinsend und fahre die Trennscheibe wieder hoch. Ich bin zufrieden mit dem Verlauf meines Arbeitstages.

Heute Abend werde ich mich belohnen. Ich werde mit Kimberly eine Magnumflasche Château Pétrus, Jahrgang 1945, trinken und dazu Spaghetti mit weißem Trüffel aus Alba essen. Steak hatte ich ja schon. Dazu werden wir uns in unserem Heimkino eine DVD ansehen. Einen Kriegsfilm natürlich. Wahrscheinlich mal wieder »Der längste Tag« nach dem Bestseller von Cornelius Ryan über die alliierte Landung in der Normandie im Zweiten Weltkrieg. Ich liebe diesen Schwarz-Weiß-Film mit Überlänge. Kimberly wird stöhnen und stattdessen wie üblich eine romantische Komödie mit Hugh Grant fordern. Aber ich werde mich durchsetzen. Als Wiedergutmachung habe ich schließlich einen Diamantring für sie dabei. Ein lupenreiner 13-Karäter in Facettenschliff. Der Stein stammt aus Liberia. Ich habe allerbeste Kontakte in dieses afrikanische Land. Dass es sich bei den Diamanten aus diesem Teil der Erde meist um Blutdiamanten handelt, stört mich überhaupt nicht. Hauptsache, der Klunker funkelt wie eine Discokugel. Und er macht Kimberly happy.

Am nächsten Morgen, ich sitze wieder an meinem riesigen Mahagoni-Schreibtisch in meinem gigantischen Büro an der Wall Street, da reißt plötzlich meine Sekretärin Jackie die Tür auf und ruft mit schrillem Ton in der Stimme: »Clemens, Clemens, ich hatte gerade einen Anruf aus Schweden, Stockholm. Du wirst es nicht glauben, sie wollen dir den Nobelpreis verleihen.«

»Jackie, meine Liebe, ich brauche für meine Geschäfte zwar viele Tonnen Dynamit. Das würde Alfred Nobel sicher freuen, wenn er noch am Leben wäre. Aber welchen Nobelpreis soll ich denn bekommen? Medizin, Physik, Chemie oder vielleicht sogar Mathematik? Lachhaft! Ohne meine Buchhalter würde ich nicht mal die Rechnung beim Bäcker kapieren«, sage ich zu meiner Sekretärin.

Sie, immer noch aufgeregt, antwortet: »Nein, nein, Clemens, es geht um den Friedensnobelpreis. Es stimmt ganz sicher. Kein Witz!«

Ich muss trotzdem lachen und sage: »Jackie, die Welt ist endgültig verrückt geworden. Andererseits verdiene ich den Preis wirklich. Ohne Kriege gäb's keinen Frieden.«

9. Dezember, frühnachmittags

»Gut, dass du da bist«, sagt Schwester Vivi, als ich Zimmer 13 betrete. »Clemens ist heute ziemlich aggressiv.« Ich fasse nach seiner Hand, rede leise auf ihn ein. Immer wieder bewegt er seine Hände, mit den Beinen versucht er, trotz der Fixierungen gegen das Fußende des Krankenbettes zu treten. Sein Gesicht ist angestrengt, schmerzverzerrt. Hin und wieder öffnet er seine Augen einen Spalt, sackt entkräftet in sich zusammen, wenn er versucht hat, seinen Oberkörper anzuheben. Ich erschrecke. Dünn war er schon immer. Aber jetzt ist er dürr. Abgemagert. Knochig. Er tut mir so leid. Was mag nur in ihm vorgehen? Ich sage ihm ständig, dass er keine Angst haben muss. Dass er in guten Händen ist. Dass er schon so viele schreckliche Sachen überstanden hat. Aber ob das bei ihm auch alles ankommt? An den Händen hat er weiße Verbände, unter denen Blut durchschimmert.

Überall züngeln kleine Feuer. Die Luft in der riesigen Fabrikhalle, in der ich gefesselt auf einem Stockbett liege, wird immer heißer. Warum ich hier bin? Keine Ahnung. Ich schwitze unter meiner Bettdecke. Die Halle ist so lang und breit, wie ich sehen kann. So weit das Auge reicht, stehen Stockbetten mit gefesselten Gefangenen. Wir werden hier alle verbrennen. Bei lebendigem Leib. Uns wird niemand helfen. Das ist klar. Ich reiße an meinen Hand- und Fußfesseln. Erst leicht, dann immer stärker, schließlich wie verrückt. Ich scheuere meine Gelenke wund, sie bluten. Ich habe Schmerzen. Da kommt wie aus dem Nichts ein Fremder, verbindet mir die Wunden und verschwindet wieder. Es geht so schnell, dass ich keine Chance zur Flucht habe. Wer war das bloß? Ich habe keine Ahnung. Mit den weißen Verbänden sehe ich aus wie nach einem gescheiterten Selbstmordversuch. Ich trete jetzt mit den Füßen gegen die Gitter des Stockbetts. Wie wild. Immer wieder.

»Er hat so sehr an den Fixierungen gerissen, bis die Handgelenke ganz wund und blutig waren«, erklärt mir Vivi. »Ich würde ihm die Fixierungen deshalb gern abnehmen, solange du da bist.«

»Unbedingt, gern. Ich pass auf ihn auf. Für ihn muss sich das anfühlen, als wäre er gefesselt, oder?«

»Schön ist es für ihn bestimmt nicht.« Vivi macht die Fixierungen ab, ich streichele seine Hände. Und tatsächlich: Clemens beruhigt sich schnell.

»Heute früh habe ich ihm die Zähne geputzt, da ist er komplett ausgerastet, hat ständig versucht, um sich zu schlagen«, berichtet Vivi.

»Sorry, auch in seinem Namen, aber Fan von Zahnarztbesuchen war er noch nie.«

»Versteh ich ja. Ich hab dann das Radio laut aufgedreht, das hat geholfen und ihn beruhigt. Mich hat's nur überrascht, dass er noch so viel Kraft hat. Er liegt ja immerhin schon zehn Tage im Koma«, sagt Vivi im Gehen. Zehn Tage? Meine Güte. Eine schreckliche Ewigkeit. Andererseits habe ich gar kein Zeitgefühl mehr. Die Tage verschwimmen, wenn es plötzlich um Minuten geht. Neun Minuten. Ich erinnere mich kurz zurück. An die erste Nacht. Ob er die überlebt. Und wenn er sie überlebt, ob er dann halbseitig gelähmt bleibt, zum Pflegefall wird. Ob er sich je an mich erinnern kann. An das steigende Fieber, die Lungenentzündung, den Luftröhrenschnitt, jetzt die Magensonde. Demnächst kommt die Aufwachphase, die so furchtbar sein soll. Dabei ist schon jetzt alles furchtbar. Die Zeit vergeht so schnell, obwohl ja an sich wenig passiert. Und doch geht es um alles. Gleichzeitig lebe ich ständig in Angst. Angst davor, dass die Klinik anruft. Angst, dass irgendwas schiefläuft. Angst, dass es das jetzt war. Mit Clemens. Mit uns. Verdammt, ich darf mich mit solchen Gedanken nicht selbst fertigmachen. Ich denke an den Kaugummi-Schuhsohlen-Satz von Clemens. Versuche, mich zu zwingen, optimistisch zu sein. Da piept die Beatmungsmaschine hinter Clemens. Ich schrecke hoch.

Irgendwann geschieht das Wunder: Die Stäbe geben nach und ich kann mich befreien. Ich springe aus dem Stockbett. Hart lande ich auf dem Holzboden. Dabei verknackse ich mir den Fuß. Kein Wunder, dass ich mich verletze, lag ich davor doch eine endlos lange Zeit flach, durch meine Fesseln zur Unbeweglichkeit verdammt. Mit verstauchtem Fuß humpele ich nun von Stockbett zu Stockbett. Ich muss meine Mitgefangenen befreien. Alle. Eine Aufgabe, an der ich, ich ahne es, scheitern werde. Denn meine Zeit ist begrenzt. Die vielen Feuer an den Wänden der Halle lodern immer höher. Kein Wunder, bestehen sie doch ebenfalls aus trockenem Holz. Der riesige Raum füllt sich mit beißendem Rauch, der meine Augen tränen lässt. Ich sehe kaum noch etwas. Wer die Brände wohl gelegt hat und warum? Ich habe nur einen Verdacht: Chucky. Eine Zeit lang hat er mich in Ruhe gelassen. Jetzt ist er sicher zurück, um mir mein Leben zur Hölle zu machen. Aber ich werde kämpfen. Einem Gefangenen nach dem anderen löse ich die Fesseln. Die gesichtslosen Gestalten springen auf und verschwinden im dichten Rauch.

Um mich vor der Hitze zu schützen, werfe ich mir eine Decke über den Kopf. Vorher habe ich sie mit Wasser getränkt, das ich in einem Eimer neben einem der Stockbetten fand. Das Atmen fällt mir trotz des Schutzes immer schwerer. Langsam wird es Zeit, dass ich mich selbst in Sicherheit bringe. Da tritt eine massige Gestalt aus den Rauchschwaden. Chucky! Er steht direkt vor mir, eine Flasche Whiskey in der Hand.

Anscheinend volltrunken lallt er: »Cleeemens, Zeit zu spielen!«

Ich gerate kurz in Panik. Dann nehme ich meine ganze Kraft und meinen ganzen Mut zusammen. Ich stoße den nach Alkohol stinkenden Chucky zur Seite und humpele, so schnell es geht, in die Richtung, in der die Gesichtslosen verschwunden sind. Ich höre Chuckys schwere, hallende Schritte hinter mir. Irgendwann erreiche ich den Ausgang der Riesenhalle. Die Tür ist unverschlossen. Welch Glück! Ich reiße sie auf und knalle sie sofort hinter mir wieder zu. Dann stürme ich auf die mit Kopfstein gepflasterte Straße.

Die Ziffern auf der Anzeigetafel schnellen nach oben in den roten Bereich. 26, 30, 45, 70. Das Piepen wird immer lauter, Clemens' Atmung immer heftiger.

»Hilfe!«, rufe ich und renne auf den Gang. Bruno kommt angelaufen. Clemens bewegt den Kopf hin und her, seine Augenbrauen ziehen sich zusammen. Er wirkt total verkrampft, wütend, schlägt mit den Armen um sich. Ich weiß nicht, woher er die Kraft hat, aber er hat plötzlich sehr viel Kraft.

»Herr Hagen, beruhigen Sie sich!«, schreit Bruno. Das Gerät piept noch lauter. Ich greife nach seiner Hand, drücke sie fest. Küsse seine Wangen, die Stirn.

»Ich bin bei dir, Liebling«, flüstere ich immer wieder in sein Ohr. »Hab keine Angst. Du hast nur was Blödes geträumt. Wir sind doch in Gutsing, hier wird alles gut.«

Die Straße ist nass vom Regen. Ich höre noch, wie Chucky hinter mir auf dem glitschigen Boden ausrutscht. Er flucht laut, dann pfeifen mir Schüsse um die Ohren. Aber Chucky verfehlt mich. Ich suche ein Versteck. Hinter einem der Feuerwehrwagen, die inzwischen angerückt sind, um die Flammen zu bekämpfen, gehe ich in Deckung. Auf der Rückbank des Löschfahrzeugs entdecke ich einen Asbestanzug und ein Atemschutzgerät. Ich schlüpfe in den silbrig glänzenden Anzug, ziehe mir die Stiefel über, den Helm auf den Kopf und die Atemmaske vors Gesicht. Ich sehe aus wie die anderen Feuerwehrmänner. So wird mich Chucky niemals erkennen. Keine Chance. Noch befinden sich viele hilflose Gesichtslose in der Halle. Ich muss zurück, um sie zu befreien. Ich laufe wieder in die Halle und öffne so viele Hand- und Fußfesseln, bis mir die Atemluft in den Gasflaschen auf meinem Rücken ausgeht. Die Halle brennt inzwischen lichterloh. Mit letzter Kraft schaffe ich es zum Ausgang. Von Chucky keine Spur. Ich reiße mir die Atemmaske runter und sauge frische Luft in meine Lunge.

Wegen der offensichtlichen Brandstiftung ist jetzt auch die Polizei da.

Ich gehe zu einem der Beamten in Zivil und stelle mich vor: »Ich heiße Clemens Hagen. Ich weiß, wer das Feuer gelegt hat.«

Der Mann im Trenchcoat sagt: »Kommissar Studer, angenehm. Wen haben Sie denn in Verdacht?«

Ich antworte: »Der Feuerteufel heißt Chucky. Ich weiß es, ganz sicher. Seinen Nachnamen kenne ich leider nicht. Muss ihn wohl vergessen haben. Aber Sie müssen was unternehmen. Chucky ist ein Ein-Mann-Terror-Kommando. Er ist unberechenbar und brandgefährlich.«

Kommissar Studer antwortet kühl: »In Ordnung, Herr Hagen. Ich habe Ihre Angaben notiert. Wir müssen aber erst mal die Ergebnisse der Spurensicherung abwarten. Die Kollegen haben ihre Arbeit gerade erst begonnen. Sie werden von uns hören.«

»Gut, ich gebe Ihnen meine Telefonnummer«, sage ich und kritzele sie auf den Notizblock, den mir der Kommissar reicht. »Auf Wiedersehen, Herr Studer.« Ich verlasse den Ort des Geschehens. Wie viele Gesichtslose dem Brand zum Opfer fielen, weiß ich nicht. Ich weiß nur eines: Die Polizei wird Chucky niemals schnappen. Er ist viel zu schlau und gerissen.

Endlich lässt seine Anspannung nach, die Atmung wird langsamer, die Beatmungsmaschine leiser. Clemens liegt jetzt entspannt da.

»Wahnsinn, wie sehr er auf Sie reagiert«, staunt Bruno. »Siebzig Atemzüge pro Minute sind aber auch zu viel. Das ist nicht gut für ihn. Er darf nicht durchdrehen.« Bruno verschwindet und ich frage mich, wer in Clemens' Situation nicht durchdrehen würde.

Clemens' Atemzüge sind jetzt seit einer knappen Stunde konstant bei 26, was gut ist, wie mir von Vivi erklärt wird.

»Sorry, aber du musst jetzt gehen«, sagt sie, während sie sein Bett neu bezieht. Es ist fast schon zwanzig Uhr, die Besuchszeit längst vorbei. Der Abschied fällt mir jedes Mal schwer.

»Clemens«, sage ich. »Ich bin nur ganz kurz weg, aber im Herzen bin ich immer bei dir. Schlaf dich gesund. Ich liebe dich über alles. Und sei brav zu Vivi, nicht wieder durchdrehen!« Vivi lächelt mir zu.

»Ich werde auf ihn aufpassen«, sagt sie.

»Schon was Neues an der Männerfront?«

Sie schüttelt den Kopf.

»Ich bin ja immer hier. Und wenn ich nicht hier bin, schlafe ich. Wann und vor allem wo soll ich jemanden kennenlernen?«

»Speeddating oder im Internet!«

Vivi grinst: »Nee, da trifft man doch nur Freaks.«

»Wir werden schon den richtigen Mann für dich finden«, sage ich optimistisch.

Draußen auf dem Gang hängt der Schichtplan der Schwestern und Pfleger, Dr. Maier-Blechschmid steht gerade davor und ich habe eine Idee.

»Frau Doktor«, sage ich. »Wenn ich mir einen, nun, äh, Tipp erlauben darf – ich finde ja, dass Vivi und Bruno besonders gut zusammenpassen. Also beim Arbeiten. Sie sind ein tolles Team.«

Die Ärztin sieht mich überrascht an: »Sie meinen, ich sollte die beiden häufiger zusammenarbeiten lassen?«

Ich nicke eifrig.

»Ich dachte, die beiden kennen sich zu wenig.«

»Das könnten wir, beziehungsweise Sie, doch ändern. Oder?« Sie sieht mich wie immer streng an. Dr. Maier-Blechschmid als unfreiwillige Kupplerin – der Gedanke gefällt mir.

10. Dezember, abends

Im Wirtshaus »Zur guten Besserung« ist jeder Tisch von den russischen Stammgästen belegt. Ich überbrücke die Zeit bis zum nächsten Besuch auf der Intensivstation und setze mich an die Bar. Aus der Küche kommt Kellnerin Svetlana, wie immer im Dirndl.

»Ich bin nach Altötting gepilgert«, sagt sie. »Hier, hab ich dir mitgebracht.« Sie drückt mir einen Rosenkranz und eine weißgoldene Kerze in die Hand. »Für dich, also für euch.«

»Du bist ein Engel, Svetlana!« Ich bin richtig gerührt.

»Beten hilft«, meint sie.

Ich weiß, was sie meint, und antworte: »Seit das mit Clemens passiert ist, bete ich jeden Tag. Nicht nur abends vorm Einschlafen, sondern ständig. Sogar im Auto. Also nicht, dass ich da die Hände falte, wäre ja auch gefährlich. Ich bete laut vor mich hin. Und es hilft tatsächlich ein bisschen.«

Keine Ahnung, warum ich ihr das alles erzähle. Wahrscheinlich, weil ich das Gefühl habe, dass sie mich versteht. Wir kennen uns so gut wie gar nicht. Und doch reden wir ausschließlich über ziemlich private Dinge, wenn wir uns sehen. Die Small-Talk-Phase haben wir einfach übersprungen.

Svetlana nimmt mich noch mal in den Arm, dann muss sie sich um ihre Russen kümmern. Sie wollen Fotos von sich mit ihr im Dirndl machen. Ich checke meine Mails und das Leben, das sich außerhalb von Gutsing abspielt. Auch wenn es mich nur sehr bedingt interessiert. Auf Facebook habe ich eine neue Nachricht von einem alten Bekannten von Clemens.

Er schreibt: »Hallo, ich bin Daniel und war mit Clemens in der 4b. Habe von Steffi gehört, was mit ihm passiert ist. Wann kann ich ihn denn mal in der Klinik besuchen? Gruß!«

Ungläubig lese ich die Nachricht noch mal. Wer ist dieser Daniel? Wer ist Steffi? Und woher wissen die das alle?

Sascha urlaubt in Thailand, es kommt also nur Tobi infrage. Sofort rufe ich ihn an.

Er hebt ab: »Hey, geht's Clemens besser?«

»Tobi, kann es sein, dass du mit ein paar Leuten über Clemens' Geschichte gesprochen hast? Er bekommt Postkarten von alten Bekannten, ich Nachrichten auf Facebook.«

»Nö …«

»Sicher?«

»Na ja, ich hab es nur so zwei, drei Freunden erzählt. Warum?«

»Ich hab dir doch gesagt, dass du es nicht weitersagen sollst.«

»Ist es ein Staatsgeheimnis?«

»Ich möchte einfach, dass Clemens selbst entscheidet, wem er es erzählt und wem nicht. Das geht aber gerade nicht. Deshalb ist nur der engste Kreis eingeweiht. Also spiel bitte nicht das schwarze Brett.«

»Okay, sorry. Kann ich ihn morgen mal besuchen?«

»Nein.«

»Ich bin sein Freund.«

»Ich weiß, ist auch echt lieb von dir. Aber gib Clemens noch etwas Zeit.«

»Er würde sich bestimmt freuen.«

»Bestimmt.« Ich denke an Vivis Worte: »Touristenattraktion Intensivstation«.

»Die Ärzte erlauben es noch nicht«, sage ich mit Nachdruck.

»Hm. Schade, na ja, sag Bescheid, wenn ich kommen kann. Kann ich meinen Bruder dann auch mitbringen?« Leicht genervt lege ich auf. Als würde es eine Gästeliste für die Klinik geben.

Da bekomme ich eine SMS. Sascha aus Thailand: »Wie geht's Clemi? Ist er wach? Kann er schon reden? Cheers aus der Sauna.«

Sascha ist der Einzige, der vom Luftröhrenschnitt weiß. Wie soll Clemens mit einem Luftröhrenschnitt reden können? Wahrscheinlich bin ich zu streng. Ich nähere mich immer mehr Dr. Maier-Blechschmid an, die nicht ständig mitfühlen kann, sonst würde sie wahrscheinlich verrückt werden. Außerdem setze ich zu viel medizinisches Fachwissen voraus. Da fallen mir die Worte meines Vaters ein. Er meinte vorgestern, ich soll mich vor Freunden wie eine Politikerin geben: »Viel reden, aber nichts sagen. Zu viele Fakten verwirren die Leute nur.«

Dem Inferno, das Chucky in der Fabrikhalle entfacht hat, nur um Haaresbreite entronnen, sitze ich in einem Café an der Alster. Ich trinke Pfefferminztee und versuche, die schrecklichen Erlebnisse um die Feuerkatastrophe zu vergessen. Die Abendsonne spiegelt sich im glitzernden Wasser und weiße Segelboote ziehen lautlos an mir vorbei. Fast hätte ich vergessen, wie friedlich das Leben auch sein kann. Während ich über Chucky und die Gründe für sein diabolisches Treiben nachdenke, erscheint wie aus dem Nichts ein Gesichtsloser vor mir. Er trägt dicke Verbände an Armen und Händen. Sicher eines der überlebenden Opfer aus Chuckys Flammenhölle. Er wirft mir ein schwarzes Briefkuvert mit einer roten Teufelsfratze auf den Tisch und entfernt sich eilig wieder. Ich öffne den Umschlag und lese: »Herzallerliebster Clemens, mein neues Briefpapier gefällt Dir hoffentlich. Hübsch, nicht? Das Design stammt von mir. Ich will Dich sehen. Heute Abend in meinem Hauptquartier unter dem Schwimmbad der Marquis-de-Sade-Schule. Du folgst dieser Einladung besser. Aber das weißt Du selbst. Mit allerzuvorkommenden Grüßen, Dein Chucky.«

Ich schlucke. Aber als die Sonne über Hamburg versinkt, mache ich mich auf den Weg. Davonlaufen wäre sinnlos. Das ist mir klar. Chucky würde mich auch im entlegensten Winkel der Welt aufspüren. Um mich auf ihn einzustimmen (und mir Mut zu machen), habe ich in dem Café noch eine Bloody Mary getrunken. Als ich die De-Sade-Schule erreiche, sehe ich trotz Dunkelheit, dass es sich um eine Ruine handelt. Ich steige über eine Leiter hinab in ein tiefes, dunkles Erdloch, das Chucky im Keller des leer stehenden Schwimmbades hat ausheben lassen. Sicher von irgendwelchen armen Sklaven. Die Szenerie, die sich mir bietet, erinnert mich an eines der Höllenbildnisse des berühmten Renaissance-Malers Hieronymus Bosch. Die dämonischen Kreaturen, die ich sehe, sind allerdings sehr lebendig. An die glitschigen Lehmwände sind Männer und Frauen gekettet. Viele von ihnen tragen Sadomaso-Accessoires, alle grausame Folterspuren. Ihr Stöhnen wird übertönt von dröhnender, rasend schneller Heavy-Metal-Musik. Chucky sitzt völlig zugedröhnt auf einem Sofa. Vor ihm steht ein Tisch mit einem Berg Crack und der dazugehörigen Pfeife. Während er abwechselnd zwei vor Schmerzen wimmernde Jungs auspeitscht, die neben ihm auf allen vieren hocken, winkt er mich mit der freien Hand heran.

»Clemens, nimm Platz«, begrüßt mich Chucky. Dann kommt er zum Punkt: »Ich muss gestehen, dich zu quälen, langweilt mich. Ich habe keine Verwendung mehr für dich.« Als ich mich noch frage, was genau Chucky damit meint, erscheint wie aus dem Nichts eine Schwarzhaarige in einem Krankenschwestern-Kostümchen aus Latex. In der Hand trägt die blasse Schöne ein Glas mit einer bläulichen Flüssigkeit darin.

»Folge mir«, flötet sie mir ins Ohr. Während Chucky mir zum Abschied einen Peitschenhieb auf den Rücken verpasst, gehe ich brav der Krankenschwester hinterher. Sie führt mich in einen weiß gefliesten Raum.

»Fessele dich an Hand- und Fußgelenken«, befiehlt sie mir und deutet auf die Stirnwand des Zimmers, an der Ledergurte befestigt sind.

»Was hast du mit mir vor? Hoffentlich nichts Schlimmes«, frage ich.

Sie sagt: »Doch, ich werde dich vergiften.« Sie führt mir das Glas an die Lippen. »Trink jetzt! Sonst dreht Chucky durch. Und das wollen wir beide nicht.«

»Muss ich sterben?«, will ich wissen.

»Eigentlich ja, aber ich werde versuchen, dich zu retten. Vertrau mir!«, erwidert sie. Ich trinke das Glas Gift in einem Zug aus und bete, dass die Krankenschwester ihr Versprechen hält. Dann breche ich unter schlimmen Krämpfen zusammen und verliere das Bewusstsein.

Um achtzehn Uhr betrete ich Zimmer 13. Schläft Clemens? Schwer zu sagen. Immer wieder öffnet er seine Augen, bewegt sich im Bett hin und her. Ständig hebt er seine Hände, die fixiert sind. Er versucht, die Metallgitter an den Bettkanten wegzudrücken. Ich rede leise mit ihm, da hebt er den Kopf und öffnet erneut die Augen. Er sieht mich an – und sieht dabei durch mich durch. Irgendwie unheimlich. Ich spüre, dass er wissen möchte, wo er ist. Er ahnt, glaube ich, dass viel passiert ist. Viel Schlimmes. Ist das schon diese Aufwachphase, von der der Chef der Intensivstation sprach? Die so düster und furchtbar sein soll? Clemens wirkt wahnsinnig angestrengt, fragend, verwirrt. Ich erkläre ihm, wo er ist. Versuche, ihm die Angst zu nehmen. Ich streichele seinen Kopf, die Stirn, küsse ihn vorsichtig.

»Wir mussten ihm vorhin ein paar Beruhigungstabletten geben«, erklärt mir eine Schwester, die ein neues Krankenbett ins Zimmer schiebt.

»War er wieder zu wild?«, frage ich.

Sie bejaht: »Aber hallo.«

»Bekommt Clemens einen neuen Nachbarn?«

»Ja, eine ältere Dame. Deshalb müssen Sie auch bitte gleich gehen.« Dann verschwindet sie. Wie gern würde ich bei Clemens bleiben. Mich neben ihn legen. Jede Sekunde bei ihm sein. Ich krame einen Zettel und einen Stift aus meiner Handtasche. In großer Schrift schreibe ich: »ICH LIEBE DICH!!!« Dann male ich ein paar Herzen und eine lachende Sonne und klebe den Brief über seinem Bett neben dem Plüschpinguin fest. Wenn er schon die Augen öffnen kann, soll er es wenigstens sehen können, dass ich immer bei ihm bin.

11. Dezember, morgens

Aus dem CD-Player läuft das »Papaya Christmas Dance Medley«, ein total verrücktes Weihnachtsalbum, das mir mal eine Freundin von den Philippinen mitgebracht hat. Es macht gute Stimmung und wach. Während ich unter der Dusche stehe und den sehr seltsamen Text mitsinge (»Padadam, oh, oh, oh, ooooho, my little Christmas tree, no one wants to buy you, you are so green«), höre ich plötzlich ein anderes Piepen. Mein Handy. Noch voller Duschgel und mit Shampoo im Haar ziehe ich den Duschvorhang zur Seite und greife nach dem Handy, das auf dem Stuhl daneben liegt. Gutsing. Die Vorwahl erkenne ich sofort. Ich schrecke zusammen.

»Ja, hallo!?«

Schwester Edda ist dran. Sie kommt gleich auf den Punkt: »Herr Hagen hat sich die Magensonde herausgerissen.«

»Oh nein. Ist das sehr schlimm?«

»Angenehm war es sicher nicht. Außerdem ist seine Speiseröhre sehr sensibel, seine empfindlichste Stelle. Wir haben sie ihm ja gerade erst zusammengeflickt.«

Ich bin geschockt und will wissen: »Aber es gab keine neue Blutung, oder?«

»Zum Glück nicht. Das wäre auch eine Katastrophe. Die Speiseröhre muss verheilen und darf nicht noch mal aufreißen.«

»War er denn nicht festgebunden, also, ich meine, fixiert?«

»Doch, doch«, sagt Schwester Edda. »Es ist uns auch ein Rätsel, wie er das geschafft hat. Er hat wohl einen besonders starken Willen und auch viel Kraft. Wir legen ihm gleich eine neue Sonde.«

»Okay, vielen Dank. Und bitte, liebe Edda, fixieren Sie ihn extra fest. Ich kenne Clemens. Er ist ein Dickschädel. Wenn er sich mal was in den Kopf gesetzt hat, dann macht er das auch. Selbst wenn er im Koma liegt. Die ganze Situation mag für ihn unangenehm sein, aber besser so, als wenn er sich die Magensonde noch mal rausreißt. Ich, er und seine Speiseröhre danken es Ihnen.«

Als ich mein Duschgel ab- und das Shampoo auswasche, erinnere ich mich, wie oft Clemens und ich zum Spaß Fingerhakeln gespielt haben. Er sagte immer: »Ich habe zwar keine Armmuskeln, aber in meinen Fingern steckt meine ganze Kraft. Komisch, dass sie so dünn sind.« Er hat jedes Mal gewonnen. Gegen mich, gegen wirklich jeden. Und wenn der Gegner auch noch so ein Muskelpaket war. Selbst das Koma und die stärkste Medikation konnten ihn jetzt nicht davon abhalten, sich von der Magensonde zu befreien. Eigentlich müsste ich stolz auf ihn sein, dass er das trotz aller Hindernisse geschafft hat. Wäre da nicht die angekratzte Speiseröhre. So ein Mist. Er hat wirklich großartige Schutzengel. Nicht auszudenken, wenn er sich die Adern noch mal aufgerissen hätte. Nicht noch mal alles von vorn. Ich verzichte auf das Föhnen meiner Haare und fahre zu ihm.

Das Erste, was ich höre, als ich wieder zu mir komme, ist Chuckys Stimme.

Er brüllt: »Hey, du Schlampe, ist die Ratte Clemens endlich tot?«

»Ja, Meister, ich glaube schon«, antwortet meine Krankenschwester unterwürfig.

»Was heißt, du glaubst, dass er im Arsch ist, blöde Kuh? Alles muss man selbst machen«, schreit Chucky zurück. Ich höre, wie er seine Crackpfeife anzündet, einen tiefen Zug nimmt und dann mit schweren Schritten näher kommt. Ich muss weg. Schnell. Zu meiner Verwunderung befinde ich mich weder im Jenseits noch bin ich gefesselt. Meine Krankenschwester muss mir nicht nur das versprochene Gegengift verabreicht, sondern mich auch befreit haben. Plötzlich steht meine Retterin vor mir. Sie nimmt mich an der Hand und flüstert: »Clemens, los, komm!« Wir klettern eine der Leitern, die aus dem Erdloch führen, hinauf. Dort erwartet uns allerdings schon ein schnaufender, übel gelaunter Chucky.

»Ihr seid fällig!«, schreit er mit irrem Blick und umfasst mit der rechten Hand seinen Revolvergriff. »Aber ich gebe euch noch eine allerletzte Chance. Ich schieße aus zehn Metern Entfernung auf euch. Wenn ihr Glück habt, ziele ich daneben. Stoned genug bin ich ja«, sagt Chucky und lacht dreckig.

Vor der Klinik treffe ich Julia, die Feuerwehrmann-Frau. In meinen immer noch nassen Haaren haben sich kleine Eiszapfen gebildet. Clemens würde darüber lachen. Passiert ihm im Winter auch ständig, weil er eine Abneigung gegen Föhne hat.

»Hallo, wir haben uns ja ewig nicht gesehen«, sage ich zu Julia. »Also nach der Intensivstationszeit.«

Sie versucht zu lächeln. »Stimmt. Da drinnen kommt einem jeder Tag wie eine verfluchte Ewigkeit vor.«

»Alles okay mit Felix?«

Sie zuckt mit den Schultern und meint: »Er ist seit gestern Abend auf einem normalen Zimmer.«

»Aber das ist doch super, Julia!«

»Ist es das? Ich weiß es nicht.«

»Nichts ist besser, als aus der Intensivstation entlassen zu werden!«

Julia entgegnet: »Dachte ich bis gestern auch. Aber mein Felix hat sich so verändert. Er redet so gut wie gar nicht mit mir, ist total schlecht drauf. Er schaut mich nicht mehr an, starrt nur aus dem Fenster.«

»Ach, das bildest du dir bestimmt ein. Gib ihm Zeit. Er muss das Koma erst in Ruhe verdauen. Für jeden Tag im Koma braucht man mindestens einen Tag Erholung.«

»Woher weißt du das?«

»Hat mir mal der Bruno, also dieser nette Pfleger, erzählt«, antworte ich. »Hab einfach Geduld! Er hat das Schlimmste überstanden.« Ich nehme sie in den Arm.

»Wie geht's Clemens, ist er auch schon draußen aus der Intensiv?«

»Nee, bei ihm dauert das wohl noch. Er hat sich vorhin die Magensonde rausgerissen.«

»Scheiße, warum das denn?«

»Ich schätze mal, dass er langsam zu sich kommt.«

Als ich Zimmer 13 erreiche, höre ich laute weibliche Stimmen. Was ist da los? Zwei Frauen Ende vierzig stehen am Bett von Clemens' neuer Nachbarin.

»Grüß Gott, ich bin Kimberly, die Verlobte von diesem entzückenden Patienten«, begrüße ich die beiden. Die Blonde stellt sich als Sabrina vor und erzählt mir ziemlich schnell so ziemlich alles. Ihre Mama ist 85, wohnt bei ihr daheim in Gutsing und ist beim Abendessen mit der ganzen Familie nach dem zweiten Glas Rotwein einfach vom Stuhl gekippt.

»Sie war so glücklich in dem Moment, es gab gutes Essen, sie hat gerade noch mit ihren Enkeln gelacht und dann hat es sie umgehauen«, berichtet Sabrina, eine gestandene Bayerin. »Als sie so dalag, hab ich überlegt …«

In dem Moment hebt Clemens seinen Arm. Höher als zehn Zentimeter kommt er wegen der Fixierung nicht. Besser so, wegen der Magensonde, denke ich. Ich küsse seine Hand, sage: »Sorry, Sabrina, ich hab euch noch gar nicht miteinander bekannt gemacht. Das ist Clemens, der tollste Mann der Welt. Er wollte nur mal Servus sagen.«

Sabrina schaut mich kurz irritiert an, antwortet mit einem »Freut mich, Clemens, ich bin Sabrina« und redet weiter: »Die Mama, die lag dann also einfach auf dem Boden. Mit einem Lächeln im Gesicht. Ich hab dann überlegt, ob ich Mund-zu-Mund-Beatmung machen soll, ob ich den Notarzt rufe oder ob ich sie einfach sterben lasse. Sie keinen lebenserhaltenden Maschinen aussetze. Sie wollte nie ein Pflegefall werden, hat sogar eine Patientenverfügung, ist total für Sterbehilfe und so. Na ja, auf jeden Fall sind mir in ein paar Sekunden diese ganzen Gedanken im Kopf rumgeschwirrt und ich wusste nicht: Ist es nicht bloß egoistisch, sie retten zu wollen? Mach ich das wirklich für sie oder doch eher für mich? War das nicht der perfekte, ja, der mit Abstand schönste Moment zum Sterben?«

Während Chucky die Distanz ausmisst, überlegen die Krankenschwester und ich, wie wir uns am besten positionieren, um Chucky eine möglichst kleine Trefferfläche zu bieten. Chucky legt bereits an und sagt: »Ich feuere fünf Mal auf jeden. Clemens, heute heißt es ›Gentlemen first‹. Also Vorsicht!«

Wie durch ein Wunder pfeifen die beiden ersten Kugeln an mir vorbei. Die dritte trifft mich unterhalb der rechten Schulter. Ich fühle, wie der Schmerz langsam aufsteigt. Chuckys vierter Schuss landet im Bauch, der fünfte und letzte in der Leiste. Ich sinke zu Boden und bekomme kaum noch mit, wie Chucky jetzt auf die Krankenschwester feuert. Schon das erste Geschoss trifft sein Ziel. Mit einer klaffenden Wunde im Bauch sinkt die junge Frau zusammen – mir genau in die Arme.

Sie haucht mir noch ins Ohr: »Clemens, es geht zu Ende. Ich heiße übrigens Teodora. Vielleicht könntest du meine Eltern informieren, bitte? Und ein anständiges Begräbnis wäre schön ...«

Ich sage noch: »Sicher, sicher, ich werde mein Bestes tun.« Dann ist Teodora tot. Ich blicke auf. Von Chucky keine Spur. Ich trage die schöne Tote aus unserem Verlies ins Freie, ins Sonnenlicht. Ich lebe!

Tränen schießen Sabrina in die Augen, ihre Schwester, eine kurzhaarige Brünette, macht keine Anstalten, sie trösten zu wollen. Sie starrt unentwegt ihre Mutter an.

Ich greife nach Sabrinas kalter Hand und duze sie spontan: »Sabrina, du hast dich entschieden, eure Mutter zu retten. Das war hundertprozentig richtig.«

»Meinst du?«, fragt sie unsicher.

Clemens hebt wieder seine Hand.

Sabrina sieht das irgendwie als Zeichen und meint: »Ihr seid wohl einer Meinung. Ich hoffe auch, dass es richtig war. Diese Verantwortung, die ich plötzlich hatte, zwischen Leben und Tod zu entscheiden, war heftig. Ich hoffe, die Mama ist auch froh, dass ich so reagiert habe. Oder, Mama?«

Mein Blick wandert zu Sabrinas Mama. Eine gepflegte ältere Dame. Sie liegt regungslos da und sieht tatsächlich selig aus. Ganz friedlich. Anders als Clemens, der immer wieder kurz die Augen öffnet und so angestrengt wirkt. So gehetzt.

»Er will noch nicht sterben. Er will sich zurückkämpfen«, sagt Sabrina. »Das sehe ich. Bevor ich meine drei Kinder bekam, hab ich hier in Gutsing als Krankenschwester gearbeitet.«

»Ja, das denke ich auch. Clemens will zurückkommen. Ihm reicht's jetzt mit dem Koma.«

12. Dezember, nachmittags

Der Gang der Intensivstation ist wie eine Art Laufsteg zwischen Leben und Tod. Steril, hell beleuchtet, und immer, wenn man hier entlanggeht, recken sich in den einzelnen Krankenzimmern Köpfe in die Höhe. Patienten, die einem hinterherschauen.

Ich treffe Vivi, die mich anstrahlt: »Nach deinem Besuch gestern war Clemens total friedlich, er hat nicht mehr so heftig geschnauft, hat sich echt beruhigt. Seinem Körper hilft das total, er regeneriert sich sehr gut. Auch beim Zähneputzen war er heute Morgen ausnahmsweise mal nicht so aggro, hat kaum um sich geschlagen.«

»Wunderbar, das höre ich gern«, antworte ich. Ich schaue zu Clemens.

»Nur sein Fieber ist kurzzeitig schnell gestiegen, wir haben ihm Tabletten geben müssen. Er hat jetzt wieder 36,2. Alles okay.«

»Danke, Vivi. Wie geht's dir so?«

»Alles wie immer.«

»Aber du schaust irgendwie anders aus. Warst du beim Friseur?« Sie knufft mich in die Seite. Da kommt Bruno den Gang entlang. Jetzt weiß ich, was an ihr verändert ist. »Du hast dich geschminkt!« Vivi lächelt kurz, legt ihren Finger auf die Lippen: »Psst!«, und schaut Bruno beim Vorbeilaufen an. Die beiden lächeln sich zu. Anders als sonst. Intensiver. Ich grinse. Der neue Schichtplan von Dr. Maier-Blechschmid scheint zu wirken.

»Geht doch mal zusammen aus«, sage ich leise, als Bruno sich entfernt hat.

»Er ist mein Kollege!«

»Ja, und?«

»Meinst du, dass er eine Freundin hat?«

»Nee, er ist noch Single.«

»Woher weißt du das?«

»Ich hab ihn gefragt.«

»Wie bitte?«

»Natürlich nicht für mich. Ich wollte es für dich wissen.« Erstmals seit ich Vivi kenne, errötet sie leicht. Sieht süß aus.

»Geht mal was essen. Raus aus der Klinik, weg von dieser ganzen Tristesse. Na los!«

»Aber ich hatte ewig kein Date mehr. Wo geht man denn zurzeit so hin?«

»Du gehst jetzt zu Bruno und fragst ihn, ich schreib dir drei nette Lokale in München auf, okay?«

»In München? Nicht lieber hier in Gutsing?«

»Dann könnt ihr euch gleich im Krankenhauscafé treffen. Sehr sexy. Ihr müsst mal raus ins Leben!« Vivi nickt, ich gehe zu Clemens.

Ich bin Gefangener in einem Spiegelkabinett. Nein, nicht so eines, wie es jeder von Volksfesten und Jahrmärkten her kennt. In dem Kinder kurz einen Schrecken bekommen, weil sie nicht sofort den richtigen Weg durch das Labyrinth von Glasscheiben und Spiegeln finden (bis sie merken, dass sie nur auf den Boden blicken und den dunklen Fußspuren früherer Besucher zum Ausgang folgen müssen). Nein, mein Spiegelkabinett ist größer, viel größer. Kurz kann ich mich von oben sehen, aus der Luft, vielleicht von einem Kilometer Höhe aus. Ich bin ein winziger Punkt in der Mitte eines gewaltigen Irrgartens. Er reicht bis zum Horizont. Dann bin ich wieder zurück in meinem Körper. Ich versuche es mit dem alten Trick, aber der Boden in meinem Spiegelkabinett ist so sauber, so strahlend weiß, dass er mir nicht den leisesten Hinweis auf den Weg verrät. Trotzdem! Ich will raus! Nicht verdursten in diesem undurchdringlich scheinenden Wald aus meterhohen Glasscheiben. Ich laufe los.

Es ist anstrengend. Immer wieder laufe ich gegen Scheiben. Sie sind absolut durchsichtig, wirklich glasklar, keine Abdrücke von kleinen Kinderhänden darauf, so wie früher auf den Jahrmärkten. Auch sind meine Augen nicht mehr die besten. Ich bin fünfzig und kurzsichtig. Ich habe das Gefühl, ich bewege mich im Kreis. Wahrscheinlich, weil es hier keinen einzigen Anhaltspunkt gibt, der mir meine Position verraten würde. Trotzdem kämpfe ich mich tapfer weiter. Irgendwann, ich bin schon mindestens zwölf Stunden auf den Beinen, erblicke ich in der Entfernung die Umrisse einer menschlichen Gestalt. Über zahllose Umwege kommen wir uns langsam näher. Ist das nicht Uzi-Ulli? Der Zuhälter von der Hamburger Reeperbahn? Richtig! Wir laufen so lange im Zickzack, bis wir uns die Hand reichen können.

»Hallo, Uzi, was machst du denn hier?«, frage ich freudig. Ich bin so glücklich, endlich einen anderen Menschen zu treffen, da ist es mir gerade auch egal, dass Uzi ein Mörder ist.

Er sagt: »Hey, Clemens, alter Schwede. Da sitzen wir zwei schön in der Scheiße.«

»Kannst du laut sagen«, erwidere ich, »hab auch keinen Schimmer, wo's zum Ausgang geht.«

Da fällt mir auf, dass Uzi mehrere gekreuzte Lederriemen in Brusthöhe über seinem schmal geschnittenen Armani-Anzug trägt. An ihnen hängen, jetzt sehe ich's, nicht zwei, sondern gleich vier Maschinenpistolen. Außerdem hat Uzi jede Menge Reservemagazine in seinem Gürtel stecken.

»Kleiner«, sagt er, »geh in Deckung! Ich schieß uns den Weg frei.« Ich werfe mich flach auf den Boden, da legt Uzi auch schon los. Er feuert ohne Pause. Das Geräusch von splitterndem Glas schmerzt in meinen Ohren. Uzi feuert, bis die letzte Patrone verschossen ist. Aus den Läufen seiner Maschinenpistolen steigen kleine Pulverwölkchen empor. »Los!«, befiehlt er. Wir waten durch ein Meer von Scherben. Bei jedem Schritt knirscht es laut unter unseren Sohlen. Wir gehen einige Hundert Meter weit, dann versperren uns weitere Scheiben und Spiegel den Weg. »Tut mir leid«, sagt Uzi, »ich hab alles versucht. Leider haben meine Waffen nicht mehr Schusskraft. Wir sollten uns jetzt wieder trennen. Du gehst links, ich rechts. So verdoppeln wir unsere Chance, gerettet zu werden. Wer als Erster rauskommt, holt Hilfe für den anderen. Abgemacht?«

»Abgemacht!«, antworte ich.

Während ich laut mit Clemens über angesagte Restaurants in München spreche und an sein Lieblings-Steakhaus denke, wo er gern auch mal zur Nachspeise noch »ein klitzekleines Rinderfiletchen« bestellen würde, atmet er normal. Im Schlauch seines Luftröhrenschnitts hat sich etwas Schleim gesammelt. Eiter aus der Lunge, wie mir Bruno gestern kurz erklärt hatte, die Reste der Lungenentzündung, die ja zum Glück keine richtige war.

»Servus!«, begrüßen mich Sabrina und Kevin, ihr sechsjähriger Sohn, der einen weißen Porzellanengel in den Händen hält. Ich rede weiter mit Clemens über Gastronomie und ideale Erstes-Date-Lokale. Dass mich die beiden bei meinem Monolog hören, stört mich nach all der Zeit hier nicht mehr. Was ich so durch die anderen Zimmer mitbekomme, sind da viele gehemmt. Aber ich rede gern mit Clemens und mir selbst. Stille ist viel unerträglicher für mich. Kevin sieht mich etwas irritiert an, geht aber schnell zu seiner Oma, die seelenruhig nebenan liegt, und stellt den Engel auf das Fensterbrett.

Sabrina dreht sich zu mir um: »Darf ich dich mal was fragen?«

»Na, klar.«

»Clemens hat doch einen Luftröhrenschnitt bekommen, oder?«

»Ja, vor ein paar Tagen schon. Warum?«

»Weil uns das der Arzt auch für die Mama vorgeschlagen hat. Aber ich glaub, sie würde das nicht wollen. Kannst du einen Luftröhrenschnitt, nun, ja, empfehlen?«

Ich zögere keine Sekunde: »Absolut! Dieses Mundstück davor mit dem Schlauch hat Clemens viel mehr gestört. Seit er den Luftröhrenschnitt hat, kann er besser atmen. Ich weiß, dass es im wahrsten Sinne ein heftiger Einschnitt ist, aber es ist wirklich hilfreich. Und so schlimm schaut es auch nicht aus.«

»Na ja«, sagt Sabrina beim näheren Betrachten. »Und Clemens atmet jetzt durch den Hals?«

»Genau.«

»Puh, ich find das schon …« Jetzt kommt auch ihr Sohn zu uns.

»Igitt«, ruft Kevin. Und: »Krass!« Ich schaue noch mal den Luftröhrenschnitt und das Loch in Clemens' Hals an. Bin ich schon so abgehärtet? Zu abgehärtet? Ich bleibe bei meiner Meinung.

»Ich bin tatsächlich ein Fan von Luftröhrenschnitten geworden.«

Ich bin müde, meine Augen tränen vom Schießpulver und ich habe wahnsinnigen Durst. Aus Angst einzuschlafen, verzichte ich aber auf eine Pause. Stattdessen kämpfe ich mich weiter in eine Richtung, von der ich hoffe, dass dort der Ausgang aus dem Riesenlabyrinth liegen möge. Seltsam, denke ich, es ist immer noch taghell, dabei müsste die Sonne schon vor Stunden untergegangen sein. Plötzlich tippt mir jemand von hinten auf die Schulter. Ich drehe mich um und erschrecke. Es ist Rudi, Kimberlys Ex-Lover.

»Tag, Clemens«, sagt er, »oder ist es Nacht? Na ja, egal. Schön, dich hier zu treffen.«

»Das finde ich überhaupt nicht«, entgegne ich.

»Sei nicht so abweisend«, sagt Rudi, »ich habe ein Geschenk für dich dabei, obwohl ich deine Frau nicht bekommen habe. Es ist ein ganz neuer Infusionscocktail, der übermenschliche Kräfte verleiht, extra gemixt von mir für dich. Damit kannst du springen wie ein Floh. Höher als die Glasscheiben. Bis in die Freiheit.«

Ich sage: »Schrecklich nett von dir, Rudi, aber ich verzichte.« Seine plötzliche Freundlichkeit irritiert mich. Einem Typen, der einem anderen die Verlobte ausspannen will, kann man nicht trauen. Wahrscheinlich will er mich auch nur zur Strecke bringen. Selbst überrascht von meinem Mut beschließe ich, zu fliehen. Anfangs höre ich noch, wie Rudi mich verfolgt, dann verstummen seine Schritte aber schnell. Weiter geht mein Weg durch den nicht enden wollenden Irrgarten. Wo ich bin oder wie nah dem Ausgang, das weiß ich nicht. Da zerreißt ein lauter Knall die Stille über dem Labyrinth. Sprengstoff, viel Sprengstoff, schießt es mir durch den Kopf. Das kann nur Chucky sein, der gemeingefährliche Bombenleger aus dem Postamt. Verglichen mit ihm ist selbst ein mieser Aufreißer wie Rudi ein wahrer Helfer in der Not. Als ich mich noch frage, wie ich nur entkommen kann, höre ich schon Chuckys dröhnende Bassstimme rufen: »Clemens, keine Angst, jetzt bist du in guten, ach, was sage ich, in den besten Händen. Ich sprenge uns den Weg frei. Wirf mal einen Blick in meinen Rucksack. Da ist genug Semtex-Plastiksprengstoff drin, um einen Krieg anzufangen.«

»Sehr beeindruckend, Chucky, wirklich«, sage ich, »aber das funktioniert hier nicht. Du wirst sehen. Es gibt keinen Ausgang, keinen Ausweg. Wir müssen uns mit unserem Schicksal abfinden.«

»Quatsch«, brüllt Chucky zornig, »du vielleicht, du Waschlappen. Aber ich bombe jetzt alles in Grund und Boden.«

Während Chucky an bunten Drähten Zünder befestigt und diese dann vorsichtig in das Semtex schiebt, nutze ich die Gelegenheit zur Flucht. Chucky ist so vertieft in seine zerstörerische Arbeit, dass er mein Verschwinden gar nicht bemerkt. Ängstlich frage ich mich, wen ich in diesem Spiegelkabinett des Grauens noch alles treffen werde. Dann setze ich meine Reise fort. Ich höre, wie Chuckys Sprengsätze in der Ferne detonieren. Ich bin todmüde und entschließe mich, nun doch eine Rast zu machen. Während ich nach Luft ringend darüber sinniere, wer mich und die anderen in dieses Gefängnis gesteckt haben mag und warum, höre ich eine Stimme.

»Clemens, Clemens, Cleeemens!«, ruft sie. Sofort erkenne ich, wem sie gehört. Ich spüre, wie eine Hand mich zärtlich streichelt. Ich schlage die Augen auf und da sehe ich sie tatsächlich vor mir – Kimberly! Die Bösewichte Uzi, Chucky und Rudi sind weg. Wie vom Erdboden verschluckt. Ich bete, dass sie nie wieder auftauchen. Dann lächele ich Kimberly an und atme auf.

Sabrina und ihr Sohn sind gerade gegangen, ich habe Vivi den Zettel mit den Restauranttipps in ihren Kittel gesteckt und erzähle Clemens, wie tapfer er ist. In dem Moment öffnet Clemens langsam seine Augen. Er sieht mich an – und lächelt. Noch nie habe ich mich so sehr über ein Lächeln gefreut. Ich strahle ihn an, springe von meinem Stuhl auf. Tränen laufen mir die Wangen herunter.

»Hallo, Clemens, mein Liebster! Willkommen zurück!«

Clemens lächelt mich weiter an. Was für eine Erlösung nach der Koma-Ewigkeit. Ich gehe ganz nah an sein Bett, schaue ihm in seine müden, aber doch endlich wachen Augen. Ich kann mein Glück kaum fassen. Erkennt er mich? Er erkennt mich! Clemens formt seine Lippen zu einem Kussmund. Ich küsse ihn. Ganz langsam und sanft. Meine Tränen tropfen auf seine Bettdecke und den Schlauch des Luftröhrenschnitts. Er wirkt jetzt gerade überhaupt nicht angestrengt wie noch kurz zuvor, sondern irgendwie: erleichtert. Er gähnt. Ich lache.

»Guten Morgen, ich meine, guten Abend! Du hast ganz schön lang geschlafen, Süßer«, sage ich und streichele seine Hand. Wie in Zeitlupe umfasst er meine Hand. Die Finger sind zittrig, aber ganz warm und weich. Ich nehme ihm den Pulsmesser, der an seinem Zeigefinger steckt, ab, damit er meine Hand richtig umfassen kann. Wir halten Händchen und sehen uns verliebt an. Minuten- vielleicht auch stundenlang. Keine Ahnung, ich vergesse alles um uns herum.

»Schatz, ich war weg, verreist. Eine lange Reise. Übersee, verstehst du?« Kimberly lächelt so unbeschreiblich glücklich, sie muss mich einfach verstehen. Ich glaube, jetzt wischt sie sich sogar eine Träne aus dem Auge. Eine Freudenträne ist das, ganz sicher. Sie weint, so überwältigt ist sie von unserem Wiedersehen. Schön. Ich bin gerührt. Wenn ich mich erholt habe von den ganzen Strapazen, werde ich ihr erklären, warum ich so viele Wochen und Monate unterwegs war. Was ich alles erlebt habe. Was für exotische Plätze ich gesehen habe. Was für seltsame Menschen ich kennengelernt habe. Aber halt. Jetzt spricht Kimberly zu mir. Ihre Lippen bewegen sich. Leider verstehe ich nicht. Ich bin so schwach, meine Ohren funktionieren nicht richtig. Oder ist es mein Gehirn? Ich weiß es nicht. Wahrscheinlich brauche ich einfach ein bisschen Ruhe. Das wird sie sicher verstehen. Mir fallen die Augen zu. Ich möchte sie offen halten. Ich würde Kimberly gern noch länger ansehen. Ich habe sie so lange nicht mehr angesehen. Aber meine Augen gehorchen nicht. Wie die Ohren, denke ich. Seltsam.

Ein kleines Schläfchen nur, dann bin ich wieder aufnahmefähig. Hoffentlich ist Kimberly wieder bei mir, wenn ich aufwache.

Ha! Hat doch gar nicht lange gedauert. Und Gott sei Dank ist Kimberly auch noch da. Sie lächelt. Ein tapferes Lächeln, finde ich. Aber meine Kimberly ist auch ein tapferes Mädchen. Sie war jetzt lange allein, während ich mich auf Reisen befand. Das war sicher eine schwere Zeit für sie. Wie gern würde ich ihr meine Abenteuer erzählen. Aber immer wenn ich spreche, sieht sie mich ratlos an. Vielleicht rufe ich einfach meine Eltern an. Sie können Kimberly von meiner langen Abwesenheit berichten. Vor allem mein Vater, er weiß alles. Er hat schon meinen Freunden in der Schule geholfen, besonders in Geschichte. Er hat ihnen erklärt, welche Aufgabe der Senat im alten Rom hatte. Erklärt, warum Kaiser Augustus die Senatoren entmachtete. Und er hat ihnen erklärt, warum die verfeindeten Parteien im Dreißigjährigen Krieg gegeneinander kämpften. Erklärt, warum dieser Konflikt so schrecklich für Europa und seine Bevölkerung war.

Ja, ich werde meinen Vater anrufen. Sofort. Oder geht das etwa gar nicht? Stimmt, fällt mir wieder ein, mein Vater ist gestorben. Ob ich ihn da, wo er jetzt ist, überhaupt erreiche? Also telefonisch? Und meine Mutter? Sie ist auch schon tot. Das ist sehr traurig. Was mache ich nur? Wer soll Kimberly nun von meiner Reise erzählen? Ich muss es wohl doch selbst tun, wenn ich wieder bei Kräften bin. Ich will Kimberly streicheln, ihr Gesicht, ihre Haare. Aber es geht nicht. Meine Hände bewegen sich nicht. Ich habe keine Kraft. Überhaupt, was sind das für komische Sachen um mich herum? Überall Schläuche und es piept so laut. Brauchen das Leute, die so lange weg waren wie ich? Hilft ihnen das, um sich besser zu erholen? So muss es wohl sein. Aber vielleicht kann mir das mal jemand erklären. Es wuseln doch so viele weiße Menschen um mich herum. Was machen die nur hier? Ich kenne sie nicht. Keinen von ihnen. Außerdem wäre ich viel lieber mit Kimberly allein. Ein bisschen Privatsphäre wird wohl erlaubt sein.

Clemens beginnt erneut, seinen Mund zu bewegen. Durch den Luftröhrenschnitt kann er nicht sprechen, es kommt so gut wie kein Ton raus. Diese Information erspare ich ihm vorerst lieber. Dafür versuche ich, von seinen Lippen abzulesen, was er mir sagen will: »Ich liebe dich.« Jetzt zittern auch meine Hände und meine Stimme vor Aufregung.

»Ich liebe dich auch so sehr, Clemens!« Er nickt zufrieden, gähnt noch mal ausgiebig und versucht, etwas zu sagen. Ich verstehe nur ein Wort: »Handy.«

»Handys sind hier leider nicht erlaubt«, erkläre ich. Clemens sieht mich fragend an, bewegt aufgeregt seine Lippen. Er redet, aber leider tonlos.

Kimberly blickt mich verständig an und nickt betont. Dann lächelt sie. Als ob sie es bei mir mit einem Schwachsinnigen zu tun hat. Schwachsinnige werden auch immer angelächelt. Ich bin aber keiner von denen. Ich bin nur ein Reisender, der jetzt seine Ruhe braucht. Gute Nacht!

Seine letzten Sätze interpretiere ich als »Ich schlaf noch ein bisschen, gute Nacht«.

»Schlaf dich gesund, das ist eine gute Idee. Träum süß. Ich bin bei dir«, antworte ich. Wir küssen uns noch dreimal auf den Mund. Mir fällt ein Stein, ach was – eine gesamte Gebirgskette vom Herzen.

Kimberly ist weg, als ich geweckt werde. Ich glaube, ich habe von Chucky geträumt. Außer dem Piepen ist es jetzt völlig still um mich herum. Keine Wusel-Menschen mehr da, nur eine weiße Frau steht neben mir. Sie schnallt mir einen Gurt um den Oberarm. Von welcher Fluggesellschaft diese Stewardess wohl ist? Die hat ja überhaupt keine Ahnung. Den Gurt macht man doch um die Hüfte. Das weiß jedes Kind. Jetzt zieht sich der Gurt um meinen Arm auch noch zu. Ich protestiere, aber die Stewardess legt mir nur die Hand auf die Schulter. Da spüre ich es. Ich habe ja schon einen Beckengurt. Dann ist der am Arm wohl nur zur Sicherheit. Ich bin beruhigt. Obwohl mir Fliegen nie Angst gemacht hat. Man kann sowieso nichts tun, wenn was passiert.

»Oder können Sie einen Jumbo fliegen?«, frage ich die weiße Frau. Aber sie antwortet nicht. Da merke ich es. Ich liege ja. Das ist aber bequem, denke ich. Ich fliege erster Klasse. Richtige Betten gibt's nämlich nur in der First. Wo wir wohl landen werden?

13. Dezember, mittags

Ich sitze im Auto, düse hoffnungsfroh über die Autobahn Richtung Gutsing. Der gestrige Tag hat mir wirklich Zuversicht gegeben. Clemens hat mich erkannt. Was für ein Wunder. Da klingelt das Handy. Die Klinik. Oh nein. Was ist nur passiert? Schnell fahre ich auf den Standstreifen. Pfleger Bruno ist dran. Wie gern würde ich ihn nach Vivi fragen und ihrem ersten Date, aber das ist plötzlich unwichtig.

»Wie geht's Clemens?«, frage ich.

»Na ja. Er hat sich zum zweiten Mal die Magensonde rausgerissen.«

»Das darf doch nicht wahr sein! Aber es gab hoffentlich keine neue Blutung, oder?«

Bruno beruhigt mich: »Gott sei Dank nicht. Aber offenbar sind Magensonden nichts für ihn. Wir werden ihm keine neue legen. Er bekommt jetzt richtiges Essen.«

Ich atme auf und antworte: »Das wird ihn freuen. Clemens muss diese Magensonde echt sehr gehasst haben. Schade, dass es keine Schweinebraten-Infusionen gibt. Die hätten ihm gefallen.«

Bruno antwortet: »Für Schweinebraten ist es leider noch etwas früh. Er bekommt vorerst Brei und wir versuchen, ihn hinzusetzen.« Ich jubele innerlich und weiß: Dickschädel Clemens hat sich durchgesetzt. Selbst auf der Intensivstation. Vorbei die Magensonden-Zeiten. Es mag noch keinen Schweinebraten geben, aber Brei ist doch ein Anfang.

45 Minuten später betrete ich Zimmer 13 – und traue meinen Augen kaum. Clemens sitzt aufrecht im Bett und lächelt mich an. Neben ihm steht Vivi, die mich erwartungsfroh anschaut.

»Hi, Süße!« Hi, Süße? Sagt er einfach so. Nach zwei Wochen Koma. Als wäre nichts passiert. Mein Herz rast. Ich bin überwältigt. Wegen des Luftröhrenschnitts kann er doch eigentlich nicht reden, wurde mir erklärt. Trotzdem oder gerade deswegen fühle ich mich wie in einem Traum. Einem wunderschönen Traum.

»Hallo, mein Liebster. Wie großartig, dass du wach bist und sogar sprechen kannst!« Vivi erklärt, dass er maximal für zehn Minuten einen durchsichtigen Aufsatz an der Stelle am Hals, an der der Luftröhrenschnitt gemacht wurde, haben kann, damit er etwas reden kann. Einen durchsichtigen Aufsatz. Faszinierend.

»Sitzen ist ebenfalls gut, es unterstützt die Sauerstoffzufuhr der Lunge«, sagt Vivi. Clemens sieht sie fragend an, er scheint noch nicht so ganz zu verstehen. Sie lässt uns allein, betont aber, dass ich sie unbedingt rufen soll, wenn etwas ist. Ich gebe Clemens vorsichtig einen Kuss.

»Das machen wir nicht noch mal, oder!?« Ich drücke seine Hand, bin tief gerührt.

»Nein, Clemens, das machen wir wirklich nicht noch mal!«

»Was genau eigentlich?«

Ich hole Luft und antworte: »Das erzähl ich dir alles in Ruhe. Wichtig ist jetzt, dass es dir besser geht und du wieder ganz gesund wirst. Du hast verdammt viel überstanden. Du warst so tapfer! Sei stolz auf dich! Ich bin nämlich wahnsinnig stolz auf dich!«

»Tut mir leid …« Seine Stimme klingt müde.

»Dir muss absolut überhaupt nichts leidtun, Clemens.«

»Puh … es ist so anstrengend.«

»Was genau ist anstrengend?«

»Alles.«

Ich schaue auf die Uhr.

»Die zehn Minuten sind gleich rum, dann kannst du wieder liegen. Aber nicht mehr sprechen. Genieß es lieber, dass du noch was sagen kannst.«

Clemens sieht mich an, versucht, mit seiner entkräfteten Hand meine Wange zu streicheln.

»Ich habe die schönste Frau.«

Ich muss schlucken, kämpfe mit den Tränen.

»Ich liebe dich so sehr.«

Clemens lächelt mich an, seine Augen funkeln. Ich kann mich gar nicht sattsehen an ihm. Wie sehr ich ihn die letzten Wochen vermisst habe, wird mir nur noch deutlicher bewusst. Da kommt Vivi.

»So, Herr Hagen, jetzt können Sie gleich nicht mehr sprechen, dafür dürfen Sie dann etwas Wasser trinken.«

Clemens schaut Vivi irritiert an.

»Das ist Vivi. Sie gehört zu den Guten«, erkläre ich. »Ach, was sage ich. Zu den Besten. Sei immer lieb zu ihr, Clemens, Vivi hast du viel zu verdanken.«

Er nickt ihr freundlich zu.

»Ich schließe Sie jetzt wieder an die Beatmungsmaschine an, Herr Hagen, das ist kurz etwas unangenehm.« In dem Moment röchelt Clemens, hustet, hat wohl Angst, zu ersticken, der Pulsschlag nimmt rasant zu. Ich streichele seine Hand, er sieht mich verstört an.

»Du hast einen Luftröhrenschnitt bekommen«, erkläre ich Clemens. »Das andere Zeug davor, also diesen Schlauch im Mund, mochtest du noch viel weniger. Der Luftröhrenschnitt ist nicht schlimm. Keine Bange. Er hilft dir beim Gesundwerden.« Clemens möchte mir etwas sagen, ziemlich viel offenbar, er bewegt permanent seinen Mund, aber es kommt kein Ton mehr raus, nur Luft. Nach seinem aufgeregten Monolog wartet er auf eine Antwort von mir. Was er wohl gesagt hat?

»Clemens, es ist sehr schwer, dich so zu verstehen.« Er wirkt jetzt genervt.

»Willst du es aufschreiben?« Clemens schüttelt den Kopf.

Das darf doch nicht wahr sein. Gerade haben sie mich doch noch verstanden, Kimberly und diese andere seltsame Frau neben mir. Und jetzt sehen mich beide an, als würde ich Chinesisch mit ihnen sprechen. Dabei rede ich mir die ganze Zeit den Mund fusselig. So viele Wörter und Sätze, mir tut schon die Brust ganz weh. Moment, jetzt habe ich die Lösung: Kimberly und die Frau haben Ohropax in den Ohren. Kenne ich die andere nicht aus Berlin? Vom Flughafen Tegel? Doch, doch, daher kenne ich sie. Wahrscheinlich startet gleich das Flugzeug und dann wird es wahnsinnig laut hier. Die beiden Mädels sind schlau, die wissen, dass hier sehr viele Maschinen starten und landen. Deshalb Ohropax. Oder vielleicht haben sie es gemacht wie der alte Odysseus, der hat Bienenwachs genommen, damit er das komische Gejaule der Sirenen nicht hören musste. Wie hießen die noch? Skylla und Charybdis, richtig, da fällt es mir wieder ein. Völlig verblödet kann ich also nicht sein, wenn ich Homer noch kenne. Ist ja auch egal. Ich bin heute nicht der Captain. Wenn ich nicht selbst fliegen muss, dann schlafe ich jetzt ein bisschen. Gute Nacht, meine geliebte Kimberly. Gute Nacht, du Ohropax-Frau aus Tegel.

Vivi sagt, dass ich jetzt gehen muss.

»Herr Hagen wird sicher etwas schlafen. Zehn Minuten sind nach so einer langen Zeit im Koma wie ein Marathon. Um achtzehn Uhr, zur zweiten Besuchszeit, kannst du gern wieder hier sein.« Ich schaue zu Clemens, der exakt in der Sekunde eingeschlafen ist. Seine Hand liegt auf meiner.

»Ich bin gleich wieder da«, flüstere ich ihm ins Ohr. Ich küsse seine Stirn und bin so glücklich und dankbar. Es ist unfassbar, aber wahr: Clemens ist zurück. Ich könnte vor Glück weinen – und tue das auch.

Nach zwei Stunden, zwei Pfefferminztees und einem kurzen Austausch mit der strenggläubigen Svetlana (»Ich hab's immer gewusst: Beten ist eine noch bessere Medizin als Wodka!«) in der »Besserung«, betrete ich Clemens' Zimmer. Er schläft, nebenan bei Sabrinas Mutter stehen zwei Ärzte, die ich nicht kenne. Vivi kommt herein und erklärt mir, dass Frau Schachner, also Sabrinas Mutter, gestorben ist.

»Oh nein!« Ich schaue zu ihr rüber. Sie sieht friedlich schlafend wie immer aus. Dass sie eben gestorben ist, ist ihr nicht anzusehen.

»Ihre Familie weiß es noch nicht«, fährt Vivi fort. »Tut mir leid, also für dich und euch. Das wird gleich ziemlich heftig werden.« Das Timing ist tatsächlich irre. Gerade als es Clemens endlich besser geht, stirbt seine Zimmernachbarin. Die Ärzte gehen raus, Vivi folgt ihnen. Schon wieder habe ich sie nicht nach ihrem bevorstehenden Bruno-Date gefragt. Zwischen

Leben und Tod ist es echt schwer, einen guten Zeitpunkt für Liebesthemen zu finden. Tja, und da stehe ich nun. Allein zwischen dem schlafenden Clemens und der toten Sabrina-Mutter. Ich war noch nie mit einer Toten in einem Zimmer. Irgendwie sehr unheimlich. Draußen auf dem Gang sind plötzlich laute Stimmen zu hören. Geschrei. Weinen. In dem Moment öffnet Clemens seine Augen. Er sieht sich panisch im eher dunklen Zimmer um.

»Hey, mein Schatz!«, rufe ich. Er dreht sich langsam zu mir. Seine Hände sind nicht fixiert, nur der Pulsmesser steckt auf seiner Zeigefingerspitze. Er lächelt kurz, wirkt verwirrt. »Du bist in Gutsing, Clemens, in der Nähe von München«, fange ich an. »Weißt du noch, als wir von Berlin hergeflogen sind? Da sind furchtbare Sachen passiert. Du hattest eine innere Blutung …« In dem Moment stürmen Sabrina und ihre Schwester ins Zimmer. Vorbei an Clemens, der sie ratlos beobachtet, ans Bett zu ihrer toten Mutter. Wie in Zeitlupe dreht Clemens seinen Kopf zu den trauernden Schwestern.

»Mamaaa!«, schreit Sabrina weinend. »Mamaaa!« Ihre Stimme geht durch Mark und Bein. Es ist schrecklich mit anzusehen und anzuhören. Clemens dreht sich nun fragend zu mir, bewegt seinen Mund. Ich versuche, ihm schonend zu erklären, was los ist. Immer wieder reckt er seinen Kopf in die Höhe, versucht, sich am Bettgitter hochzuhangeln und hinzusetzen. Neugierig schaut er zur trauernden Sabrina. Ich versuche, ihn abzulenken.

Um Gottes willen, unser Flugzeug ist abgestürzt. Ich habe die Katastrophe gar nicht richtig mitbekommen. Meine Kimberly hat überlebt, das ist die Hauptsache. Sie sitzt ja neben mir. Ich hätte doch besser selbst fliegen sollen. Dann wäre es nicht so weit gekommen. Ich bin ein guter Pilot. Die Frau, die so schreit, weint sicher um eine

Angehörige, eine Passagierin, die beim Absturz ums Leben gekommen ist. Richtig, da liegt sie. Auf einer Bahre. Völlig regungslos. Furchtbar. Schrecklich. Aber wo sind die Flugzeugtrümmer? Wo die anderen Opfer? Hier sieht es so aufgeräumt aus. Vielleicht waren die Rettungskräfte schon da. Feuerwehr und Technisches Hilfswerk und so. Die haben ganze Arbeit geleistet. Zu dumm, dass es hier keine Fernseher gibt. Den Absturz würden sie sicher in den Nachrichten zeigen. Dann würde ich auch besser verstehen, warum die fremde Frau nebenan so laut weint.

Der Chef der Intensivstation betritt nun den Raum, sagt, es sei an der Zeit, Abschied zu nehmen. Clemens sieht Dr. Berger schockiert an, greift nach meiner Hand, drückt sie immer fester.

»Was ist los, Clemens?« Er bewegt seine Augen Richtung Intensivstationschef, spricht. »Versuch, lauter zu reden, bitte«, sage ich. Nach einigen Versuchen verstehe ich endlich, was Clemens mir mitteilen will.

»Mich! Will! Hier! Jemand! Umbringen!« Bitte?

»Nein, Clemens, da täuschst du dich. Du bist hier in einem Krankenhaus, hier will dich jeder nur retten.« Clemens gestikuliert jetzt wild. Er tut so, als hätte ich keine Ahnung. Was will er mir nur sagen? Es ist so schwer, ihn zu verstehen. Immer wieder sagt er ein Wort. Leise, aber mit Nachdruck.

»Todesangst.«

»Du hast Todesangst?« Er reißt die Augen weit auf, nickt mit dem Kopf.

»Wir … müssen … hier … weg.«

»Sobald du gesund bist, kannst du hier weg«, ermutige ich ihn. Er schüttelt den Kopf.

»Jetzt weg!« Er schaut mich flehend an. Die Todesangst ist ihm wirklich anzusehen.

»Das geht leider noch nicht. Hab etwas Geduld – und vor allem keine Angst!« Da geht der Chef der Intensivstation, Dr. Berger, an uns vorbei. Clemens zuckt bei seinem Anblick zusammen. Warum nur? Panik- und Angstattacken gehören wohl nach einer langen Zeit im Koma dazu. Aber wovor hat Clemens solche Angst? »Du hast nur schlecht geträumt«, baue ich ihn weiter auf. »Glaub mir, hier passiert dir nichts!« Clemens scheint meinen Worten nicht zu glauben. Panisch dreht er seinen Kopf hin und her, sieht sich im Zimmer um.

Jetzt ist alles klar. Er ist hier. Uzi-Ulli, der gemeingefährliche Zuhälter aus Hamburg. Wahrscheinlich steckt er hinter dem Flugzeugabsturz. Es war sicher ein Anschlag mit einer Bombe. Uzi ist alles zuzutrauen. Ich glaube, dass er mich umbringen will, kaltmachen, um die Ecke bringen. Ich weiß zu viel. Das Massaker an den Albanern nach der Pokerpartie habe ich schließlich hautnah mitbekommen. Ich war Augenzeuge. Aber wenn Uzi hier ist, sind wir alle in Gefahr. Ich muss Kimberly warnen. Warum hört sie mir nicht zu? Hat sie immer noch das Ohropax aus Tegel in den Ohren? Ich schreie doch so laut ich kann. Versteht denn kein Mensch außer mir die Bedrohung? Es ist zum Verzweifeln. Ich habe ja selbst eine Riesenangst. Wenn ich doch nur aufstehen könnte. Ich würde uns gegen Uzi verteidigen. Aber ich bin zu schwach. Wahrscheinlich habe ich den Absturz doch nicht völlig unbeschadet überstanden. Mein Körper schmerzt überall. So kann ich nicht gegen Uzi antreten. Auf gar keinen Fall.

Sabrina und ihre Schwester kommen an unser Bett.

»Es tut mir so wahnsinnig leid«, sage ich und nehme Sabrina in den Arm. Ihre Schwester verlässt den Raum, Sabrina bleibt noch kurz stehen und weint. Clemens sieht sie an, nickt ihr mit dem Kopf zu, möchte wohl irgendwie sein Beileid ausdrücken. Aber versteht er überhaupt, was los ist? Wo er ist? Oder ist er eigentlich noch in einer Traumwelt? Das muss diese sagenumwobene Aufwachphase sein, dämmert es mir.

Sabrina sagt: »Die Mama wollte halt nicht mehr. Sie war ja immer gegen diese ganzen Maschinen. Sie hat ihren Willen durchgesetzt. Eigentlich müsste ich stolz auf sie sein. Sie hat sogar ihren Tod selbst bestimmt ...« Clemens beobachtet uns, versucht wieder, zu sprechen. »Sie, Herr Hagen«, meint Sabrina schließlich, »Sie sind ein wilder Hund!« Clemens versteht nicht ganz.

Ich sage für ihn: »Absolut! Clemens ist so tapfer. Er hat sich zurückgekämpft!«

»Für Sie, Herr Hagen.« Sabrina legt ihm den weißen Porzellanengel aufs Bett. »Er hat der Mama und uns allen immer Glück gebracht, 85 Jahre lang hat er uns beschützt. Wir brauchen ihn jetzt nicht mehr. Es ist an der Zeit, dass er nun auf Sie aufpasst.«

Clemens schaut noch verwirrter.

»Vielen Dank«, sage ich und stupse Clemens an. Er lächelt jetzt breit und ziemlich übertrieben. Sabrina ringt sich ebenfalls ein kurzes Lächeln ab.

»Alles Gute!«, meint sie und verschwindet.

»Ganz viel Kraft!«, rufe ich ihr hinterher. Kaum ist sie weg, zeigt Clemens auf die Desinfektionsmittel auf dem Regal neben ihm.

»Was ist damit?«

»Gift!«

»Das ist kein Gift, das ist zum Desinfizieren.«

Ich weiß jetzt, wie Uzi sein grausiges Werk vollbringen will: mit Gift! Da steht doch die Flasche. Direkt vor Kimberlys Nase. Und sie checkt's nicht. Das darf nicht wahr sein. Sonst kombiniert sie doch immer messerscharf. Sie ist eine sehr gute Detektivin, sie bekommt alles raus. Nur jetzt nicht. Aber jetzt geht es um unser aller Leben. Gift ist genau Uzis Stil. Heimlich, still und leise, ohne großes Aufsehen. Plötzlich sind wir alle tot und Uzi ist weg. Er muss gestoppt werden. Kimberly muss sich eine Pistole besorgen. Dann kann sie den feigen Giftmischer einfach über den Haufen schießen. Das mit der Pistole muss ich ihr jetzt sagen. Unbedingt. Kimberly! Pistole! Pistooole!

Vivi kommt herein. Wieder zuckt Clemens zusammen.

»Er hat ziemliche Panik«, sage ich. »Und große Angst.«

Vivi geht zur toten Sabrina-Mama, schiebt das Bett Richtung Ausgang und meint: »Das ist leider nicht ungewöhnlich. Aber das wird schon.«

»Findest du deinen Job nicht ziemlich krass, Vivi?«

»Ach, der eine kommt zurück, die andere stirbt. So ist das nun mal.«

Clemens bewegt seinen Mund, gestikuliert wild. Nur das Wort »Pistole« höre ich ihn immer wieder sagen.

»Hm, na ja«, antworte ich Vivi. Mehr fällt mir dazu gerade nicht ein. Die letzten Minuten haben mich ziemlich mitgenommen. Dazu diese schlimme Todesangst, die Clemens haben muss. Plötzlich versucht er, aufzustehen. Der Schlauch an seinem Hals, verbunden mit der Beatmungsmaschine, spannt sich. Die Geräte piepen laut.

»Ich fixiere ihn gleich«, meint Vivi noch. »Das ist sonst zu gefährlich so. Er hat noch nicht verstanden, wo er ist. Er muss mit uns kooperieren, darf uns nicht als Feind sehen. Solange er versucht, sich die Schläuche rauszureißen oder zu fliehen, müssen wir ihn vor sich selbst schützen.«

Als sie mit Sabrinas toter Mutter verschwindet, versuche ich noch mal eindringlich, Clemens zu erklären, wo er warum ist. Er hört mir zu, versucht immer wieder, zu widersprechen.

»Wenn du nicht nett zu denen hier bist, musst du noch länger bleiben. Sei lieb, dann kannst du schnell mit mir nach Hause.«

Er verdreht seine Augen, haut sich mit der linken Hand immer wieder gegen die Stirn, als würde ich nur Schwachsinn erzählen.

»Clemens, glaub mir, du bist hier in Sicherheit!«, sage ich ernst. »Du musst kooperieren, umso schneller kommst du raus. Versteh das bitte. Bitte!« Endlich nickt er und versteht es auch. Hoffentlich. Vivi kommt zurück und rollt einen Fernseher ins Zimmer.

»Wow«, meine ich. »Clemens, schau nur!« Er strahlt. Vivi fixiert ihn an den Händen. Seine Freude verschwindet abrupt, er versucht, sich zu wehren, und zieht an den Fixierungen.

»Clemens, bitte. Alle wollen dir nur helfen!«

Seine Aggression lässt nach, halbwegs freiwillig lässt er sich um die Hüfte festbinden.

»Ich will die Macht.«

»Okay, das ist doch ein Deal. Hier, bitte schön.« Ich nehme die Fernbedienung, die auf dem Fernseher liegt, und gebe sie ihm. Clemens nickt anerkennend.

Na, endlich. Wurde aber auch Zeit. Sie geben mir einen Fernseher. Jetzt kann ich Kimberly und den anderen Menschen hier die Bilder vom Flugzeugabsturz zeigen. Dann werden sie mir glauben. Die Sache mit der Bombe. Und auch den Rest. Und hoffentlich werden sie verstehen, wie gefährlich Uzi ist. Dass es jetzt höchste Zeit ist, etwas gegen den mordenden Zuhälter zu unternehmen. Dem ist doch alles egal, der ist absolut skrupellos. Läuft hier einfach mir nichts, dir nichts herum. Völlig unbehelligt. Schade, sie zeigen noch keine Bilder vom Absturz. Kommen sicher später in den Nachrichten. Dafür sehe ich einen Beitrag über Cowboys. Das ist gut. Die wissen, was man mit Typen wie Uzi macht. Teeren und federn. Oder am Galgen der Stadt aufhängen. Dann können sich alle Bürger vergewissern, dass der Schurke wirklich tot ist. Oder der Gute erschießt den Bösen mit seiner Pistole. Wie heißt das bevorzugte Modell der Sheriffs noch? Richtig, Peacemaker, Friedensstifter. Ein schöner Name für eine Handfeuerwaffe. Ja, im Wilden Westen, da war die Welt noch in Ordnung.

Dass Clemens die Fernbedienung falsch herum hält, merkt er gar nicht. Ich schalte manuell durch, während er glaubt, das mit der Fernbedienung hinzubekommen. Auf irgendeinem Sender läuft ein Western mit Clint Eastwood. Sein Gesicht hellt sich auf. Mit einem zufriedenen Schnaufen legt er die Fernbedienung aufs Bett, natürlich ohne sie loszulassen.

»Ist dir das gerade nicht zu, äh, wild?«, frage ich. Clemens schüttelt vehement den Kopf. Und tatsächlich: Das wilde Geballere scheint ihn zu beruhigen. Wahrscheinlich lenkt es ihn ab und vermittelt ihm quasi das Gefühl eines normalen Abends, der auch daheim stattfinden könnte. Nach einer Viertelstunde schläft Clemens ein. Hoffentlich hat er nicht wieder irgendwelche Albträume. Ich sitze noch eine weitere Stunde an seinem Bett, schaue lieber Clemens an als die Cowboys auf dem Bildschirm. Schweren Herzens muss ich schließlich gehen. Wie gern hätte ich Clemens mitgenommen.

Ich verlasse die Klinik, stapfe durch Schnee und Kälte über den kleinen Weg zum Parkplatz. Als ich im Auto sitze, fange ich an zu weinen. Hemmungslos. Eigentlich müsste ich nach den vergangenen Wochen keine Tränen mehr übrig haben, aber jetzt schießen sie mir nur so aus den Augen. Ich bin ein Damm auf zwei Beinen, bei dem wirklich alles bricht. Wie nennen das die Psychologen? Genau: Ich implodiere. Vor Glück. Dankbarkeit. Dass Clemens wieder da ist. Raus aus dem Koma, außer Lebensgefahr. Auch wenn mir das hier so optimistisch kein Arzt sagen würde, glaube ich fest daran. Natürlich liegt er auf der Intensivstation und die vielen Sorgen sind noch immer allgegenwärtig. Aber allein, dass er mich ansieht und erkennt, ist schon ein Wunder, nach all dem, was passiert ist. Was hatte ich für unfassbare Angst! Ständig habe ich versucht, sie zu verdrängen. Die vielen angestauten Gefühle brechen aus mir heraus. Es ist ein Angst-Glück-Befreiungs-Tränen-Mix. In der Sekunde ruft meine Mutter an.

»Hi, Mami …«, beginne ich und muss weinen.

»Oh, Mäuschen, was ist denn passiert?«

»Ein Wunder«, schluchze ich.

»Aber das ist doch toll!«, sagt sie. Ich nicke. »Mäuschen?«

Unter Tränen rufe ich: »Clemens ist zurück!« Jetzt höre ich auch sie schlucken, ihre Stimme vibriert.

»Wirklich?«

»Ja! Ja! Mami, ist das zu fassen!? Clemens ist wach! Ich bin so unendlich glücklich.«

»Gott sei Dank! Großartig!«, jubelt sie immer wieder. Ihre Worte tun gut. Ich habe das also doch nicht nur geträumt. Richtig glauben kann ich es trotzdem noch nicht. Es ist so surreal. Viel zu schön, um wahr zu sein.

14. Dezember, nachmittags

Ich hole mir noch eben eine Flasche Wasser aus der Küche, desinfiziere meine Hände und gehe zu Clemens. Je mehr er zu sich kommt, desto sympathischer wird mir die Intensivstation. Wäre man nicht von so viel Leid und Tod umgeben, könnte es auch eine große WG sein. Gut, eine ziemlich verrückte WG. Aber mit der Zeit fühle ich mich tatsächlich auf eine ungewöhnliche Art heimisch. Ich treffe auf Frau Dr. Maier-Blechschmid, erzähle stolz von Clemens' Fortschritten.

»Wir haben vorhin einen neurologischen Test mit ihm gemacht«, sagt sie direkt wie immer.

»Wieso das?«

»Er war sehr aggressiv und verstört. Als er in der Früh mit dem Aufsatz kurz sprechen konnte, erklärte er, dass wir alle bedroht werden.«

»Ja, er hat Todesangst. Das liegt sicher an den Albträumen, meinen Sie nicht?«

»Wir hatten befürchtet, dass es mit dem Sauerstoffverlust im Gehirn zusammenhängt. Als Folge des Bewusstseinsverlusts kurz nach der Einlieferung vor zwei Wochen.«

»Aber mich erkennt er, das ist doch ein gutes Zeichen!«, werfe ich ein.

»Das stimmt«, meint Frau Doktor. »Der Test hat auch keinen Nervenschaden belegen können. Sein verwirrter Zustand ist wohl die Konsequenz der starken Medikation während des künstlichen Komas.«

Erleichterung macht sich in mir breit. »Danke, Frau Dr. Maier-Blechschmid. Für alles. Clemens ist auf so einem tollen Weg. Sie haben ihn gerettet!« Spontan falle ich ihr um den Hals. Ich habe Tränen in den Augen.

Frau Dr. Maier-Blechschmid drückt mich an sich, streicht mir kurz über die Wange und sagt: »Sie sind eine tapfere Frau.« Sie räuspert sich und meint noch: »Hoffen wir, dass Herr Hagen sich seiner Situation langsam bewusst wird. Er ist leider noch sehr verwirrt. Wir haben ihm ein paar Tabletten gegen seine Albträume gegeben.«

Was ist das? Ein Licht, so hell! So sehr hell! Wollen sie mich blenden? Warum denn das? Was habe ich verbrochen? Oder bin ich wieder auf der anderen Seite? Das helle Licht habe ich jedenfalls schon einmal gesehen. Ganz sicher. Da traf ich meine Eltern. Ich schließe die Augen. Ja, da sind sie wieder, meine Eltern. Meine Mutter sitzt am Esszimmertisch und raucht eine Zigarette. Hektisch, schnell, saugt sie den Rauch ein, so wie es nun mal ihre Art ist. Sie sieht mich verärgert an. Mein Vater steht neben ihr, die eine Hand um ihre Schulter gelegt, mit der anderen hält er ein dickes Buch. Ich glaube, es ist die Wallenstein-Biografie von Golo Mann, wirklich ein mächtig fetter Schinken mit über eintausend Seiten. Mein Vater sieht mich mitfühlend an. Er kann gar nicht böse schauen. Nie. Das kenne ich nur von meinem Vater, von keinem anderen Menschen.

Meine Mutter sagt: »Junge, wir haben dich gesehen. Vorhin in Schwabing auf der Leopoldstraße. Da sind wir aneinander vorbeigefahren.«

Ich sage: »Das kann nicht sein, Mama. Ich war doch in Starnberg in der Schule.«

»Nein, du warst nicht in der Schule, du hast schon wieder blaugemacht.« Ich weiß, dass weiteres Lügen und Abstreiten keinen Sinn hat. Sie haben mich zum ersten Mal in flagranti erwischt, mich, den ungekrönten König der Blaumacher. Ich überlege kurz, wie ich meinem Direktor erklären werde, dass ich seine Lehranstalt drei Wochen am Stück nicht habe besuchen können. Ich grinse. Meine Mutter will jetzt losschimpfen, ich weiß es. Aber mein Vater kommt ihr zuvor und sagt: »Komm, Frau Hase, lass uns erst mal Mittag essen.«

Frau Hase, so nennt mein Vater meine Mutter liebevoll, geht in die Küche, nein, sie stampft in die Küche. Mein Vater sieht mich an. Er lächelt. Ich öffne die Augen. Kimberly steht vor mir.

»Hallo, du Schönster«, begrüße ich Clemens, der gerade aufwacht. Er lächelt mich an, keine Spur von Verwirrung. »Wie fühlst du dich? Hast du irgendwelche Schmerzen?« Er schüttelt den Kopf, rutscht auf dem Bett zur Seite, winkt mir mit seiner fixierten Hand zu.

»Komm zu mir«, glaube ich ihn zu verstehen. Ich setze mich auf sein Bett.

»Hinlegen kann ich mich leider nicht«, sage ich. »Wegen deiner ganzen Schläuche und Kanülen, da darf nichts verrutschen.« Clemens hebt vorsichtig seine Bettdecke, sieht seinen ausgemergelten und von zig Blutergüssen übersäten Körper. Er hat eine giftgrüne Windel an.

»Borat-Style.« Er prustet plötzlich los. Ich lache mit. Wenn er schon Witze über seine Windel macht und sich sogar an die Comedy-Figur Borat erinnert, wie verwirrt kann er da noch sein? Er scheint immer mehr in der Wirklichkeit anzukommen. Nur wenn jemand an seinem Zimmer vorbeigeht, schreckt er hoch, schaut plötzlich panisch und verängstigt. Ich berichte ihm, was in den letzten zwei Wochen so alles passiert ist.

»Das hast du mir doch alles schon erzählt.« Ich bin baff. Wie bitte? Natürlich habe ich ihm das alles erzählt, aber da lag er im Koma. Hat sein Unterbewusstsein alles oder zumindest einiges mitbekommen? Bevor ich darüber weiter nachdenken kann, sagt er wieder etwas. Ich werde immer besser mit dem Lippenablesen.

»Mich will der … umbringen!«

»Wer will dich umbringen?« Immer wieder sagt er einen Namen. Ich verstehe nicht. Irgendwas mit i am Ende. Die Beatmungsmaschine piept lauter und lauter. »Beruhige dich, Clemens«, rufe ich. Ein mir unbekannter Pfleger stürmt herein.

»Herr Hagen, nicht aufregen.« Natürlich regt sich Clemens nun noch mehr auf.

»Er fühlt sich bedroht«, erkläre ich. »Er hat große Angst, dass ihn jemand umbringen will.«

»So, so«, antwortet der Pfleger. »Es gibt kaum einen sichereren Ort als die Intensivstation.«

»Hörst du, Clemens. Du bist hier total sicher!«

Meine Eltern sind wieder weggegangen. Wo sie wohl hin sind? Ich sitze jetzt allein am Esstisch und blicke durch das große Fenster auf unsere Terrasse und den Garten. Ich liebe unser Haus. Es ist der sicherste Platz auf der ganzen Welt. Nie ist mir hier etwas Schlimmes passiert. Nie! Immer waren meine Eltern da und haben auf mich aufgepasst, mich beschützt.

Ich höre eine tiefe Stimme aus der Küche: »Clemens, Cleeemens, ich bin's, dein Chucky. Überrascht, mich hier zu sehen? Sicher bist du überrascht. Aber ich bin immer da, wo du auch bist. Ich bin du. Ich bin deine Angst, deine Urangst vor allem Bösen.« Ich kann es nicht fassen. Chucky ist in meinem Elternhaus. Wohin ich mich auch verkrieche, er findet mich. Oder ist er immer schon vor mir da? Egal. Meine Angst vor Chucky wird immer größer. Wird er mich für immer begleiten? Von nun an stets an meiner Seite sein? Mir Schmerzen zufügen? Selbst meine Träume beherrschen? Das darf nicht sein. Ich wehre mich gegen Chucky. Ich schreie meine Angst heraus. Hört mich jemand? Ah, gut, Kimberly ist da.

Clemens schaut nach wie vor sehr skeptisch, aber nicht mehr panisch. Das Piepen wird leiser, der Pfleger goutiert das mit einem »Sehr gut« und geht wieder weg.

»Clemens, du bist in der Gutsinger Klinik. Das musst du verstehen und auch akzeptieren. Je mehr du dich dagegen wehrst, desto länger musst du hierbleiben. Verstehst du das? Bitte! Das willst du doch nicht. Sei freundlich zu allen und umso schneller kommst du hier raus und wir sind wieder rund um die Uhr zusammen. Okay?«

»Okay.«

Mit einem Mal wirkt er sehr nachdenklich. Er sieht sich in Zimmer 13 um.

»Da ist kein Gift und auch niemand, der dich umbringen will. Du warst im Koma, damit sich dein Körper erholt. Das waren alles nur böse Träume. Du hast schlimme Dinge erlebt und überlebt, du musst keine Angst mehr haben.« Mit einem Finger zeigt er auf die Fixierungen.

»Mach sie ab.«

»Und du drehst nicht durch?« Er schüttelt den Kopf.

»Wirklich?« Er nickt. »Keine Schläuche rausreißen!« Wie ein Unschuldsengel sieht er mich an. Also gut. Ich will ihm vertrauen und mache die Fixierungen ab. Er greift nach meinen Händen, legt sie auf seinen Bauch und schließt die Augen.

Es ist schon Abend, die Besuchszeit längst vorbei. Noch immer hält Clemens meine Hände fest. Ich will ihn nicht aufwecken, aber noch weniger möchte ich gehen und ihn so unfixiert zurücklassen. Leider weiß ich nicht, wie sich diese weißen Fesseln schließen lassen. Ich ziehe meine Hände ganz behutsam von Clemens weg. Er merkt nichts, schläft weiter. Auf Zehenspitzen gehe ich auf den Gang. Niemand da. Ich drehe mich noch mal zu Clemens um, der tief schlummert, und suche die Zimmer nach einer Schwester ab. In Zimmer 6 sehe ich endlich eine.

»Die Besuchszeit ist längst vorbei«, mahnt sie.

»Ich weiß, sorry, ich bin schon am Gehen. Aber Clemens, also, der Herr Hagen, muss noch fixiert werden. Ich weiß nicht, wie das geht. Könnten Sie bitte …?«

»Ich mach das gleich! Aber Sie gehen jetzt!« Ich verabschiede mich von ihr, schaue noch mal kurz zu Clemens – und erschrecke. Er ist wach, halbnackt und will offensichtlich fliehen. Ein Bein hängt schon über die Bettkante.

Warum? Warum lässt mich Kimberly allein? Allein mit Chucky. Gerade war doch noch alles gut. Jetzt hat sie mich alleingelassen. Schon wieder. Natürlich erscheint dann der verflixte Chucky sofort wieder auf der Bildfläche. Auch meine Eltern sind weg. Hoffentlich treffe ich sie hier noch einmal. Aber jetzt muss ich raus hier. Unbedingt und sofort. Wo bin ich eigentlich? Ich habe jedenfalls keine Kraft mehr für weitere Kämpfe gegen Chucky. Ich habe mich müde gekämpft. Ich glaube, ich werde verrückt, wenn ich weiterkämpfen muss. Ich laufe jetzt los, bloß raus aus diesem Gefängnis. Mich hält niemand mehr auf.

»Clemens«, rufe ich. »Was tust du?«

Er redet vor sich hin, was ich verstehe, ist »lass mich«.

»Nein, ich lass dich nicht abhauen. Schon gar nicht in deiner Borat-Unterhose. Draußen ist tiefer Winter, willst du etwa erfrieren? Nach all dem, was du überstanden hast? Das wäre mehr als bescheuert.«

»Nimm mich mit, bitte.«

Da erscheint die Schwester. »Ich würde auch flüchten wollen«, kommentiert sie den Fluchtversuch pragmatisch. Clemens bekommt das prompt in den falschen Hals, glaubt, endlich eine Verbündete zu haben, die ihn versteht. Mit großen Augen starrt er sie an.

»Der wird uns erschießen.«

»Erschießen?«

»Naaa«, meint die Schwester. »Mit einer Pistole rennt hier niemand rum.« Clemens gestikuliert noch kurz, ist aber doch ziemlich erschöpft.

Ich kann nicht mehr. Keiner versteht mich. Dabei ist die Gefahr so groß. Für alle hier.

15. Dezember, nachmittags

Vor Zimmer 13 herrscht Aufregung. Trubel. Ärzte. Schwestern, Stimmengewirr, lautes Piepen. Hilfe, was ist los?

»Herr Hagen hat ein Messer!«, erklärt mir Schwester Edda.

»Ein Messer?« Ich strecke meinen Kopf Richtung Clemens, der gerade in sein Bett gelegt wird. »Wie geht das denn?«, frage ich.

»Ist uns auch unbegreiflich. Als ich gerade zu ihm wollte, kniete er in seiner Unterhose auf dem Boden und hielt ein Messer in der Hand.«

»Hat er Sie bedroht?«

»Zum Glück nicht. Sonst müsste er in die Psychiatrie. Er hat mich nicht bedroht, sondern wollte uns alle retten. Vor irgendeinem Feind.«

»Aber woher hatte er das Messer?«

»Er muss es von einem Frühstückstablett geklaut haben«, meint Schwester Edda. »Er hatte es unter seinem Kopfkissen versteckt und vorhin gezückt. Obwohl er die meiste Zeit fixiert ist. Rätselhaft. Ich hab das hier in zwanzig Jahren noch nie erlebt.«

»Tut mir leid, auch in seinem Namen«, antworte ich.

»Schon gut. Ist ja nichts passiert.« Kopfschüttelnd, aber auch auf gewisse Weise leicht amüsiert geht sie weg.

Dr. Berger, Chef der Intensivstation, sagt im Vorbeigehen: »Herr Hagen ist schon ein äußerst ungewöhnlicher Patient.«

»Ich werte das mal als Kompliment«, entgegne ich. Er schmunzelt kurz. Die Aufregung legt sich, ich begrüße Clemens, der mich wie ein Unschuldslämmchen anschaut.

Uzi war hier mit seiner Maschinenpistole. Keiner hat die Gefahr erkannt. Nur ich allein. Aber ich habe uns verteidigt. Heldenhaft.

Dabei hatte ich nur ein Messer als Waffe. Ein Messer gegen eine Maschinenpistole. Eigentlich verdiene ich einen Orden. Ich habe Uzi-Ulli in die Flucht geschlagen. Aber wie ich den Laden hier kenne, schimpfen sie mich jetzt wieder, anstatt mich zu loben. Dann binden sie mich sicher wieder fest und ich kann uns nicht mehr verteidigen. Vielleicht kommt Uzi ja wieder. Wer weiß?

»Du machst Sachen, Clemens!« Er lächelt fast ein bisschen stolz. »Klaust einfach ein Messer und willst alle Schwestern retten. Vor wem denn?« Er bewegt seinen Mund, ich verstehe »Uzi« und »Ulli«.

»Wer sind Uzi und Ulli?« Immer wieder redet er, fuchtelt mit den Armen, die erstaunlicherweise nicht fixiert sind. »Wer auch immer die sind, sie sind nicht hier«, erkläre ich und hole mir einen Stuhl. Clemens verdreht nur die Augen.

»Bitte, mein Liebling, klau kein Messer mehr. Du bist doch kein Freak. Und diese Aktion kommt schon ziemlich verrückt rüber. Sei lieb zu allen oder willst du hier noch mal zwei Wochen sein?« Mit großen Augen schaut mich Clemens nun an. »Ja, du warst zwei Wochen im künstlichen Koma.«

Er erschrickt. »Echt? Hab ich gar nicht mitgekriegt.«

»Ganz echt. Aber du hast diese Zeit gebraucht, also dein Körper. Er musste sich von den vielen Sachen erholen. Von der Blutung in der Speiseröhre …«

Was redet die Kimberly denn da für einen Quatsch? Ich im Koma? Niemals! Ich habe schreckliche Qualen über mich ergehen lassen müssen. Ich habe die verrücktesten Verfolgungsjagden hinter mir. Ich hatte einen ganz schlimmen Autounfall. Ich habe Kimberly an einen Radiomoderator verloren und zurückgewonnen. Und Chucky hat mich angeschossen. Er hat oft auf mich gefeuert und drei Kugeln haben mich getroffen. Diese ganzen furchtbaren Dinge sind passiert.

Das ist sonnenklar. Es ist ein Wunder, dass ich noch am Leben bin. Nur Kimberly hält mich jetzt anscheinend für völlig durchgeknallt. Aber ich werd's ihr schon verständlich machen. Getroffen! Getroffen! Von Kugeln! Verstehst du?

Mit seiner Hand formt er eine Pistole, ballert erst in der Luft rum und zeigt dann auf die Stellen seines Körpers, wo er angeblich getroffen wurde. Er ist fest davon überzeugt, was er so erzählt. Wie kann ich ihm das nur ausreden?

»Du wurdest nicht angeschossen, Clemens.«

»Doch!«

»Nein!«

»Doch!«

So geht das hin und her. Beim Anblick seiner vielen Schläuche bin ich plötzlich heilfroh, dass er noch nicht mal versucht hat, die mit dem Messer zu durchtrennen. Nicht auszudenken. Er wäre sofort verblutet. Ich bekomme Angst. Natürlich ist er auf der Intensivstation sicher – nur vor sich selbst nicht. Die größte Bedrohung für Clemens ist Clemens.

»Mein Liebling, hör mir bitte zu.«

Er unterbricht seinen lautlosen Redeschwall und die Pistolen-Darbietung. In Ruhe und in aller Deutlichkeit berichte ich ihm seine Krankengeschichte. Ich schildere ihm jedes Detail, meine Ängste, alles. Dass er das Bewusstsein verloren hat, tot war, neun Minuten einfach weg.

»Neun Minuten sind eine Ewigkeit«, betone ich. Dass er irre viel Glück hatte und das auch langsam mal kapieren muss.

Aufmerksam hört er mir zu. Es scheint, als ob er Geschichten aus einer anderen Welt erzählt bekommt.

»Albträume gehören zum Koma leider dazu. Wichtig ist nur, dass du weißt, dass das alles Albträume waren. Irgendwelche Pistolen-Geschichten, dieser Uzi, dieser Ulli, die Sache mit dem

Gift – du hast das nur geträumt.« Ich sehe Clemens an, der jetzt plötzlich sehr nachdenklich wirkt. Dann reißt er an dem Katheter, zieht wütend und fluchend an ihm herum. »Hör auf, Clemens!« Die Aufwachphase sollte bei ihm umbenannt werden – in Aggrophase. Mit Aufwachen hat das hier kaum was zu tun. Clemens wütet an seinem Katheter herum, die Maschinen hinter ihm piepen, sein Puls steigt schnell. »Hast du mir überhaupt zugehört?« Keine Antwort. Je mehr Clemens am Katheter zieht, umso mehr verzieht er auch sein Gesicht. Ich rufe: »Hör auf!«

Wie pervers ist das denn? Jetzt haben sie mich an meinem Penis festgebunden. Aber die werden mich kennenlernen. Ich habe solche Schmerzen ertragen, da werde ich auch noch meinen Penis aus dem Gefängnis befreien können. Auch wenn's wirklich sehr wehtut.

Pfleger Bruno eilt ins Zimmer. »Was ist los?« Da sieht er schon Clemens und den Katheter. »Ach, herrje, das tut weh. Das würde ich an Ihrer Stelle nicht machen, Herr Hagen!«

»Er will hier raus«, sage ich.

»Alle wollen hier raus«, meint Bruno. »Wer bei Verstand ist, will hier keine Sekunde länger bleiben.«

»Wollen Sie ihn nicht lieber fixieren? Ich fürchte, man muss ihn vor sich selbst schützen!«

»Es wäre besser, wir müssten das nicht tun. Er sollte die Klinik nicht als Bedrohung sehen.«

»Da!« Clemens lässt den Katheter endlich los, zeigt auf Dr. Berger, der auf dem Gang vorbeiläuft. »Uzi-Ulli! Da! Der Zuhälter!«

Ich sehe ihn ratlos an.

»Was will er sagen?«, fragt Bruno.

»Ähm, ich glaube, er hält Dr. Berger für einen Zuhälter.«

Bruno sieht mich und Clemens nun perplex an. »Wirklich?« Clemens und ich nicken. »Hahaha! Das hab ich auch noch nie gehört. Super Geschichte«, kommentiert Bruno grinsend. Er lacht jetzt laut.

»Besser, Sie sagen das nicht Herrn Berger. Nicht, dass Clemens noch in die Psychiatrie muss!«

»Keine Sorge, ich behalte das für mich. Herr Hagen, Sie sind ein lustiger Vogel. Aber ziehen Sie nicht mehr an Ihrem Katheter rum, das bringt nichts und tut nur weh. Ich fixiere Sie jetzt nicht. Enttäuschen Sie uns nicht.« Clemens scheint sich mit Bruno anfreunden zu wollen. Übertrieben freundlich bedankt er sich, schüttelt seine Hand. Ich durchschaue ihn.

»Bruno wird dir bei deiner Flucht auch nicht helfen«, sage ich, als er den Raum verlassen hat. »Und Dr. Berger ist ein Arzt, kein Zuhälter.«

Clemens verdreht die Augen und winkt ab. Mir dämmert, dass er echt seltsame Träume gehabt haben muss.

Dieser Bruno ist ein kräftiger Bursche. Außerdem scheint er mir freundlich gesinnt. Das kann ich vielleicht ausnutzen. Wenn er zusammen mit Kimberly und mir ... also wir drei, wir könnten es schaffen. Die Flucht. Uns könnte sie gelingen. Mal sehen, ob ich diesen Bruno von meinem Plan überzeugen kann ...

Minuten später macht Clemens schon wieder Anstalten, aufstehen zu wollen.

»Clemens, bitte lass diese Fluchtversuche!«

»Will nicht flüchten.«

»Was dann?«

»Gehen wir eine rauchen!«

»Eine rauchen? Wie willst du denn rauchen? Du hast einen Luftröhrenschnitt. Einen L-U-F-T-R-Ö-H-R-E-N-S-C-H-N-I-T-T!«

Clemens winkt wieder ab. »Du hängst an einer Beatmungsmaschine, kannst kaum sprechen. Wie willst du rauchen? Durch den Hals? Na viel Spaß!« Langsam werde ich sauer. »Du bist hier auf der Intensivstation, wärst fast gestorben. Kapier das doch bitte!« Clemens greift nach meiner Hand. Jetzt ist er es, der mich beruhigen muss.

»Sorry.«

»Nein, mir tut's leid.« Ich bekomme ein schlechtes Gewissen. »Du bist so tapfer und so stark, ich will hier gar nicht rumzicken. Ich hab nur schreckliche Angst, dass jetzt was mit dir passiert, wo wir schon so viel überstanden haben. Verstehst du?« Clemens nickt. Wir küssen uns.

»Du bist kaum bei Kräften, ich will nicht, dass du ausrutschst oder so … Ich will einfach nur, dass du wieder ganz gesund wirst. Dass ich dich mit nach Hause nehmen kann.« Clemens fragt nach einem Spiegel. Ich krame in meiner Handtasche nach meiner Puderdose und gebe sie ihm. Mit zittrigen Händen schaut er sich in dem kleinen Spiegel an.

»Oh.« Dann begutachtet er seinen dürren Oberkörper, die Kanülen und blauen Flecken. »Oh, oh.«

»Ja, genau: Oh!« Endlich sieht er den Tatsachen ins Auge.

Mannomann, die haben mich ganz schön zugerichtet. Du bist kein hübscher Anblick, Hagen. Aber kein Wunder, dass ich über und über mit Folterspuren übersät bin. Nach all dem. Ob das jemals wieder richtig verheilt? Wenn's dumm läuft, bleibe ich für immer gezeichnet. Und in Sicherheit bin ich ja noch längst nicht. Erst wenn die Flucht gelingt. Wo ist dieser Bruno jetzt schon wieder hin?

16. Dezember, morgens

Ich schlürfe meinen Espresso, schreibe eine SMS an Sascha: »Clemens ist zurück!!!« Prompt piept mein Handy. Sascha hat mir ein Bild aus seinem Thailand-Urlaub geschickt. Er sitzt zwischen zwei Bikini-Mädels an einer Strandbar, prostet mit einem überdimensionalen Cocktail in die Kamera. »Auf Clemi«, hat er dazugeschrieben. »Schöne Grüße von mir und meinen zwei neuen Seelenverwandten.«

Ich muss lachen – und antworte: »Bussi back vom Vorzeigepatienten!« Da klingelt mein Handy. Gutsing ruft an. Bei der Nummer bekomme ich jedes Mal Gänsehaut.

»Ich bin's, Vivi«, höre ich die Stimme meiner Lieblingsschwester.

»Bitte sag mir, dass nichts Schlimmes mit Clemens ist.«

»Es ist nichts Schlimmes mit ihm.« Ich bin erleichtert. »Er isst nur nichts. Dr. Wagner meinte, ich solle dich anrufen, damit du ihm vielleicht ein Joghurt oder so mitbringst, was er besonders gern mag.«

»Klar, mach ich.«

»Er hat stark an Gewicht verloren, will keinen Brei essen. Aber er kann sich nicht von null Kalorien ernähren.«

»Nein, natürlich nicht. Kann ich ihm auch Cola mitbringen? Er liebt Cola!«

»Gute Frage, ich klär das gleich. Nicht, dass er dann nicht schlafen kann.«

»Ach, Clemens trinkt immer Cola. Nachts, morgens. Ihm tut das sicher gut. Wie war eigentlich euer Date?«

»Äh, ich kann hier grad nicht so reden.«

»Sag einfach nur: Toll oder nicht toll?«

»Halb toll.«

»Wie geht denn das?«

»Ich erzähl's dir später.«

»Da bin ich ja gespannt. Was macht Clemens? Neue Fluchtversuche oder Messerattacken?«

»Nee, der ist ganz zahm und schaut fern. Skispringen. Macht einen guten Eindruck. Ich hab ihn vorhin zum ersten Mal gebadet, er war überhaupt nicht aggressiv oder so.«

»Prima, bis später. Richte ihm tausend Küsse aus – und dass ich ihn liebe.«

Skispringen. Im Fernsehen zeigen sie Skispringen. Wie lustig. Ich kannte mal einen Typen in Hamburg, der hat immer Jens Weißflog nachgemacht. Also in der Kneipe. Der ganze Laden hat gebrüllt: »Wir wollen den Jens! Wir wollen den Jens!« Dann ist der Kerl auf den Tresen geklettert, hat den Anlauf nachgemacht, ist gesprungen und mit ausgebreiteten Armen in perfektem Telemark auf dem Kneipenboden gelandet. Später gab er fiktive Interviews in entzückendem sächsischem Dialekt. Gott, was haben wir gelacht. Aber das ist lange her. Von den aktuellen Skispringern kenne ich keinen mehr. Die sind sicher auch nicht mehr so lustig wie Jens Weißflog. Trotzdem beruhigt mich der Fernseher irgendwie. Ich fühle mich nicht so allein. Außer mir ist niemand hier. Ich blicke aus dem Fenster, sehe Schnee. Klar, es läuft ja auch Skispringen. Muss also Winter sein. Hagen, du bist ein Genie. Was mich nervt, ist das Gepiepe. Ach so, ich bin in der Klinik. Diese blöden Apparate. Aber schlau von mir, dass ich im Winter krank geworden bin. Viel besser als im Sommer. Wo ist denn jetzt meine Kimberly? Ich bekomme so schlecht Luft. Der Chucky hat mich doch schon mal ins Wasser geworfen. Da bin ich ertrunken. Oder doch nicht? Jedenfalls habe ich unter Wasser auch so schlimme Atemprobleme gehabt.

Ich verlasse den Gutsinger Supermarkt mit unzähligen Joghurts. Vanille, Banane, Schoko – alle von Clemens' Lieblingsmarke. Dazu noch Käsekuchen, Cola, Erdbeer-Shakes, Frischkäse, Tomatenmark und Toastbrot. Vorm Eingang treffe ich Julia. Wir begrüßen uns herzlich. »Schön, dich zu sehen. Wie geht's Clemens?«

»Immer besser!«, antworte ich strahlend. Es macht so viel Freude, das sagen zu können. Ihn nicht mehr im Koma zu wissen. Nicht mehr diese entsetzlichen Ängste haben zu müssen. Sondern dafür: Hoffnung und Bestätigung. Bestätigung, dass es immer richtig war, zu hoffen und optimistisch zu sein. »Und Felix?«

»Immer schlechter.«

»Verflixt, wieso?«

»Er ist ja jetzt wieder zu Hause. Aber er wacht jede Nacht schweißgebadet auf, hat Angst, aber ich weiß nicht, vor was oder vor wem. Tagsüber sitzt er nur im dunklen Zimmer. Will nicht mal raus oder reden. Er will gar nichts. Wenn er mal was sagt, berichtet er nur von seinen seltsamen Träumen. Dass da so viele Menschen um ihn herum waren, alle haben geredet, aber er konnte nichts sagen. Er hat sich nur ausgeschlossen und allein gefühlt. Seine ganze Fröhlichkeit von früher ist weg. Seit dem Koma ist er nur noch ein Häufchen Elend. Dr. Berger hat mir gesagt, dass es leider oft so ist, dass Koma-Patienten depressiv werden.«

»Scheiße. Vielleicht braucht er einfach noch etwas Zeit …«

»Dr. Berger meinte, dass die Depression auch für immer bleiben kann. Für immer! Was für eine Horror-Vorstellung.« Julia tritt gegen den eingeschneiten Fahrradständer vorm Supermarkt. »Es ist so verflucht ungerecht. Ich weiß nicht mehr weiter. Was soll ich mit Felix tun? Er ist ein anderer Mensch geworden. Wie soll ich mit ihm umgehen? Als er entlassen wurde, haben mir die Ärzte gesagt: Glückwunsch, Ihr Mann ist wieder gesund. Aber das stimmt nicht. Er ist nicht gesund. Es geht ihm schlechter als je zuvor.«

»Wie wäre es mit Reha?«

»Keine Ahnung. Nächste Woche gehe ich noch mal mit Felix in die Klinik. Sie sollen ihn durchchecken.«

»Bleib stark, Julia. Und wenn ich dir irgendwie helfen kann, sag Bescheid. Hier, ich geb dir mal meine Handynummer.«

Während sie die Nummer einspeichert, meint sie: »Du hast doch selbst genug um die Ohren.«

»Ruf trotzdem an, wenn du was brauchst oder reden willst.«

»Pass bloß auf, darauf komm ich bestimmt zurück.«

Wir verabschieden uns und ich denke über Felix nach. Seine Depression, das Koma, was es mit den Menschen anstellt. Mit Clemens. Minuten später bin ich bei Clemens. Der Fernseher läuft, er döst, wird aber gleich wach.

»Wer sind Sie?« Seine Stimme klingt lauter und deutlicher als sonst. Er sieht mich verstört an. Ich fühle mich schlagartig, als würde mir jemand den Boden unter den Füßen wegziehen.

»Clemens, Liebster, ich bin's doch!«

Er sieht mich mit großen Augen und einem noch größeren Fragezeichen darin an. Ich bekomme Angst. Dann grinst er plötzlich.

»War nur ein Scherz! Schön, dass du endlich da bist.«

»Uff! Clemens! Bitte mach das nie wieder!« Er lacht, mir fällt ein Stein vom Herzen. »Du kannst ja richtig gut reden heute!«

»Von wegen. Du verstehst mich endlich mal.«

»Liegt an dem Mundaufsatz«, meine ich und zeige auf seinen Hals.

»Ich schau ganz schön komisch aus, oder?«

»Clemens, du schaust super aus! Hast du gut geträumt?«

»Ja, von dir. Zum Glück.«

»Gott sei Dank. Ich hab dir übrigens was mitgebracht.«

»Zigaretten?«

»Nein.«

»Alkohol?«

»Clemens!«

»So ein Whiskey würde jetzt bestimmt richtig knallen.«

»Du bist echt der verrückteste Patient aller Zeiten.« Ich freue mich, dass er schon wieder Witze machen kann, und zeige ihm die Joghurts. »Magst du Vanille?«

»Lieber wäre mir ein Steak. Oder ein Burger.« Ich nehme den Plastiklöffel von dem Tablett, das neben ihm auf dem Regal steht. Seinen Brei hat er nicht angerührt.

»Du musst was essen, Clemens.«

»Das Essen schmeckt beschissen. Nach nichts.«

»Du bist auch in einer Klinik, nicht in einem Drei-Sterne-Lokal.«

»Schade eigentlich.« Da fällt mir ein, dass er mit dem Mundaufsatz zwar besser reden, aber nicht essen kann. Ich erkläre ihm das Problem. »Egal, ich hab eh keinen Hunger. Reden ist ja auch schön. Wer hätte gedacht, dass ich das als Mann mal sagen würde? So weit ist es schon mit mir gekommen.« Clemens lächelt wieder. Ich bin ganz begeistert, so einen tollen, klaren Eindruck macht er. Plötzlich hustet er los.

»Aber das Reden ist anstrengend«, höre ich ihn noch sagen. Dann hustet er wieder. Pfleger Bruno betritt das Zimmer.

»Zeit zum Entschleimen, Herr Hagen?«

Puh, jetzt schiebt mir der Kerl gleich wieder dieses Staubsaugerrohr in den Rachen. Mag ich ja eigentlich überhaupt nicht, das Gefühl. Nicht, dass es nicht auch nette Staubsauger gäbe. Kimberly hat mir gerade einen geschenkt. Der heißt Dirt Devil, ist so silber, schwarz und grün und sieht total aggressiv aus. Wie ein Kawasaki-Motorrad. Einen Dirt Devil haben die im Krankenhaus sicher nicht. Schade. Aber der Devil wäre vermutlich auch zu stark. Der würde meine ganze Lunge raussaugen, nicht nur diesen widerlichen Eiter.

Clemens hustet, ich frage: »Entschleimen?«

Bruno holt einen dünnen Schlauch und erklärt: »Er hat viel Eiter in der Lunge – und der muss weg. Herr Hagen, das ist jetzt kurz etwas schmerzhaft ...« Bruno nimmt den Luftröhrenaufsatz weg und saugt eine gelbe Flüssigkeit aus Clemens' Hals. Ich drücke seine Hand, er wirkt sehr angestrengt und atmet laut und hektisch.

»So, fertig«, meint Bruno. Clemens hustet kurz, eine Ladung Schleim schießt noch aus seinem offenen Hals auf die Bettdecke.

»Mahlzeit«, kommentiert Bruno. Und fragt: »Besser jetzt?« Clemens nickt und lächelt befreit. Bruno werkelt an dem Luftröhrenschnitt herum und meint, ich könne Clemens nun mit dem Joghurt füttern. Bevor ich das tue, will ich ihm noch sein Geschenk geben. Ich habe ihm ein kleines Glücksschwein mitgebracht. Eins von diesen kleinen rosa Plastikdingern, die es immer zu Silvester gibt. Ich hole es aus meiner Handtasche: »Weil du so viel Schwein gehabt hast!«

Jetzt zeigt mir Kimberly ein Schwein, was für eine tolle Überraschung. Doch kein langweiliges Joghurt. Kimberly sagt wieder etwas. Ich verstehe nicht, es ist zu anstrengend, immer zuzuhören. Auch meine Augen werden schwer. Egal. Kimberly, wie süß von ihr, hat mir einen Imbiss mitgebracht. Das Schwein duftet ganz wunderbar. Ich werde es noch schnell essen und dann eine Runde schlafen.

Ich traue meinen Augen nicht. Clemens greift nach dem kleinen Plastikschwein und beißt rein!

»Stopp!«, rufe ich. Nicht, dass er sich an dem Schweinekopf verschluckt, seine Speiseröhre muss ja noch richtig verheilen. So ganz klar ist er dann wohl doch noch nicht im Kopf. »Das ist ein Plastikschwein, ein Glücksbringer. Nichts zu essen.« Clemens reagiert enttäuscht, richtig traurig sieht er aus. »Du wirst bald schon ein richtiges Schwein essen können«, muntere ich ihn auf. Bevor es so weit ist, nehme ich ihm das geköpfte Plastikschwein ab und stelle es weit weg in Sicherheit.

Ist Kimberly verrückt geworden in meiner Abwesenheit? Ich bin verärgert. Warum bringt sie mir etwas zu essen mit, wenn ich es dann nicht essen darf? Frauenlogik. Wenn sie mir schon ein Willkommensgeschenk macht, dann doch bitte etwas Sinnvolles. Oder will sie mir mit dem Schwein etwas sagen? Eine geheime Botschaft? Stimmt, jetzt, da ich länger darüber nachdenke, fällt es mir wieder ein. Schweine bringen Glück, sie sind Glücksbringer. Außerdem mag ich ihren Po. Nein, nicht den von Kimberly, obwohl ich den auch mag. Ich meine den Po von Schweinen, also den Schinken. Ich liebe Schinken. Rosmarinschinken, Pfefferschinken, Kernrauchschinken, Schinken aus Parma und Serrano. Ach so, Serrano gibt es ja gar nicht. Also als Ortschaft, meine ich.

Als ich das Schweinchen mit seinem Minischinken kosten will, wird Kimberly plötzlich böse mit mir. Sie schüttelt energisch mit dem Kopf und nimmt mir das Schwein, das ich gerade in den Mund stecken will, weg. Schönes Geschenk! Wie gemein! Dabei habe ich großen Appetit, ach, was sage ich, einen Bärenhunger habe ich. Bärenschinken gibt es übrigens auch, fällt mir dabei ein. Aber zu essen bekomme ich anscheinend nichts. Nicht mal das kleine, rosa Schwein. Kimberly hat es jetzt auf einen Tisch gestellt, auf dem ich es zwar sehen kann, aber an den ich nicht herankomme. Das geköpfte Schwein ist außerhalb meiner Reichweite. Das ärgert mich.

»Ich liebe dich«, sage ich zu Kimberly, »aber warum nimmst du mir mein Essen weg?« Eine Antwort bekomme ich nicht. Dafür gibt es jetzt Joghurt. Na toll.

17. Dezember, spätnachmittags

Seit einer halben Stunde sitze ich nun neben Clemens, aber er schläft tief. Ich streichele seine Hand, beobachte die vielen Kurven auf dem Monitor. Da fällt mir erst auf, dass seine Beatmungsmaschine aus ist. Oh Schreck. Ich renne auf den Gang der Intensivstation, rufe Vivi herbei. Die beruhigt mich, sagt, dass das mit Absicht so sei: »Wir sind doch keine Pfuscher!«

»Äh, natürlich nicht«, stammle ich und habe schlagartig ein schlechtes Gewissen. Aber eben auch Angst. Angst, dass irgendwas passieren könnte. Das erkläre ich auch Vivi, die sich kurz neben mich zu Clemens setzt.

»Versteh ich doch, Kimberly. Wäre ja auch bescheuert. Jemand hat den Krieg überlebt und rutscht dann in der Badewanne aus.«

»Genau!«, antworte ich. »Nicht auszudenken.«

»Schau«, erklärt sie mir. »Clemens ist von der Beatmungsmaschine weg, deshalb hat er auch diesen neuen Aufsatz am Hals. Er soll ein bisschen selbstständig atmen und die Ärzte testen, wie es ihm dabei geht. Das ist wichtig, damit seine Lunge nicht austrocknet. Wenn er den ganzen Schleim und Eiter rausgehustet hat und es 48 Stunden ohne Maschine packt, kann der Luftröhrenschnitt wieder zugenäht werden.«

Ich strahle sie euphorisch an und sage: »Vivi, ich liebe alles, was du mir eben erklärt hast. Es geht echt bergauf. Wahnsinn.«

Vivi stupst mich in die Seite: »Dein Verlobter ist wirklich hart im Nehmen. Jetzt muss er zu Kräften kommen und mehr essen. Wenn er von der Beatmungsmaschine weg ist, geht das auch.«

»Ja, Clemens ist echt tapfer.« Stolz drücke ich seine Hand.

Immer diese Frauenstimmen im Hintergrund. Können die ihr Kaffeekränzchen nicht woanders halten? Frauen reden immer so entsetzlich viel. Manchmal frage ich mich, ob das ein Konstruktionsfehler ist. Also der Schöpfung, meine ich. Gibt ja auch genug Maschinen, die nicht richtig funktionieren. Vielleicht ist das bei Frauen auch so. Vielleicht kann man sie ja umtauschen. Habe ich für meine eigentlich einen Kassenbon? Obwohl Kimberly ganz passabel läuft. Ich behalte sie noch eine Zeit. Dann werde ich sehen, ob alles in Ordnung ist mit ihr.

»Aber du bist auch tapfer, Kimberly«, meint Vivi.

Ich winke ab: »Ach, erzähl mal lieber von eurem Date!«

Vivi errötet: »Lieber nicht.«

»Was soll das heißen?«

»Hm. Ich war halt supernervös, hab ihn mit irgendeinem Scheiß vollgetextet. Keine Ahnung, ich hatte so einen Laberflash. Falls er je in mich verliebt war, hat er sich bestimmt blitzartig entliebt.«

»Das glaub ich nicht. Habt ihr euch denn geküsst?«

Vivi sieht sich um, flüstert dann: »Nee, eben nicht. Das bedeutet, dass er mich doch nicht so mag. Oder?«

»Vielleicht ist er schwul?« Vivi sieht mich mit großen Augen an. »War nur ein Scherz. Bruno ist absolut hetero, da bin ich sicher.«

»Na bravo, dann lag es an mir.«

»Schwachsinn. Vielleicht will er nur nichts überstürzen.«

»Welcher Mann will, bitte, nichts überstürzen?« Punkt für Vivi. Trotzdem will ich sie aufmuntern. Aber da piept schon eine Maschine aus Zimmer 15. Sie steht auf, wirkt nachdenklich.

»Vivi, das wird schon! Bruno und du – ihr seid das ideale Paar.«

»Nicht jeder hat das Glück, den richtigen Menschen für sich zu treffen.« Sie zieht sich ihre Handschuhe an, verschwindet.

Ich überlege. Wie kann es sein, dass eine Frau, die im Beruf stets so stark und taff ist, so unsicher sein kann, wenn es um die Liebe geht?

Jetzt quatschen die immer noch! Bla, bla, bla. Seit ich mit Kimberly »Sex and the City« gesehen habe – alle Folgen, das muss man sich mal reinziehen –, verstehe ich die Frauen ein bisschen besser. Und mit meiner muss ich sowieso etwas nachsichtiger sein. Die Kimberly, die stammt aus einer Familie, in der alle viel reden. Sogar der Hund. Und der Wellensittich. Auch wenn der immer nur Selbstgespräche führt. Gut, er schaut auch stundenlang selbstverliebt in den Spiegel. Er heißt übrigens Georgie Green und ist erst so richtig aufgeblüht, seit sein Käfig-Kompagnon Billy Blue vor wenigen Jahren urplötzlich von der Stange fiel.

Clemens schläft noch immer. Ich gehe kurz in die Küche, hole mir eine Flasche Wasser und laufe prompt Bruno in die Arme.

»Ah, gut, dass ich Sie treffe, Bruno.«

»Waren wir nicht beim Du?«

»Oh, ja, richtig. Tut mir leid. Bruno, ich will ja nicht indiskret sein …«

»Ja?«

»Ähm, ich weiß von eurem Date.«

»Oh Gott.«

»Also Vivi hat es schon gefallen. Sehr sogar.«

»Wirklich?«

Ich nicke.

»Puh, das freut mich, zu hören. Ich habe mich total dämlich benommen, kaum einen Ton raugekriegt. Ich dachte schon, dass ich ihr zu langweilig bin.«

»Nein«, widerspreche ich. »Überhaupt nicht. Im Gegenteil. Sie war nur etwas irritiert, weil du sie nicht, na ja, du weißt schon, geküsst hast.«

»Ich versteh auch nicht, was mit mir los war. Bin wohl etwas aus der Übung, was Dates betrifft. Ich hätte sie total gern geküsst, hab mich aber irgendwie nicht getraut.«

»Ihr seid wirklich süß!« Ich muss lächeln. Zwei Menschen, Vollprofis im Job, umgeben von Leben und Tod, kriegen ein einfaches Date nicht auf die Reihe. »Sag ihr das doch am besten!«, schlage ich vor. »Ihr seid keine Teenies mehr. Euch müsste ich das eigentlich nicht sagen müssen. Aber das Leben ist zu kurz – um nicht zu lieben.«

»Du hast recht. Ich rede mit ihr.«

»Dann los!«

»Jetzt gleich?«

»Klar! Wenn du nicht gerade ein Leben retten musst, dann rette eure Liebe!«

»Aber wie? Hier in der Klinik ist Flirten echt schwierig.«

Ich habe eine Idee und frage: »Wann habt ihr heut Feierabend?« Er sieht auf die Uhr.

»In gut drei Stunden, warum?«

Huch! Jetzt ist es plötzlich ruhig. Diese Stille mag ich auch nicht. Da kriege ich richtig Angst. Kimberly und ich wohnen in der Stadt. Da ist immer Lärm. So ein konstanter Klangteppich aus Stimmen, Autos, Straßen- und U-Bahn. Wenn Kimberly im Büro ist und ich allein zu Hause, dann drehe ich meist auch noch das Radio auf. Ich will mich nicht einsam fühlen müssen. Apropos einsam: Wo sind jetzt alle hin?

Da Handys auf der Intensivstation ja streng verboten sind, laufe ich auf die Toilette, mache mein Handy an und rufe im

Wirtshaus »Zur guten Besserung« an. Svetlana ist gleich am Apparat. »Ich brauche den schönsten Tisch für ein Candle-Light-Dinner, Sveti!«

»Machst du Witze? Bei uns? Hier ist es null romantisch!«

»Doch! Tausend Mal romantischer als in der Klinik. Ab zwanzig Uhr, bitte! Es geht um alles!«

»Darf Clemens raus?«

»Nein, nicht für mich. Für zwei Menschen, die endlich zueinanderfinden müssen!«

»Aber alle Tische sind schon für die Russen reserviert.«

»Dann sollen ein paar von denen stehen! Ich brauche einen Zweiertisch und viel Wodka!«

»Und was soll es bei dem Candle-Light-Dinner zu essen geben? Leberknödelsuppe? Schweinshaxn?«

»Das ist komplett wurscht. Hauptsache Kerzen und Alkohol!«

»Okay, weil du's bist!«

Ich eile zu Clemens zurück. Er wird gerade wach, lächelt mich an. Vorsichtig rutscht er auf die Seite.

»Komm her!« Ich mache das Gitter an der einen Seite des Bettes ab und kuschle mich behutsam zu ihm. Er legt den Arm um mich und schnauft tief durch. Ich könnte ewig neben ihm liegen. Da kommt Schwester Edda herein.

»Ist das in Ordnung?«, frage ich.

»Ja, aber passen Sie auf mit den Schläuchen und Kanülen. Herr Hagen könnte in kürzester Zeit verbluten, wenn ein Schlauch rausreißt.« Ich erschrecke kurz. »Geben Sie ihm bitte den Verdauungssaft, der dort neben Ihnen steht?«

»Sehr gern«, sage ich und stehe lieber wieder auf. Dafür ziehe ich den Hocker dicht an das Bett, sodass ich Clemens trotzdem nahe bin. Er trinkt den Saft, verzieht das Gesicht.

Dann hebt er die linke Hand mit dem schwarzen Pulsmesser, der am Ende rot blinkt, und führt sie langsam an sein Gesicht.

»Auch eine?«

Was hat er vor? Will er nach dem Glücksschwein etwa den Pulsmesser essen?

»Hast du Hunger? Willst du eine Banane, Süßer? Ich zermansche sie dir auch …« Da steckt sich Clemens den Zeigefinger, an dem sich der Pulsmesser befindet, in den Mund. Oh nein. »Nicht essen!«, rufe ich. Aber Clemens hört mir gar nicht zu. Er konzentriert sich ganz auf sich und den Pulsmesser. Jetzt nimmt er ihn wieder aus dem Mund und atmet aus. Er … raucht! Tatsächlich. Er raucht seinen Pulsmesser – also zumindest tut er so. Zufrieden zieht er immer wieder an dem Pulsmesser. Was für ein verrücktes Bild. Ich beobachte ihn teils amüsiert, teils irritiert.

Köstlich, diese Kippe! Endlich wieder rauchen. Ich fühle mich wie nach einem dieser widerlichen Langstreckenflüge, auf denen man sich seit Jahren keine Zigarette mehr anstecken darf. Gemein ist das. Eine Zumutung für die Passagiere. Ich könnte mich darüber so sehr aufregen. Wie das HB-Männchen früher in der Werbung. Zigaretten! Eine tolle Erfindung. Ich könnte mir jetzt eine nach der anderen anstecken. Vielleicht lebe ich in Zukunft mit Kimberly auf einer Tabakplantage. Direkt an der Quelle. Kimberly raucht zum Glück auch sehr gern. Welcher Engel mir wohl die Zigarette gebracht hat? Egal! Hauptsache, ich kann endlich wieder qualmen. Dass ich hier im Bett liege, stört mich überhaupt nicht. Die Leute schütteln immer mit dem Kopf, wenn ich erzähle, dass ich gern im Bett rauche. Weil's angeblich sooo gefährlich ist. Ich glaube das nicht. Oder bin ich etwa jemals abgebrannt? Übrigens sind die Abzugshauben in diesem Zimmer ganz toll. Man sieht überhaupt keinen Rauch. Wie praktisch. Nikotin riecht ja nicht so großartig. Aber noch brennt meine Zigarette. Und sie schmeckt besser denn je.

Nach knapp fünf Minuten hat er offenbar fertig geraucht und schnippt die Zigarette alias Pulsmesser weg. Er landet am Ende des Bettes.

Wo ist denn der Aschenbecher? Hat mir anscheinend niemand gebracht. Selbst Kimberly hat ihn vergessen. Sie vergisst sonst nie etwas. Vielleicht wird sie langsam alt. Und vergesslich. So wie ich. Irgendwann werden wir alle alt. Traurig ist das, aber wahr. Nikotin soll einen schneller altern lassen. Na und? Ich bin sowieso schon alt. Da machen ein paar Zigaretten mehr oder weniger den Braten auch nicht fett. So, jetzt habe ich aber fertig geraucht. Und wohin mit der Zigarette? Wegschnippen! Das ist die Lösung. Ich kann Zigaretten ganz fantastisch wegschnippen. Ich bin Profi-Schnipper. Mit meinem Kumpel Franky schnippe ich immer um die Wette. Vom Bürgersteig vor diesem indischen Restaurant aus in die Straßenbahnschienen davor. Die erste Schiene ist immer zu nah, die zweite liegt in der perfekten Entfernung, die dritte ist schon eine echte Herausforderung und die vierte erreicht man nur, wenn der Wind günstig steht. Ich bin plötzlich auf der Straße, Kimberly steht neben mir und ich visiere Schiene drei an. Und schnipp! Perfekt! Die Schiene hat meine Kippe verschluckt. Nicht mehr zu sehen. Ein Volltreffer.

Clemens lächelt stolz. »Yeah!« Er dreht sich um und schläft ein. Vorsichtig stecke ich ihm den Pulsmesser wieder an den Zeigefinger. Vielleicht hat er morgen früh nach dem Aufwachen ja noch mal Lust auf eine Pulsmesser-Zigarette.

Am Ausgang der Intensivstation fange ich erst Vivi und kurz darauf Bruno ab.

»Lust auf ein Feierabendbier?« Die beiden sehen mich überrascht an. »Na los. Ich werde mich doch wohl mal bei euch bedanken dürfen.«

»Gern«, sagt Bruno, der draußen vor der Klinik seine Mailbox abhört, während wir die paar Meter zur »Besserung« durch den Schnee stapfen. Der Wind pfeift.

»Du kommst aber wirklich mit, Kimberly?«, fragt Vivi leise. »Ich pack das mit Bruno allein nicht noch mal. Unser Katastrophen-Date reicht für dieses Jahr.«

»Ich bin da«, sage ich und nehme sie aufmunternd in den Arm. »Kein Date. Wir gehen nur was trinken. Also keine Panik.« In der »Guten Besserung« ist es voll, laut, russisch. Alles wie immer. Nur, dass einige Gäste verbotenerweise rauchen. Svetlana hat halt nicht nur ein großes Dekolleté, sondern ein noch viel größeres Herz.

»Ah, da seid ihr ja«, begrüßt sie uns gleich. »Doch zu dritt?« Ich stupse sie an, aber die Musik ist so laut, dass Bruno und Vivi nichts gehört haben.

»Ich geh gleich«, rufe ich Svetlana ins Ohr. Sie nickt, lächelt mich verschwörerisch an und meint: »Wenn Mariah Carey kommt, musst du verschwinden.«

»Waaas?« Ich versteh kein Wort. Weder inhaltlich noch akustisch.

»Wenn ›All I Want for Christmas Is You‹ läuft, ist der Tisch fertig. Dann musst du weg sein.«

»Ah, okay, super«, antworte ich. Bruno und Vivi sehen mich fragend an. »Unser Tisch ist gleich fertig«, rufe ich.

Svetlana drückt uns drei gut gefüllte Gläser in die Hand.

»Was ist das?«, will Vivi wissen.

»Mein spezieller Wodka-Weihnachts-Mix. Nastrovje!«

»Wodka?« Die sonst so taffe Vivi sieht eingeschüchtert aus.

Bruno meint: »Sehr gut«, und ich rufe: »Auf euch! Auch in Clemens' Namen! Ihr seid die Besten!«

Wir prosten uns zu. Svetlanas Mix hat es wirklich in sich, das Zeug brennt im Hals. Plötzlich denke ich zur Abwechslung mal an meine eigene Speiseröhre.

Nach so langer Zeit mal wieder eine Zigarette rauchen, das war grandios. Wie gern hätte ich jetzt auch ein Bier. Ein kühles Augustiner vom Fass, das wär's. Aus einem guten Bierglas natürlich. Mit dünner Wand und schmalem Rand. Das ist wichtig für den Schaum. Ob's in diesem Lokal auch Bier gibt? Sicher. So groß wie diese Gaststätte ist. Nur habe ich schon seit Langem keine Bedienung mehr gesehen. Die tragen alle so komische weiße Kittel, aber sind anscheinend alle ausgeflogen. Schlechter Service. Aber das ist heutzutage normal. Wahrscheinlich muss ich in die Schweiz fahren. Da ist zwar alles grauenhaft teuer, aber die Leute verstehen was von gutem Service. Der wird in der Schweiz noch großgeschrieben. Aber leider haben die Schweizer keine Ahnung von gutem Bier. Vielleicht muss ich weiter weg. Auf die Fidschi-Inseln vielleicht. Möglicherweise gibt's da gutes Bier mit ansprechendem Service. Wer weiß das schon …

Da ertönt Mariah Careys Fünf-Oktaven-Stimme.

»Wollen wir uns setzen?«, frage ich.

»Unbedingt«, meint Vivi und grinst. »Nach dem Drink kann ich eh nicht mehr lange stehen.«

»Geht doch schon mal vor, ich muss noch schnell auf die Toilette«, sage ich, verschwinde und überlasse jetzt Vivi und Bruno, die nichts davon ahnen, ihrem zweiten Anlauf. Statt aufs Klo, gehe ich in die Küche und stelle mich auf einen Kasten Bier. Durch die Glasscheibe über der Essensausgabe genieße ich einen trotz der vielen Russen beinahe völlig freien Blick auf den

Tisch von Vivi und Bruno. Ich traue meinen Augen kaum. Der urige Holztisch ist mit zig Rosenblättern und Mistelzweigen geschmückt. Kerzen in Herzform brennen darauf.

»Passt das so?«, fragt Svetlana, die plötzlich neben mir steht.

»Wow! Und wie!«, lobe ich sie.

Sie lächelt ein bisschen stolz: »Du hast ja gesagt, dass es um alles geht.«

»Danke, Sveti.«

Ich sehe die höchst überraschten Gesichter von Vivi und Bruno, die beiden reden ununterbrochen miteinander, lachen und scheinen überhaupt nicht mehr aufgeregt zu sein oder gar schüchtern.

»Das Eis ist endlich gebrochen«, sage ich und springe von dem Bierkasten.

»Mein Drink bringt selbst die Antarktis zum Schmelzen«, entgegnet Svetlana.

»Das glaube ich sofort. Gib ihnen noch eine Runde aus, mit herzlichen Grüßen von mir. Ich musste leider ganz dringend weg.«

»Schon klar. Die Katze füttern? Oder den Hund?«

»Den Hund.« Wir schmunzeln. Ich drücke ihr zwanzig Euro und mein Glas in die Hand und verlasse das Wirtshaus. Auf der Rückfahrt zu meinen Eltern denke ich nach. Noch nie habe ich zwanzig Euro besser investiert.

18. Dezember, mittags

»Hast du Schmerzen?« Clemens schüttelt den Kopf. »Schlecht geträumt?«

»Nö.«

»Was ist dann los?« Er wirkt niedergeschlagen.

»Ich will weg. Weg von hier.«

»Du kannst bald weg.«

»Wann?«

»Sehr bald.« Genervt schaut er mich an. »Hey, mein Liebster, sei nicht traurig. Du hast schon viel Schlimmeres überstanden.«

»Ja, ja.«

Ich werde sauer.

»Freu dich doch mal!«

»Worüber denn?« Er hustet los. Das Reden mit diesem Sprechaufsatz ist immer noch ziemlich anstrengend. Er klingt wie dieser Darth Vader aus Star Wars.

»Dass du überlebt hast.« Er sieht mich fragend an. So ganz hat er das alles immer noch nicht verstanden.

»Das Liegen tut weh.«

»Willst du sitzen?«

»Ja.«

Dieses endlose Rumgeliege geht mir echt auf die Nerven. Ich finde einfach keine bequeme Position mehr im Bett. Egal, wie ich mich drehe, es tut weh. Immer mehr in letzter Zeit. Ein bisschen Angst habe ich, dass ich mich wund liege. Ich weiß das noch von meiner Mutter. Als sie vor einigen Jahren ins Krankenhaus kam, wo sie dann ja auch gestorben ist, da haben die Ärzte immer vor dem Wundliegen gewarnt. Damit ist wohl nicht zu spaßen. Was macht denn die Kimberly jetzt schon wieder?

Ich gehe auf den Gang, suche nach Vivi oder Bruno. Schließlich bin ich auch echt neugierig, wie das gestern ausgegangen ist. Schwester Edda läuft mir in die Arme.

»Darf Clemens sich hinsetzen?«

»Gern, das entlastet seine Lunge. Ich komme gleich.«

»Wunderbar. Sagen Sie, sind Vivi und Bruno auch da?«

Überrascht schaut sie mich an.

»Nein, Vivi hat sich spontan freigenommen. Und Bruno ist krank.« Ich strahle. Perfekt. Edda schaut nun noch überraschter. Schnell setze ich einen mitfühlenden Blick auf und murmle: »Der Arme.«

Zehn Minuten darf Clemens raus aus dem Bett. Er hat wirklich dramatisch abgenommen, das sehe ich, als ihn Edda vorsichtig entkabelt, entschlaucht und ihm dabei hilft, sich aufzurichten. Er ist weg von der Beatmungsmaschine und probiert, selbstständig aufzustehen. Vergeblich. Sein entkräfteter Körper zittert, ängstlich sieht er sich um.

»Wo bringt ihr mich hin?«

»Du bleibst hier, bei mir, Liebling.« Clemens wirkt erleichtert.

»Ich war so viel unterwegs in der letzten Zeit.«

»Wo warst du denn überall?«

»Lange Geschichte. Kalt hier draußen.«

Als ob ich die Kraft hätte, Kimberly meine Story zu erzählen. Die ganze Story, meine ich. Das würde ja bis morgen dauern. Ich habe doch so viel erlebt, war im Ausland, in New York und in Afrika, auf Porno-Schiffen und in Folterkellern. Da reicht die Zeit jetzt echt nicht aus. Man könnte ganze Bücher über meine Erlebnisse schreiben. Vielleicht mache ich das sogar. Irgendwann. Falls ich aus diesem verfluchten Krankenhaus jemals wieder rauskommen sollte. Ich habe die Schnauze voll von dem ewigen Bettgeliege. Gestrichen voll. Das ist so langweilig, so zermürbend. Die müssen doch kapieren, dass ich fertig bin. Irgendwann kann man halt nicht mehr. Ich könnte losheulen, aber dann heult die Kimberly gleich wieder mit. Also reiße ich mich zusammen. Wie gehabt.

Den starken Mann markieren, bis man nicht mehr kann. Scheißleben!

Ich lege Clemens meinen Schal um und decke ihn mit meinem Mantel zu. Dabei ist sein Zimmer heiß wie eine Sauna. Ich setze mich neben ihn auf einen Stuhl.

»Du warst zu lang im Bett«, antworte ich. »Toll, dass du sitzen kannst. Wie fühlt sich das an?«

»Hart.« Edda meint, dass er in der Nacht sehr aggressiv war, ständig geschimpft und geflucht hat.

»Hattest du Albträume?«

Clemens zuckt mit seinen knochigen Schultern.

»Fühlst du dich immer noch bedroht?«

Clemens reagiert nicht, starrt nur sein Bett an. Edda sagt, er solle eine halbe Stunde durchhalten, und geht aus dem Zimmer.

»Clemi, Liebster, sei doch bitte etwas motivierter. Es gibt überhaupt keinen Grund, so missmutig zu sein.«

»Hm.«

Ich erzähle ihm von meinen Kuppel-Versuchen, von dem durchgeknallten russisch-bayerischen Wirtshaus und füttere ihn mit einem Vanillejoghurt. Die Suppe, die ihm gebracht wird, schmeißt er prompt um.

»Ekelzeug.«

»Clemens! Spiel hier nicht den Suppenkasper! Sei mal ein bisschen demütig.«

»Warum soll ich demütig sein?«

»Wie oft soll ich dir das noch erklären? Weil du neun Minuten tot warst! Überlebt hast! Weil du hier neben mir sitzen kannst! Weil wir zusammen sind! Weil du verdammtes Glück hattest! Weil es beschissen knapp war! Weil es …« Tränen schießen mir in die Augen. Vor Wut. Je mehr ich mich aufrege, desto vulgärer wird meine Ausdrucksweise. Sofort bekomme ich ein schlechtes Gewissen. »Weil ich ohne dich durchdrehen würde.«

»Tust du jetzt ja auch. Obwohl ich da bin.«

»Stimmt.« Ich muss unvermittelt loslachen. Fragend sieht mich Clemens an. »Es ist sogar großartig, dass wir uns streiten können.« Jetzt lächelt Clemens.

»Wir streiten doch gar nicht.«

Ich gebe ihm einen Kuss.

»Ich liebe dich, Clemens. Verzeih mir. Ist gerade alles etwas viel.«

»Wem sagst du das!? Ich kann nicht mal selbst essen.«

»Dafür habe ich Cola dabei.« Seine Augen funkeln plötzlich. »Die Ärztin meinte, es sei okay. Aber nicht zu viel.«

So weit ist es gekommen. Ich freue mich über eine blöde Cola. Bitte nicht falsch verstehen, ich liebe Cola über alles. Also fast über alles. Schuld daran sind meine Eltern. Die haben mir schon als Kind immer Cola zu trinken gegeben. Entsprechend oft durfte ich später im Leben zum Zahnarzt. Die haben sich dumm und dämlich verdient an mir. Trotzdem: Die Cola schmeckt fantastisch. So nach zu Hause, nach eigenem Kühlschrank. Ich will raus hier. Ob sie im Fernsehen schon wieder die Cola-Weihnachtswerbung mit dem beleuchteten Lastwagen zeigen? Es ist doch schon Dezember? Oder? Wenn nur mein Hirn endlich wieder richtig funktionieren würde ...

Zwanzig Minuten später liegt Clemens wieder. Er zeigt auf die Colaflasche. Ich flöße ihm die Cola ein. Schluck für Schluck, ganz langsam.

»Ach, das tut gut. Danke. Für alles.« Ich drücke seine Hand und bin gerührt. »Du hast mich gerettet, Kimberly.«

Ich versuche, nicht zu weinen. Vergeblich.

»Wir haben uns das doch versprochen – dass wir immer zusammenbleiben. Immer.« Er nickt und gibt mir einen Kuss. Seine Augen fallen ihm fast zu, die Sitzaktion hat ihn wohl müde gemacht.

Schwester Edda steckt ihren Kopf ins Zimmer: »Die Besuchszeit ist vorbei.«

»Ich gehe gleich.«

»Nein! Bleib!«

Ich erkläre ihm, dass das leider nicht geht: »Du wirst eh gleich einschlafen. Und wenn du aufwachst, bin ich wieder bei dir. Versprochen.«

Plötzlich ist er hellwach. Flehend sieht er mich an.

»Ich würde dich wirklich gern mitnehmen, in meiner Handtasche ist aber nicht so viel Platz«, versuche ich es mit Humor.

Da reißt sich Clemens eine Kanüle aus der rechten Armbeuge. Das Blut spritzt. Die Geräte hinter ihm piepen laut auf.

»Clemens! Um Himmels willen!« Da kommt Schwester Edda zum Glück schon angerannt. In Sekunden stoppt sie die Blutung, steckt die Kanüle dorthin zurück, wo sie hingehört.

»Na prima«, sagt sie und sieht Clemens vorwurfsvoll an. Das ganze Bett ist voller Blut.

»Entschuldigung«, beginne ich.

»Schon gut, ich wollte es eh neu beziehen.«

»Danke schön, Edda, wirklich, vielen Dank!«

Während sie frisches Bettzeug holt, schimpfe ich Clemens, der mich angrinst.

»Das ist nicht witzig. Du hättest verbluten können. Willst du das?« Endlich hört er auf zu grinsen. »Willst du, dass ich angerufen werde – nach all dem –, weil du verblutet bist? Bitte,

Clemens, tu uns das nicht an. Wir haben es doch fast geschafft. Bleib weiter tapfer. Stark. Und lieb. Mach keinen Mist.«

»Okay. Aber nimm mich mit.«

»Natürlich nehme ich dich mit. Bis dahin darfst du dir aber nichts rausreißen! Versprochen?«

»Versprochen.«

Fixiert wird er in dieser Nacht trotzdem – so fest wie noch nie.

Jetzt bin ich wieder angekettet. Und allein. Manchmal fühle ich mich wie dieser Hiob aus der Bibel. Dem hat das Schicksal auch eine schwere Prüfung nach der anderen auferlegt. Von wegen Gottes Gerechtigkeit und so. Was mich hier vom völligen Verzweifeln abhält, ist eine Lebensmaxime, die mir mein Vater eingetrichtert hat. Also neben der vielen Cola. Er sagte immer: »Haltung bewahren, mein Sohn, das ist wichtig.« Ach, wären meine Eltern nur bei mir jetzt. Ich will nicht jammern, aber das wäre wirklich schön.

19. Dezember, nachmittags

Seit über einer Stunde sitzt Clemens im Stuhl neben seinem Bett. Ich habe ihm ein paar Zeitungen mitgebracht, die er aber nicht lesen will, weil ihm die Schrift zu klein ist. Er hält sie nur kurz in den Händen, legt sie dann beiseite.

»Soll ich dir den Sport-Teil vorlesen?«, frage ich.

»Willst du nicht mal langsam in die Puschen kommen und ins Bad gehen?«

Verdutzt schaue ich ihn an. »Wie?«

»Na, du duschst doch immer zuerst. Und jetzt los!«

»Ich hab heut schon geduscht, Clemens. Und Edda meinte, sie hätte dich heute Morgen gebadet. War das schön?«

»Hast du schon alles gepackt, Süße?«

»Was gepackt?«

»Na, was wohl? Die Koffer natürlich. Wir fliegen doch in drei Stunden.« Was ist nur mit Kimberly los? Sie wirkt neben der Spur. Zum Glück braucht sie nicht lange im Bad. Für eine Frau ist sie sogar verdammt schnell. Ich hab nämlich keine Lust, den Flieger zu verpassen.

»Ach ja? Wo fliegen wir denn hin?«

»Hamburg. Hast du überhaupt die Flüge gebucht?«

»Äh. Was wollen wir denn da?«

»Essen. Bei Jim Block. Haben wir doch ausgemacht!«

Ich muss schmunzeln. Offenbar hat Clemens keine schlimmen Albträume mehr, fühlt sich nicht von irgendwelchen Uzis bedroht, sondern träumt von einem Burger-Laden, den es in München nicht gibt. Süß. Schon oft hat er mir davon vorgeschwärmt. Ich küsse ihn, streichle seine Hand.

Die Ablenkungstaktik kenne ich. Wenn Kimberly was verbockt oder ein schlechtes Gewissen hat, küsst sie mich. Aber ich will nach Hamburg – da lass ich jetzt nicht mit mir verhandeln.

»Auf ins Bad!«

»Clemens, wir sind nicht daheim. Noch nicht. Wir sind doch in der Klinik.« Diese Nach-Koma- oder Aufwachphase ist echt beängstigend. Clemens macht einen klaren Eindruck, redet aber ziemlich wirr.

»Und morgen fliegen wir dann nach Rostock.«

»Wieso Rostock?«

»Da hast du früher doch mal mit der Schule einen Ausflug hingemacht.«

»Ja, und?«

»Die Kreidefelsen auf Rügen sind schön, hast du mir erzählt. Die wollen wir uns anschauen.«

»Ah, ja.«

»Und jetzt geh doch bitte endlich duschen! D-U-S-C-H-E-N!!« Clemens wird grantig. Jetzt fängt er wieder an, seinen Pulsmesser zu rauchen. Na super.

Warum trödelt Kimberly heute so? Der Aschenbecher ist auch nicht da. Was für ein chaotischer Start in den Tag.

»Clemens, du liegst auf der Intensivstation in einem Krankenhaus und rauchst deinen Pulsmesser!«

Kimberly ist momentan ziemlich durchgeknallt.

»Hast du deine Tage?« Sie verdreht nur die Augen. Frauen. Warum sie nicht duschen will, verstehe ich trotzdem nicht. »Bist du etwa verrückt geworden, Süße?«

»Ich? Verrückt? Ha! Du bist echt witzig. Weißt du was, ich geh jetzt ins Bad.«

»Halleluja! Wird auch langsam Zeit. Der Flieger wartet nicht auf uns.«

»Schon klar. Rauch du nur weiter deinen Pulsmesser.« Ich verlasse das Zimmer mit dem verrücktesten Patienten aller Zeiten.

20. Dezember, mittags

Auf dem Gang der Intensivstation treffe ich Dr. Wagner. Er war in der ersten Nacht der Erste, der mit mir geredet hat.

»Kann sein, dass Ihr Mann heute stirbt«, sagte er damals. Jedes Mal, wenn ich ihn sehe, denke ich an diese Worte.

Jetzt steht er vor mir und meint: »Herr Hagen wird heute Abend verlegt.«

Ich frage: »Wie? Was? Wohin?«

»Auf die normale Station. B4.« Erwartungsfroh sieht mich der Arzt an. Ich kann kaum glauben, was ich da eben gehört habe.

»Wirklich?«

Er nickt und lächelt.

»Das ist ja fantastisch!« Ich denke an unseren gestrigen Dialog, den Pulsmesser, die Kanüle, die sich Clemens rausgerissen hat, seine Bedrohungsängste, Uzi. »Aber, Herr Doktor, sind Sie sicher, dass Clemens, na ja, schon so weit ist? Ist er auf der Intensivstation nicht besser aufgehoben? Also sicherer – auch vor sich selbst?«

»Seine Werte sind gut. Er hat die 48 Stunden ohne Beatmungsmaschine prima überstanden. Es gibt keinen Grund mehr, warum er hierbleiben sollte. Wir haben eben erneut einen neurologischen Test durchgeführt. Alles in Ordnung. Dass er noch etwas verwirrt ist, hat mit der Medikation der letzten Wochen zu tun. Das wird sich legen.«

»Auf der normalen Station wird er auch gut überwacht, oder?«

»Natürlich.«

»Wunderbar. Ich danke Ihnen aus meinem tiefsten Herzen so, so sehr. Für alles. Sie haben ihn gerettet.«

»Herr Hagen ist wirklich ein medizinisches Wunder.«

»Hey, du medizinisches Wunder«, begrüße ich Clemens. Er strahlt mich an. Ich schmiere ihm eine Scheibe Toastbrot mit Frischkäse und Tomatenmark.

»Super! Endlich Essen mit Geschmack!«

»Es gibt tolle Neuigkeiten, Clemens. Du kommst später auf ein anderes Zimmer, weg von der Intensivstation.«

»Aber hier ist es doch auch ganz lustig.« Drei Wochen ist er jetzt hier. Drei Wochen, die mir wie ein Zeitloch vorkommen. Ob er das alles verinnerlicht hat, was passiert ist?

»Die Hose geht mir auf den Sack.« Clemens zieht die Decke zur Seite, zeigt auf seine Unterhose, die mehr einer Windel ähnelt. Leider ist sie dieses Mal nicht giftgrün und im Borat-Stil geschnitten, sondern weiß und ganz gewöhnlich. »Ich schaue aus wie ein Baby. Liebst du mich noch? Wahrscheinlich nicht. Ich seh aus wie ein Vollhorst.«

»Natürlich liebe ich dich. Du bist mein Riesen-Baby. Magst du noch einen Tomatenmark-Toast?«

»Unbedingt. Wie geht es dir eigentlich so? Wir reden immer nur über mich.« Ich muss schlucken. Tja, wie geht es eigentlich mir? Gute Frage. Ich spüre Glück und Erleichterung. Aber die Angst der letzten Wochen sitzt mir noch in den Knochen. Ein komisches Gefühl.

Ich antworte: »Sehr gut, weil es dir immer besser geht!«

Vivi kommt ins Zimmer. »Herr Hagen, Sie verlassen uns später ja leider. Ich bereite schon mal den Umzug vor.« Sie werkelt am Katheter herum, Clemens schreit auf. »Und wenn ich das mal sagen darf: Sie haben wirklich eine tolle Verlobte!«

»Ja, gell?«

Vivi strahlt mich an und sagt: »Danke für alles, Frau Amor.«

»Hat's geklappt mit euch?«, frage ich.

Vivi errötet: »Und wie!«

Ich klatsche in die Hände und nehme sie in den Arm. Clemens schaut mich irritiert an.»Ganz, ganz herzlichen Glückwunsch auch von meiner Seite! Wozu eigentlich?«

»Zu meinem neuen Freund«, antwortet Vivi und grinst. Nebenan piept es immer lauter. »Ich muss los. Ich werde Sie und Ihre Verlobte vermissen. Herr Hagen, Sie waren ein ganz besonderer Patient. Passen Sie auf sich auf!« Dann verschwindet sie. Ich glaube, sie hat Tränen in den Augen. Aber auch ich bin irgendwie traurig. Ich hasse Abschiede – selbst auf der Intensivstation. Vivi ist mir richtig ans Herz gewachsen. Sie war in der dramatischen Zeit immer da für mich. Wie es wohl auf der normalen Station sein wird? Wirklich normal?

Ach, das ist aber nett. Erst verschwindet diese fremde Frau, die mir zwischen den Beinen rumgefummelt hat, und jetzt macht sich auch noch Kimberly vom Acker. Halt! Wo schiebt ihr mich denn hin? Raus aus meinem Zimmer? Wohin geht die Reise? Kann mir das mal bitte jemand erklären, verdammt! Ich bin doch nicht Luft. Aha, jetzt liege ich in einem Fahrstuhl. Wie groß der ist. Viel größer als der bei uns zu Hause. Und liegen im Lift, anstatt stehen. Cool. Und so bequem. Muss ich Kimberly später erzählen. Aber jetzt geht's schon wieder raus aus dem Fahrstuhl. Wie schade! Können wir nicht noch ein bisschen rauf- und runterfahren? Geht anscheinend nicht. Typisch. Wenn einem schon mal etwas Spaß macht hier, dann ist es gleich wieder vorbei. Fast wie beim Sex.

21. Dezember, morgens

Routiniert laufe ich den ersten Stock zur Intensivstation hoch. Gerade als ich den Gang mit den Baum-Bildern entlanggehe, merke ich, dass ich hier ja völlig falsch bin. Ich muss in den vierten Stock zur B4. Neue Station, neue Ärzte und Schwestern. Eine neue Welt. Hier sieht es viel heimeliger aus als auf der Intensiv. Keine Klingel, sondern eine offene Tür.

»Wo liegt denn der Herr Hagen?«, frage ich eine junge Schwester.

»Zimmer 464. Er ist in einem Zweibettzimmer, aber der andere Patient wird in einer Stunde entlassen. Wir mussten Herrn Hagen nachts fixieren, er hat wohl schlecht geträumt, machte einen verwirrten Eindruck. Seit dem Frühstück ist er besser drauf.«

Ein paar Meter weiter sehe ich schon Zimmer 464. Vorsichtig klopfe ich und öffne die Tür. Clemens wird gleich wach und strahlt mich an. Er sieht gut aus, immer besser. Seine Stimme ist noch leise, heiser, aber viel kraftvoller.

»Kimberly! Ich hab dich vermisst. Schön, dass du endlich da bist.«

»Wie fühlst du dich, Liebster?«

»Ganz gut. Es gab Rührei zum Frühstück. Endlich keinen Brei mehr.«

»Servus«, ruft eine laute männliche Stimme. Clemens reagiert genervt, dreht sich auf dem Bett von ihm weg.

»Grüß Gott, ich habe gehört, Sie werden nachher entlassen?«

»Zum Glück«, sagt der etwa Sechzigjährige. »Hab meinen Zeh gebrochen – und warte auf meinen Spezial-Schuh. Der sollte seit Stunden hier sein, aber es gibt angeblich Schneegestöber und der Transporter steht im Stau. Schneegestöber – pah! Es regnet doch nur. Das ist alles ein Witz.«

Plötzlich piept es laut. Ich erschrecke. Dabei ist Clemens ja gar nicht mehr an irgendeine Maschine angeschlossen. Ich stelle erfreut fest, dass er nur noch drei Kanülen und einen Katheter hat. Was für eine riesige Veränderung zur Intensivstation. Aber was piept dann?

Der Patient erklärt es prompt: »Ich höre den Polizeifunk ab.«

Clemens winkt ab. »Was hat denn der Zeh-Typ für Probleme? Kann ich nicht zurück in mein altes Zimmer?«

Der Zeh-Mensch hält uns einen ewig langen Monolog, berichtet von Unfällen und Radarkontrollen in der Umgebung.

»Schlimm«, kommentiere ich. »Aber es gibt Schlimmeres.« Endlich wird ihm sein Spezial-Schuh gebracht. Leider ist er eine Nummer zu klein. Clemens grinst, der Zeh-Patient tobt. Schließlich zieht er sich unter lauten Qualen seine engen Cowboystiefel an, wünscht Clemens viel Glück – nicht gesundheitlich, sondern im Straßenverkehr – und humpelt davon.

»Was war denn das für ein seltsamer Vogel? Na ja, egal. Hauptsache, er ist weg. Was viel wichtiger ist: Alles Gute nachträglich zum Geburtstag.«

»Danke.« Dass ich Geburtstag hatte, habe ich glatt verdrängt.

»Tut mir leid, dass ich nicht bei dir sein konnte. Ich konnte dir auch nichts schenken. Ich bin ein schlechter Verlobter.«

»Du bist das tollste Geschenk. Dass du überlebt hast, ist das Beste, was du mir schenken konntest.«

»Was war mit mir los?«

Die vergangene Woche habe ich Clemens immer wieder erzählt, was passiert ist. Er kann sich überhaupt nicht mehr daran erinnern, was mir etwas Angst macht. Dass er raus aus der Intensivstation und auf einem normalen Zimmer ist, heißt noch lange nicht, dass er wieder normal ist. Aber was ist schon normal?

»Erinnerst du dich noch an den Rückflug aus Berlin?«

»Ja. Und an den Notarzt. Ich bin mit dem Hubschrauber hierhergekommen.«

»Nee, mit dem Auto.«

»Oh, echt? Schade.«

»Der Notarzt ist aber sauschnell gefahren und es gab lautes Tatütata!«

Clemens lächelt jetzt fast ein bisschen stolz.

»Und was hatte ich?«

»Eine Blutung in der Speiseröhre.«

»Und drei Einschusswunden.«

»Auf dich wurde nicht geschossen, Schatz.«

»Bist du sicher?« Clemens zieht an seinem Krankenhemd, will mir offenbar die Löcher zeigen. Aber da sind keine.

»Ganz sicher.«

»Ich erinnere mich an den Blick der Ärzte. Ihre Blicke machten mir schreckliche Angst. Sie sahen mich so verzweifelt an. Wie lang war ich eigentlich im Koma?«

»Zwei Wochen. Wie ist es so im Koma?«

»Wie in einer Parallelwelt. Als hätte man zwei Wochen am Stück schlecht geschlafen. Mit vielen Albträumen, die sich vermischen, wiederkommen. Mal wurde ich verfolgt, mal bedroht, mal warst du dabei, mal nicht. Ständig wollte mich jemand umbringen. Es sind nicht enden wollende Albträume. Stell dir vor, du wachst morgens eben nicht auf und denkst dir: ›Puh, das hab ich zum Glück nur geträumt.‹ Es geht immer weiter. Ein Albtraum jagt den nächsten und die Summe der Albträume jagt dich.« Plötzlich wird mir bewusst, was Clemens alles mitgemacht hat. Auf einmal klingt er auch ganz klar. Ich greife nach seiner Hand und muss an Julias Mann denken. An Felix und seine Depressionen nach dem Koma.

»Wichtig ist, mein Liebster, dass du weißt, dass das alles nur Albträume waren. Es ist jetzt vorbei. Niemand verfolgt dich mehr. Niemand will dich töten. Hier wollen dich alle nur retten.«

Clemens wirkt nun sehr in sich gekehrt, aber irgendwie auch erleichtert. Da geht die Tür auf, die junge Schwester von vorhin stellt sich als Nadja vor und fragt, ob Clemens Fernseh- und Telefonanschluss haben möchte.

»Klaro!«

»Unten vor der Aufnahme gibt es einen Automaten«, erklärt Nadja. »Da können Sie eine Karte kaufen, damit alles freigeschaltet wird.« Sie stellt Clemens noch ziemlich viele Tabletten in verschiedenen Farben und einen gelblichen Verdauungssaft hin, den er trinken soll.

»Habt ihr auch Sky?«

Sie lächelt nur und verschwindet.

»Wie geht's dem FC Bayern?«

»Sehr gut, wie immer.«

»Hast du mein Handy da?«

»Nee, das ist daheim bei meinen Eltern. Ich weiß deinen Code nicht, es ist seit dem Rückflug aus.«

»8193.«

»Bitte?«

»Das ist der Code.«

Ich bin baff. Das Koma hat seinem Gedächtnis anscheinend keineswegs geschadet. Ich vergesse meine PIN ja so schon ständig.

»Ich hab dir dafür ein paar Klamotten mitgebracht, deinen geliebten Bademantel und etwas zu essen. Toast, Banane und so.« Clemens versucht aufzustehen, lässt sich aber entkräftet zurück ins Bett plumpsen. »Du wirst schon bald zu Kräften kommen, Süßer. Hab noch etwas Geduld.«

»Die Chefärztin hat gesagt, dass ich heute entlassen werde. Du hättest mir die Sachen gar nicht mitbringen müssen.«

»Ehrlich gesagt, glaube ich nicht, dass sie das gesagt hat.«

»Doch. Frag sie, wenn du mir nicht glaubst.«

»Hier gibt es keine Chefärztin. Hier gibt es Oberarzt Schultze. Ich hab ihn vorhin kurz gesprochen, ein netter Mann. Er meinte, du brauchst noch Ruhe und Zeit. Der Körper muss sich vom Koma erholen.«

»Das sagst du nur, weil du willst, dass ich hierbleibe.«

»So ein Quatsch.«

»Wegen Rudi.«

»Wer ist Rudi?«

Clemens ist jetzt sauer, richtig beleidigt und ziemlich erschöpft. Es wird immer schwerer, ihn zu verstehen. Es kommt mir vor, als hätte Clemens' Gehirn einen Wackelkontakt. Mal funktioniert es einwandfrei, mal nicht so. Er murmelt noch etwas vor sich hin, dann schläft er ein. Ich küsse ihn und kümmere mich um den TV- und Telefonanschluss.

22. Dezember, frühmorgens

Mein Bett ist nicht besonders breit, dafür besonders hart. Überhaupt, es ist ein komisches Hotel, in das ich hier eingecheckt habe. Fünf Sterne deluxe sieht anders aus. Welcher Interior-Designer hier am Werk war, möchte ich mir gar nicht ausmalen. Der sollte mal »Schöner Wohnen« lesen, dieser Banause, denke ich erbost. Was soll diese kahle, babyblaue Wand vor meiner Nase? Gar nicht zu reden von dem bescheuerten Regenbogen oben an der Decke. Da sieht heute ja jedes Kinderzimmer von Ikea schicker aus. Fehlt bloß noch die Wickelkommode. Außerdem, so muss ich zu meinem weiteren Ärger feststellen, ist mein Flatscreen-Fernseher ungefähr so groß wie ein Navi-Bildschirm. Welcher Fünfzigjährige hat denn noch Adleraugen? Ich nicht! Und ein Fernglas gibt's hier anscheinend auch nicht. Ich werde mich beim Hoteldirektor beschweren, wenn ich dieses Haus verlasse. So viel steht fest.

Na ja, vielleicht gebe ich der Absteige vorher noch eine letzte Chance. Schließlich habe ich Mordshunger. Also Room Service. Aber egal, welche Tastenkombination ich auch in das Telefon tippe, niemand antwortet. War's Raute, Stern, Neun? Oder Stern, Neun, Raute? Ich weiß es einfach nicht. Anscheinend bekomme ich hier nicht mal ein stinknormales Clubsandwich aufs Zimmer. Ich tröste mich ersatzweise mit einer leicht bräunlichen Banane, die ich nach langem Tasten auf meinem Nachttisch finde. Dann nicke ich erschöpft ein. Träume von Schweinebraten, Wiener Schnitzel und Bergen von Clubsandwiches lassen mich sanft schlummern. Plötzlich schrecke ich auf. Eine junge Dame betritt mein Zimmer. Ohne anzuklopfen, wie ich entrüstet feststellen muss. Typisch! Außerdem trägt die Frau ein ganz seltsames Pagenkostüm. Komplett weiß.

»Herr Hagen, wie geht es Ihnen?«, fragt sie mich jetzt auch noch scheinheilig.

»Wie soll's einem hier schon gehen? Fantastisch natürlich«, antworte ich. »Wenn Sie aber jetzt schon mal hier in meiner Suite sind, junge Dame, dann würde ich gern ein Clubsandwich bei Ihnen bestellen. Unbedingt mit Pommes frites, bitte.«

Als die weiße Frau mein Zimmer mit einem Seufzer verlässt, grummelt mein Magen vor Hunger und ich stelle mit Erschrecken fest, dass Dienstleistung heutzutage anscheinend gar nichts mehr zählt. Ich mache mich jetzt selbst auf die Suche nach Essbarem. Aus den Augenwinkeln entdecke ich eine angebrochene Packung Toastbrot auf dem Tisch neben dem Fenster. Fast schon ein Clubsandwich, nur ohne Huhn, Speck, Tomate, Salat, Mayonnaise. Mir läuft das Wasser im Mund zusammen. Das einzige Problem: Der Weg von meinem Bett zum Tisch ist weit und ich fühle mich gerade ziemlich wackelig auf den Beinen. Vorsichtig schlage ich meine Bettdecke zurück, setze mich auf und dann einen Fuß auf den Boden. Jetzt behutsam den zweiten – und los geht's. Aber halt! Beim Aufstehen rutsche ich auf der Schale der soeben verspeisten Banane aus. Um den fast sicheren Sturz zu vermeiden, versuche ich einen gewagten Ausfallschritt, verheddere mich aber mit dem Fuß im Telefonkabel. Krachend lande ich auf dem grauen Linoleumboden. Natürlich nicht mal Teppich, schimpfe ich über meine spartanische Herberge, während ich den schmerzenden Ellbogen reibe.

Aber das Toastbrot lockt nach wie vor. Und beim nächsten Versuch klappt's. Ohne weitere Unfälle erreiche ich den Tisch. Ich fische eine Scheibe Toast aus der Packung und besehe sie mir von allen Seiten. Das wird eine verdammt trockene Angelegenheit, denke ich, so ganz ohne jeden Belag. Mein Blick schweift über den Tisch und bleibt an einer Sprühdose hängen. Mmmh, Schlagsahne, köstlich. Das wird fast so gut wie ein Clubsandwich, nur halt in süß. Ich kann mein Glück kaum fassen. Großflächig trage ich die Sahne auf das Toastbrot auf. In der Mitte türmt sich ein kleiner Berg, fast so hoch wie ein Clubsandwich. Voller Stolz beiße ich hinein. Seltsam, schmeckt gar nicht süß. Was ist denn da los? Ein zweiter Bissen soll mir Sicherheit über den Geschmack verschaffen. Pfui Teufel, die Sahne schmeckt widerlich. Igitt! Angewidert lasse ich den angebissenen Toast liegen und schleiche zurück ins Bett. Die werden noch von mir hören, diese Hotel-Heinis, beschließe ich endgültig. Hier werde ich sicher nie wieder einchecken. Dann schlafe ich mit einem seltsamen Geschmack im Mund wieder ein.

Als ich erneut erwache, ist mein Hunger unerträglich. Nach meinen schlechten Erfahrungen mit dem Telefon drücke ich dieses Mal den roten Knopf, der an einem grauen Kabel über meinem Kopf baumelt. »Alarm«, steht da drauf. Komisch, von anderen Hotels, in denen ich früher Gast war, kenne ich diesen Notschalter nicht. Sekunden später fliegt meine Zimmertür auf. Ein Mann im weißen Kittel und mit fragendem Blick erscheint vor mir.

»Sind Sie hier der Direktor?«, frage ich. »Sie sind sehr jung und, wenn ich mir die Bemerkung erlauben darf, äußerst nachlässig gekleidet.«

Der Kittelträger sagt sehr laut: »Herr Hagen, Sie sind in einem Krankenhaus. KRANKENHAUS!«

»Guter Mann, ich bin hungrig und nicht taub«, antworte ich. »Ihre Küche lässt übrigens sehr zu wünschen übrig. Ich wollte nur ein Clubsandwich. Und was habe ich bekommen? Toast mit Sahne, die offenbar sauer geworden ist! Was sagen Sie dazu?«

Der Hotelmensch: »Ihnen geht's ja offenbar schon besser. Wie schön. Vor ein paar Tagen wurden Sie noch künstlich ernährt. Jetzt haben Sie schon Sonderwünsche an die Küche.«

Ich: »Genau! Und die werden mir in Ihrem Haus nicht erfüllt. Bringen Sie mir das Beschwerdebuch.«

Um dreizehn Uhr bin ich bei Clemens. Er sieht eine Kochsendung im Fernsehen und freut sich, dass ich ihm seine Brille mitgebracht habe. Aber was ist das? Auf dem Tisch liegt der Rest eines Toastbrotes mit einem weißen Schaum darauf, seine Zahnabdrücke sind zu erkennen. Daneben steht die Antwort: eine Dose Rasierschaum.

»Hast du dir einen Rasierschaum-Toast gemacht?«

»Das Essen hier ist echt eine Zumutung. Ich hab mich auch schon beschwert.« Ich muss lachen. Clemens schaut mich fragend an.

»Clemens, du erzählst mir ständig, dass dich jemand vergiften will. Dabei bist du das selbst. Du sprühst dir Rasierschaum auf den Toast.«

22. Dezember, abends

Ich sitze in einem Callcenter. Mein Job ist es, fremde Menschen anzurufen und um Hilfe zu bitten. Denn Hilfe brauche ich dringend. Mein Gehirn fährt Achterbahn in meinem Schädel. Hallo, hallo, ist da jemand, der ein bisschen Ordnung in mein Chaos bringen könnte? Wieder keine Antwort. Ich verzweifele langsam. Dieses verfluchte Telefon ist aber auch ein komplizierter Apparat. Kaum habe ich angefangen, eine der Tastenkombinationen zu wählen, die mir Kimberly zuvor liebevoll auf einen Zettel geschrieben hat, komme ich durcheinander. Habe ich die Acht schon gedrückt? Und kommt danach nicht noch die Raute? Der Stern? Puh! Ich bin als Callcenter-Boy gänzlich ungeeignet, fürchte ich. Konfusius statt Konfuzius! Ich kichere über meinen eigenen Scherz.

Da habe ich die zündende Idee: Statt mich weiter mit dem blöden Telefon abzumühen, nutze ich die Tastatur jetzt lieber als Fernbedienung. Kimberly hat es mir vorhin zig Mal erklärt.

»Das Telefon ist gleichzeitig auch die Fernbedienung«, sagte sie immer wieder. Seltsame Erfindung. Aber gut, ich probiere es, ein bisschen Glotzen entspannt mich sicher. Ich bin nämlich sehr aufgeregt, weil ich so wirr im Kopf bin. Ein gewöhnlicher Alkoholrausch ist ganz anders. Wenn man sich da konzentriert, kriegt man's schon irgendwie auf die Reihe. Meistens wenigstens. Aber ich? Ich lenke meine ganze Energie darauf, eine Fernbedienung zu verstehen, die ein Telefon ist. Und was passiert? Ich bleibe bei einem Homeshopping-Kanal hängen und kann nichts dagegen tun. Da sind zwei dicke Frauen zu sehen, die sich in ausgesprochen hässlichen, braunen Stretchhosen um die eigene Achse drehen. Zum Glück ohne Ton, sonst würde ich wohl die Fassung verlieren. Ja, verdammt, läuft nicht irgendwo ein Krimi? Am besten einer, der in New York spielt. Die liebe ich so. Aber nichts da. Nachdem ich ein halbe Ewigkeit Knöpfe auf der Fernbedienung gedrückt habe, bleibe ich schließlich bei einem Sport-Kanal hängen. Ich bin erleichtert. Aber nur ganz kurz. Denn gezeigt wird ausgerechnet Eiskunstlaufen. Wahrscheinlich der einzige Sport, den ich aus tiefstem Herzen hasse. Sonst sehe ich alles. Selbst Snooker, eine besonders anspruchsvolle Billard-Variante, die vornehmlich von sehr blassen Briten praktiziert wird, verfolge ich stundenlang mit Hochgenuss. Aber jetzt Paarlauf in lächerlichen kanarienvogelbunten Kostümen! Diese bescheuerten Kringeldreher. Ich tippe wie wild auf der Fernbedienung herum. Aber sie reagiert nicht. Ich bin wütend und als das dritte Paar seine Kür gezeigt hat, verliere ich endgültig die Nerven. Eiskunstlaufen ist für mich Folter. Diesen Sport hat sich ein sehr böser Mensch ausgedacht, um mich zu quälen. Ganz sicher. Aber da hat er die Rechnung ohne den Wirt gemacht.

Die vermeintliche Rettung baumelt direkt über meinem Kopf, der Alarmknopf. Ich presse mit aller Kraft meinen Daumen auf das Dreieck. Beinahe augenblicklich erscheint ein sehr adrett in Weiß gekleideter Mann in meiner Zimmertür.

»Was gibt's, Herr Hagen?«, will er wissen.

»Eben nichts, nur blöden Eiskunstlauf«, antworte ich leise. Sprechen fällt mir schwer. Außerdem: Wie kann der Typ nur fragen, was es gibt? Ich bin verärgert über so viel Ignoranz. Er muss meine Notlage doch erkennen. »Umschalten, bitte, bitte«, hauche ich. Und das Wunder geschieht. Der junge Mann kommt an mein Bett, drückt auf dem Telefon, also der Fernbedienung herum und schaltet beinahe mühelos durch die Programme. Bei einer Kochsendung nicke ich vor Freude. Ich liebe Kochsendungen.

Jetzt bin ich allein mit dem Rehragout, das die Kandidaten im Fernsehen zubereiten müssen. Ich bin glücklich. Habe ich jetzt tatsächlich eine ganz persönliche – menschliche – Fernbedienung? Nur für mich allein? Wie cool! Obwohl im Fernsehen noch das Dessert, ein Cranberry-Crumble, läuft, beschließe ich, umzuschalten. Wieder drücke ich den dicken, roten Knopf und wieder erscheint der Mann in Weiß.

»Was gibt's denn dieses Mal?«, fragt er. Gereizt klingt er, finde ich. Warum nur? Statt zu antworten, deute ich nur auf den Fernseher. Er schaltet wieder durch die Programme. Ich finde es schön, wie er das so macht. Sicher ein Profi. Professioneller Zapper, denke ich. Toller Job. Ich bin ein bisschen neidisch.

»Herr Hagen, was wollen Sie denn nun sehen?«, sagt er unwirsch. Bei einer amerikanischen Krimiserie, die dummerweise in Miami und nicht in New York spielt, nicke ich wieder. Wahrscheinlich tun meinem persönlichen Programmdurchschalter die Finger weh und er braucht eine Pause.

Es ist Nacht. Der Fernseher läuft immer noch. Ich habe geschlafen. Aber jetzt bin ich wach und habe Schmerzen im linken Bein. Gern hätte ich ein Medikament. Sicher kann mein Programmdurchschalter auch Tabletten besorgen. Er hatte ja genug Zeit, um sich zu erholen. Ich drücke auf den Zauberknopf. Da ist er auch schon, mein Retter. Ich deute auf den schmerzenden Oberschenkel und sage leise »Aua«. Er gibt mir zwei Tabletten.

»Und können Sie noch mal umschalten, bitte?« Mein Durchschalter blickt mich streng an und schaltet den Fernseher ab.

»Genug geglotzt für heute, Herr Hagen«, sagt er rigoros. Dann ist er auch schon wieder weg. Der Bildschirm ist schwarz. Mein Bein tut weh. Ich bin traurig. Also rufe ich Kimberly an. Ich versuche es immer wieder. Die Nummer hat sie mir aufgeschrieben. Null, acht, neun – allein für die Vorwahl brauche ich eine Ewigkeit. Ob ich noch mal meinen persönlichen Durchschalter frage? Da ertönt endlich ein Freizeichen.

»Hallo?«

»Ich bin's, Clemens Hagen.«

»Hi, Clemens. Du musst deinen Nachnamen nicht sagen, ich weiß, wer du bist.«

»Du klingst müde.«

»Es ist vier Uhr nachts. Alles okay mit dir?«

»Ja, aber die Technik nervt.«

»Hast du Schmerzen? Albträume?«

»Schlimmer! Mein Fernseher ist aus.«

23. Dezember, morgens

Was mich geradezu in den Wahnsinn treibt, ist mein erzwungener Tabakverzicht. Für einen eingefleischten Raucher ist das das Härteste auf der Welt. Schlimmer als alle Schmerzen. Und heute ist meine Gier nach Tabak besonders stark. Ich wache auf, draußen scheint die Sonne und ich brauche eine Zigarette. Sofort und unbedingt. Vorsichtig, wegen der diversen Infusionsnadeln in meinen Armen, ziehe ich meinen Bademantel an und schleppe mich zu dem kleinen Tisch am Fenster. Besser gesagt: Ich schleiche. Die fünf Schritte kommen mir vor wie ein Marathon. Vielleicht hat Kimberly ja ihre Zigaretten vergessen, hoffe ich inständig. Man weiß nie. Auf dem Tisch liegen einige Mandarinen, zwei Becher Vanillepudding, ein Stapel Postkarten und Briefe mit Genesungswünschen sowie diverse Zeitschriften, allesamt ungelesen, weil mir immer die Buchstaben vor den Augen verschwimmen. Und zu guter Letzt liegt da noch das »Gutsinger Tagblatt«. Beziehungsweise das, was davon übrig ist. Jemand hat die Zeitungsseiten zerrissen und aus den Papierschnipseln etliche Zigaretten-Attrappen gedreht. Attrappen, weil die Röhrchen hohl sind, also der Tabak fehlt. Wer, um alles in der Welt, macht so einen Blödsinn? Und vor allem: Wann ist das passiert? Ich war doch die ganze Zeit hier. Ich hätte den mysteriösen Selbstdreher bemerken müssen. Aber da war niemand. Ganz sicher. Ausgiebig besehe ich mir das Schlachtfeld auf dem Tisch. Ich grübele und grübele. Hat mir jemand einen Streich gespielt? Vielleicht der ansonsten so nette Zapper, der immer kommt, wenn ich den Alarmknopf drücke? Aber ich hätte ihn hören müssen, so leicht wie mein Schlaf momentan ist. Da dämmert es mir. Der Selbstdreher, das muss ich selbst gewesen sein. Irrtum ausgeschlossen! Wie peinlich! Ich verlasse den Ort der Schande und lege mich wieder hin. Zigaretten drehen, so ganz ohne Tabak, was für eine abgedrehte Idee. Ich muss über mein eigenes Wortspiel schmunzeln. Eigentlich ist dieser Zustand, in dem ich skurrile Dinge anstelle, über die ich später lachen kann, ganz famos. Auf diese Weise überrascht man sich selbst immer wieder. Es wird nie langweilig. Ein Perpetuum mobile der guten Laune. Ob ich mir die Idee patentieren lassen kann?

Da klopft es an der Tür. Die Schwester mit dem Frühstück.

»Ist da Nikotin drin?«, raunze ich sie gleich an, weil sie mich meine tiefsinnigen Gedanken nicht zu Ende spinnen lässt. Vielleicht geht mir wegen ihr die tollste Geschäftsidee meines Lebens durch die Lappen.

Die Schwester schüttelt mit dem Kopf und sagt: »Ts, ts, der liebe Herr Hagen, immer einen Scherz auf den Lippen.« Sie stellt das Tablett mit dem Essen neben meinem Bett ab und verschwindet wieder. Wenn schon kein Nikotin, dann wenigstens Koffein, denke ich. Ich schenke mir ein Tässchen von dem wässrigen Krankenhauskaffee ein.

Auf dem Weg zu Clemens treffe ich einen Typen, der mit seinem Flaumbärtchen ausschaut, als wäre er gerade erst in die Pubertät gekommen.

»Sie wollen zu Herrn Hagen, oder?«

»Ja, warum?«

»Vielleicht könnten Sie ihm netterweise beibringen, dass er nicht ständig den Alarmknopf drücken darf?«

»Hat er das denn so häufig getan?«

»Ich habe mitgezählt. Er hat gestern, nachdem Sie weg waren, 73 Mal nach mir geklingelt. Damit ich für ihn umschalte. Ich bin hier zwar nur Zivi, aber wir haben noch andere Patienten. Und andere Probleme.«

Da klopft es erneut an der Tür und Kimberly betritt mein Zimmer. Meine Stimmung hellt sich sofort wieder auf. Schön, dass sie es heute so früh geschafft hat. Und sieht sie nicht noch bezaubernder aus als sonst? Wir begrüßen uns liebevoll, dann frage ich direkt: »Du, Schatz, hast du Zigaretten dabei? Ich möchte jetzt eine rauchen, bitte, bitte.«

»Clemens, du weißt doch, dass du in einem Krankenhaus bist. Hier herrscht strengstes Rauchverbot.«

»Aber ins Schwesternzimmer, da können wir hingehen. Da darf man rauchen. Ganz sicher. Die freuen sich bestimmt über Gesellschaft.«

»Auch für die Schwestern gibt's kein Raucherzimmer. Die müssen auch raus in die Kälte.« Die Schwestern tun mir leid, weil es doch Winter ist und kalt. Ich tue mir leid, weil Indoor-Rauchen anscheinend wirklich schwieriger ist, als ich dachte.

»Ach, und bitte tyrannisiere den Zivi nicht so.«

»Welchen Zivi?«

»Huch, was ist denn hier passiert?«, sage ich, statt ihm zu antworten. Auf dem Tisch sieht es aus wie in einer kubanischen Tabakfabrik. Aus den Zeitungen hat Clemens Dutzende Zigarettenhüllen gebastelt. »Warst du das?« Er sieht mich stolz an.

Kimberly ist gerade auf der Toilette, da fasse ich einen verwegenen Plan. Ich werde ihre Zigaretten und ihr Feuerzeug stibitzen. Freiwillig rückt sie sie ja nicht raus. Gerade als ich das Schwarze Loch, das Kimberly Handtasche nennt, durchwühle, kommt sie zurück aus dem Bad. Als sie mich, den wohl ungeschicktesten Taschendieb der Welt, auf frischer Tat ertappt, muss sie lachen.

»Brauchst dich gar nicht bemühen. Ich hab die Zigaretten extra im Auto gelassen. Wie sagt der Bauer? Man kennt sein Schwein am Gang.«

Während mir Kimberly neue Abenteuer von Familienhund Leo erzählt, dass er neuerdings die Frauchen der Hunde, die er nicht mag – so kleine penetrante Kläffer –, anpinkelt, balle ich unter der Bettdecke meine Faust. Ganz fest. Ich umklammere meinen Schatz. Ich muss ihn vor Kimberlys Augen versteckt halten. Als mich meine Liebste später verlässt, besehe ich sogleich die Beute, die ich in Kimberlys Tasche gemacht habe: ein Streichholzbriefchen mit der Aufschrift »Zur guten Besserung«. Ist das nicht ein Zeichen? Ich soll rauchen, damit ich schnell wieder ganz gesund werde. So muss es sein. Das Einzige, was ich jetzt noch brauche, ist Tabak. Da habe ich, was derzeit nicht oft vorkommt, einen Geistesblitz. Ich läute nach der Schwester und bestelle Tee, gleich ein Kännchen, weil da die Teebeutel separat kommen. Ich werde mir nämlich eine Zigarette aus Teeblättchen drehen, eine Teegarette. Habe ich selbst noch nie geraucht, aber egal. Schwarzer Tee, der schmeckt sicher so ähnlich wie die Tabakmischung Schwarzer Krauser, denke ich voller Vorfreude.

Teebeutel und Streichhölzer in der Hand, schlurfe ich zurück zu dem Tisch am Fenster. Gut, dass weder Kimberly noch die Schwester meine Zigarettenhüllen weggeschmissen haben. Der Bau meiner ersten Teegarette klappt ganz vorzüglich. Nur dass die Zeitungsschnipsel keine Klebestreifen haben, ist ein kleiner Schönheitsfehler. Aber nicht zu ändern. Ich öffne das Fenster und entzünde die Selbstgedrehte. Dann nehme ich einen tiefen Zug und blicke dabei auf das schöne Gutsinger Kloster. Die Teegarette schmeckt genauso wunderbar, wie es der Ausblick ist. Den Rauch blase ich aus dem Fenster, schließlich will ich keinen Alarm auslösen. Während ich so versonnen vor mich hin qualme, höre ich gar nicht, dass jemand mein Zimmer betreten hat. Die Schwester!

»Herr Hagen, wie können Sie nur?«, beginnt sie. »Wenn das rauskommt, kommen Sie in Teufels Küche.«

Als ich »Da war ich schon« erwidere, verliert die Schwester die Contenance.

»Einen so aufmüpfigen Patienten wie Sie habe ich selten erlebt. Ich hole jetzt den Arzt.« Dann knallt sie die Tür hinter sich zu.

Der Arzt, er ist ungefähr halb so alt wie ich, weist mich auf die exorbitant hohen Kosten einer Evakuierung der Klinik im Falle eines Feueralarms hin. Außerdem würden natürlich auch rechtliche Konsequenzen drohen. Kleinlaut lasse ich die Standpauke über mich ergehen.

Dann sagt der Doktor ernst: »Herr Hagen, ich erteile Ihnen einen mündlichen Verweis.« Ich muss lachen, weil mich sein Ton so sehr an meine wenig rühmliche Schulkarriere erinnert. »Das ist nicht komisch«, sagt der junge Mann genervt.

»Nein, natürlich nicht«, antworte ich immer noch grinsend. Ich fühle mich wie der Qualm-Rebell von Gutsing, so eine Art Robin Hood aller unterdrückten Krankenhaus-Raucher. Dann verlässt der Arzt mein Zimmer, die triumphierend dreinblickende Schwester im Schlepptau. Ich bin wieder allein. Gott sei Dank. Da mein Teegaretten-Experiment ansonsten glänzend funktioniert hat, fühle auch ich mich fantastisch. Die nächste Selbstgedrehte werde ich auf der Toilette rauchen, beschließe ich. Ganz so wie früher in der Schule.

24. Dezember, abends

Clemens schläft. Schnarchen kann er nach dem Luftröhrenschnitt immer noch nicht, er sieht aus wie ein Weihnachtsengel. Friedlich und selig schlummert er. Sechs Stunden war ich nun bei ihm. Da er noch keinen Besuch will (»Dann muss ich dauernd meine Krankengeschichte erzählen, und so ganz versteh ich sie ja selbst noch nicht«), habe ich ihm zu Weihnachten alle Wünsche, SMS und Mails, die er, beziehungsweise ich für ihn in den letzten Wochen bekommen habe, ausgedruckt und als Buch gebunden. Als er das Buch vorhin las, war er von der großen Anteilnahme sehr berührt. Er hat gesehen, wie viel Angst all die anderen um ihn hatten. Und er hat endlich kapiert, wie schrecklich knapp es war.

Es schmerzt mich, dass ich ihn gerade heute in der Klinik allein zurücklassen muss. An Weihnachten, dem Fest der Liebe, will man seinen Liebsten unbedingt bei sich haben. Ich drücke Clemens den Plüschpinguin in die Hand, damit er was zum Kuscheln hat – und einen Kuss auf die Stirn. Dann fahre ich zu meinen Eltern. Passenderweise läuft »Driving Home for Christmas« im Radio. Ich kann es kaum glauben, dass schon Heiligabend ist. Die Zeit rast und ich mache irgendwie nichts und doch so viel. Ich fahre zu Clemens, bin bei Clemens und fahre zurück. Dann erzähle ich meinen Eltern, wie es bei Clemens war. Seit es ihm besser geht, reden wir natürlich auch über andere Sachen, lachen wieder mehr, aber er ist allgegenwärtig – auch wenn er immer noch in Gutsing ist. Auch wenn er zurück ist, vermisse ich ihn in meinem Alltag. Wenn es den überhaupt noch gibt. In meinem neuen Alltag zwischen Klinik und richtiger Welt. Oder spielt sich in der Klinik vielmehr die richtige Welt ab? Da geht es nicht um Oberflächlichkeiten, sondern um die essenziellen Dinge. Wie es einem geht, nicht, welche Musik man hört oder welche Jeans man trägt.

Als wir beim Weihnachtsessen sitzen, ruft Clemens an. »Wollt ihr nicht alle zu mir kommen? Bitte. Ich bin hier so allein. Es ist doch Weihnachten.«

»Clemi, Schönster, das geht leider nicht. Abends dürfen keine Besucher in der Klinik sein.«

»Bitte kommt zu mir. Bitte!«

»Wir feiern Weihnachten mit dir einfach nach.«

»Was gibt's zu essen bei euch?«

Ich überlege kurz. Gänsebraten liebt er. Also schwindel ich: »Viel Gemüse-Zeug. Rote-Beete-Salat und …«

»Keinen Gänsebraten?«

»Nein. Gedünsteten Lachs und Spinat.«

»Das könnt ihr sehr gern allein essen.«

»Die wirklich leckeren Sachen heben wir uns auf für dich. Du verpasst überhaupt nichts.«

»Okay, fein. Ich schlaf jetzt mal. Ciao. Und bring mir morgen bitte eine Cola mit.«

»Mach ich. Auch ein paar Reste von heute?«

»Bloß nicht. Damit bewerfe ich meine Feinde.«

Draußen ist es dunkel. Es muss schon spät sein. Ich habe ziemlich komisch geträumt, erinnere mich aber nicht richtig. Welcher Tag ist heute? Wo ist meine Kimberly? Sie ist nicht hier. Hat sie mich vergessen? Will sie mich in meinem Krankenzimmer verrotten lassen? So muss es wohl sein. Ich rufe sie besser an. Es könnte sein, dass sie mich wieder betrügt. Hat sie ja schon mal. Mit diesem Rudi, dem Radiomoderator. Dieser Schmierlappen. Er glaubt, dass er alle Frauen mit seiner Samtstimme einlullen kann. Dabei habe ich, glaube ich, auch eine ganz hübsche Stimme. Tief, männlich. Bisher fanden alle Frauen meine Stimme attraktiv, manche sogar sexy. Allein die Vorstellung, dass Kimberly jetzt mit Rudi zusammen ist, macht mich verrückt. Wo ist das Telefon? Ah ja, neben dem Bett, da wo es immer ist. Ich wähle jetzt die Nummer von Kimberlys Eltern. Angeblich ist Kimberly immer da, also immer dann, wenn sie nicht bei mir ist. So wie jetzt. Es klingelt. Kimberlys Vater ist dran. Er klingt verschlafen. Ich sage: »Hallo, hier spricht Clemens, der Simulant aus Gutsing. Kann ich Kimberly sprechen, bitte?«

Der Vater: »Clemi, du bist unser Weihnachtswunder. Wie schön, dich zu hören. Frohe Weihnachten! Wie geht es dir? Es ist ja schon spät. Kimberly schläft, aber warte, ich wecke sie.«

»Hallo, Süßi!«

»Wo bist du? Warum bist du nicht bei mir?«

»Schatz, ich war doch vorhin bei dir. So wie jeden Tag. Und ich komme gleich wieder zu dir. Warte mal, es ist … vier Uhr dreißig. In ein paar Stunden fahr ich schon wieder los. Aber jetzt ist es tief in der Nacht. Wir schlafen alle schon längst.«

Ich glaube Kimberly kein Wort und sage: »Das kann ja jeder behaupten. Du besuchst mich nicht mehr. Du hast eine Affäre. Mit diesem Radio-Rudi. Ich komme jetzt zu dir. Ciao!«

Wütend knalle ich den Hörer auf das Telefon. Dann gehe ich ins Bad. Ich blicke kurz in den Spiegel und erschrecke. Meine Wangen sind stark eingefallen. Ich sehe abgemagert aus. Bin ich kräftig genug für die Reise zu Kimberly? Ja, natürlich bin ich das. Ich muss der Sache mit Rudi auf den Grund gehen. Also los! Ich packe meinen Kulturbeutel. Habe ich an alles gedacht? Zahnbürste und Zahnpasta, Haarbürste und Haarpasta. Haarpasta? Ich lache über meinen Witz. Bescheuert, nicht? Jetzt noch das Duschgel, Shampoo, Deo, Rasierer, Aftershave. Nichts vergessen? Dann Reißverschluss zu.

Perplex starre ich den Telefonhörer an. Schlagartig bin ich hellwach. Was hat Clemens da gesagt? Dass er zu mir kommen will? Ich wünsche mir nichts sehnlicher, aber doch nicht jetzt. Es ist Nacht, draußen ist es klirrend kalt, er würde erfrieren oder ausrutschen. Nicht auszudenken. In Gutsing gibt es nicht mal einen Taxistand. Clemens würde sich sofort verlaufen. Um Himmels willen. Ich bekomme Angst. Dieser Dickschädel. Ihm ist alles zuzutrauen. Und wer ist dieser Rudi, auf den er so eifersüchtig ist? Verdammt, ich muss ihn stoppen. Schnell wähle ich seine Nummer. Aber da geht niemand ran.

Mit dem Kulturbeutel unterm Arm schlurfe ich zurück ins Zimmer. Ich lege ihn in eine Papiertüte, eine von den stabilen mit

Bodenpappe, die Kimberly mitgebracht hat. Dazu kommen einige Zeitschriften, der Pinguin und die bunte Stoffeule, ein Geschenk von Kimberlys Mutter, um meine Genesung zu beschleunigen. Alles passt perfekt. Die Eule guckt neugierig über den Tütenrand ins Freie. Sie sieht ein bisschen aus wie Daisy, die putzige Yorkshire-Dame des ermordeten Münchner Modeschöpfers Rudolph Moshammer, der das Hündchen stets in einer Louis-Vuitton-Tasche transportierte. Meine Eule ist aber auch ein schönes Tier. So, jetzt noch schnell Klamotten packen. Viel habe ich nicht hier. Zum Glück, denn Kleidung zusammenlegen ist keine meiner Stärken. Aber wundersamerweise passt alles perfekt in meine zweite Tüte, die Sneakers, Jeans, Hemd, Pullover. Hurra, ich bin reisefertig. Da fällt mir ein: Ich habe ja gar kein Geld. Wie nur das Taxi bezahlen, das mich gleich von Gutsing nach München bringt? Eine Fahrt von beachtlicher Länge immerhin. Wird mich Kimberly nach meiner Ankunft vielleicht gar nicht auslösen, wenn sie doch lieber mit ihrem Rudi zusammen ist als mit mir?

Und noch eine Frage beschäftigt mich: Was werden die Krankenschwestern sagen, wenn ich ihnen mitteile, dass ich hier auschecke? Amüsiert sein werden sie nicht. Das ist sicher. Egal. Kommt Zeit, kommt Rat. Ich ziehe meinen blauen Frottee-Bademantel über, denn schließlich ist draußen Winter. Er ist nicht besonders kleidsam. Im Kreuz zwickt er ordentlich und die Ärmel sind viel zu kurz. Da fällt es mir ein. Der Bademantel gehört Kimberlys Mutter. Sie hat ihn mir nur geliehen. Aber ich gehe ja auch auf keine Modenschau. Also los! Ich nehme meine akkurat gepackten Tüten und öffne die Zimmertür. Ein Blick zurück noch und ich mache mich auf den Weg. Wehmut verspüre ich nicht. Wie heißt es in New York, wenn man von einer Absteige spricht: Es ist nicht das Ritz. Als ich die ersten Schritte auf dem Klinikflur mache, merke ich, dass ich nicht gut zu Fuß bin. Ich bin schwach. Also fünf Meter gehen, dann ein kleines Päuschen. So kämpfe ich mich weiter. Mir wird warm, ich transpiriere leicht.

Also ziehe ich den Bademantel wieder aus und lege ihn mir lässig über den Arm.

Ich wähle die Nummer der Station B4. Ein Pfleger ist dran, ich berichte ihm aufgebracht von meinen Sorgen, dass Clemens sich selbst entlassen will.

»Bitte stoppen Sie ihn! Oder noch besser: Sperren Sie seine Tür zu!«

»Das geht leider nicht«, sagt er. »Wir sind eine Klinik, kein Gefängnis. Wir können niemanden zwingen, hier zu sein.«

»Aber Clemens ist noch nicht ganz bei sich, er hat komische Träume und Visionen. Können Sie ihn wenigstens fixieren?«

»Nein, dazu gibt es keinen Grund mehr. Das wäre Freiheitsberaubung.«

»Bitte! Halten Sie ihn irgendwie auf!«

»Ich werde die Nachtschwestern informieren. Falls er tatsächlich geht, würde ich Sie natürlich informieren.« Na toll. Was kann ich nur tun? Nervös renne ich im Wohnzimmer auf und ab. Golden Retriever Leo wird in seinem Körbchen wach, sieht mich erwartungsfroh an. Aber nach Ballspielen ist mir gerade nicht zumute. Zur seelischen Unterstützung bringt er mir sein Stoffschwein Piggy. Ich streichele den Hund und merke, wie meine Finger zu zittern beginnen.

Als ich das Schwesternzimmer nach einer gefühlten Ewigkeit erreiche, erwarten mich bereits zwei kichernde Krankenschwestern. Nadja und eine Kollegin, deren Name mir gerade entfallen ist. Nadja fragt: »Na, Herr Hagen, wohin des Wegs?«

»Zu meiner Kimberly möchte ich«, antworte ich wahrheitsgemäß.

»Aber doch nicht zu dieser Uhrzeit?«, will Nadja wissen.

Ich: »Doch, doch. Ich habe Sehnsucht nach ihr. Sie holt mich auch bestimmt ab.«

»Ihre Verlobte kommt Sie morgen besuchen, jetzt ist es zu spät. Jetzt gehen wir wieder schlafen, Herr Hagen, dann sind Sie morgen ausgeruht, wenn Kimberly kommt«, ordnet Nadja rigoros an. Ich fühle mich schwach. Zu schwach jedenfalls, um Widerstand zu leisten. Also schleiche ich zurück zu meinem Zimmer. Ich bin außer Atem und sehr verärgert. Verärgert, weil mich mein Körper gerade eben so schändlich im Stich gelassen hat und weil Nadja nicht versteht, wie wichtig meine Mission gewesen wäre. Jetzt werde ich nie herausbekommen, ob Kimberly mit Rudi fremdgeht. Ich stelle die Tüten neben mein Bett und lege mich hin. Den Bademantel werfe ich über meine Füße, weil das so schön warm ist. Ich denke an Kimberly und freue mich auf ihren Besuch. Ich freue mich so sehr auf sie.

Um kurz vor sechs Uhr morgens spreche ich noch einmal mit dem Pfleger.

»Wir konnten den Patienten gerade aufhalten«, sagt er leicht amüsiert.

»Gott sei Dank!«, antworte ich und atme erleichtert auf.

»Es war auch nicht sehr schwer. Herr Hagen kam in Unterhose den Gang entlanggeschlurft, sein Tempo war ziemlich überschaubar. Wir haben ihn einfach umgedreht und er ist zurück in sein Zimmer. Ich glaub, er war heilfroh, nicht weiter flüchten zu müssen.«

Erschöpft falle ich ins Bett. Morgen werde ich Clemens sein Handy mitbringen, auch, wenn das in der Klinik nicht so gern gesehen wird. Es ist zu seiner eigenen Sicherheit. Wenn er noch mal flüchten will, soll er dabei wenigstens erreichbar sein.

25. Dezember, mittags

Mein Handy klingelt. Bitte lass es nicht die Klinik sein, denke ich. Kein erneuter Fluchtversuch in Unterhose. Aber es ist nicht Gutsing, sondern Feuerwehrmann-Frau Julia, wie mir mein Display verrät.

»Frohe Weihnachten, Julia«, begrüße ich sie. Ich höre nur Schluchzen. »Julia? Hallo?« Sie weint noch mehr.

»Tut mir leid, wenn ich dich störe …«

»Du störst überhaupt nicht. Was ist passiert?«

»Felix«, stammelt sie, »hat versucht, sich umzubringen.«

Ich wollte eben zu Clemens fahren, jetzt muss ich mich doch setzen. »Oh nein!«

»Doch.«

»Wie?«

»Er hat sich die Pulsadern aufgeschnitten.«

»Um Gottes willen«, stammele ich bestürzt.

»Das Koma ist schuld. Es hat ihn kaputtgemacht.«

»Wo ist er jetzt?«

»In Gutsing. Sie probieren, ihn dort zu retten. Mal wieder. Die Ärzte meinen, es sei gut gewesen, dass ich ihn gleich gefunden habe. Dass er nicht noch mehr Blut verloren hat.«

»Es tut mir von Herzen leid, Julia. Ich bin auch gleich in der Klinik. Wollen wir uns treffen?«

»Das ist lieb. Mal schauen, wie es mit Felix weitergeht. Ich sag dir Bescheid. Tschüss.«

Nachdem ich aufgelegt habe, denke ich an Felix. Ist er ein Einzelfall – oder geht es viel mehr Menschen nach dem Koma so? Plötzlich bin ich noch dankbarer, wie toll sich Clemens macht. Okay, er mag einen Toast mit Rasierschaum essen oder in der Unterhose auschecken wollen, aber was ist das schon gegen aufgeschnittene Pulsadern?

Oberarzt Schultze legt die Stirn in Falten und sagt: »Wie lange sind Sie denn jetzt schon bei uns, Herr Hagen?«

»Knapp vier Wochen sind es bestimmt«, antworte ich wahrheitsgemäß.

»Dann wird es höchste Zeit für ein bisschen Bewegung. Ich werde unserem Physiotherapeuten gleich Bescheid geben«, ordnet der Doc an.

»Ähm, also wenn's sein muss, dann natürlich«, versuche ich meine überschaubare Begeisterung zu kaschieren.

»Es muss!«, sagt Schultze kategorisch und entschwindet mit seinen Kollegen aus meinem Zimmer. Die tägliche Visite ist beendet. Wenige Minuten später, im Fernsehen läuft gerade eine ganz interessante Dokumentation über das Aussterben der Dinosaurier, klingelt das Telefon.

Eine sehr hohe Fistelstimme ist zu hören: »Hallo, ich bin der Herr Mayer. Mayer mit A und Y. Sie können mich aber auch einfach Klaus nennen. Ich komme jetzt zur Massage, ja?«

Uff. »Gern, ich freue mich«, lüge ich, ohne rot zu werden. Schweren Herzens verabschiede ich mich vom Tyrannosaurus Rex und seinen kleinen Freunden. Da klopft es schon an der Tür.

»Ja, herein«, rufe ich. Es erscheint ein circa sechzigjähriger, sonnenstudiogebräunter Mann mit blonden Strähnchen im ansonsten rot-grauen Haar. Ich muss lachen, beiße mir aber gerade noch rechtzeitig auf die Zunge.

Herr Mayer stellt sich vor und sagt: »Herr Hagen – oder dürfte ich Clemens sagen –, würdest du dich obenherum freimachen, bitte? Ich möchte mir deine Oberkörpermuskulatur ansehen.« Der kommt gleich zur Sache, stelle ich überrascht fest. Aber ich erfülle Herrn Mayer seinen Wunsch. Was tut man nicht alles für eine schnelle Genesung? Mit kräftigen Fingern ergreift er meine Schultern.

»Sie haben im künstlichen Koma ganz ordentlich Muskelmasse verloren, nicht wahr?«, fragt Herr Mayer.

Ich sage: »Wenn Sie, äh, wenn du meinst. Der Schwarzenegger war ich aber nie, so vom Typ her.«

»Haha, sehr komisch«, sagt Herr Mayer und ergreift ein pinkes Nylontäschchen, das er mitgebracht hat. Er nimmt eine kleine Flasche mit Massageöl heraus und reibt damit meinen Rücken ein. »Erst mal ein bisschen locker machen, gell?«, sagt Herr Mayer.

Ich bin kein großer Massage-Fan, besonders, wenn der Masseur ein Mann ist. Trotzdem tue ich jetzt so, als würden alle Verspannungen blitzartig von mir abfallen. Es soll ja schnell gehen. Gleich kommt der zweite Teil der Dino-Doku im Fernsehen.

»Würdest du dich mal auf den Bauch legen?«, bittet Herr Mayer und macht mit wenigen geübten Handgriffen mein Bett zur Massagebank. Dann schnappt er sich das pinke Täschchen und sagt: »Der Massagestab wird dir gefallen. Sehr entspannend.« Ich sehe schon vor mir, wie Herr Mayer mit einem riesigen Vibrator über mich herfällt. Als ich dann noch leises Surren vernehme, bekomme ich beinahe Schnappatmung. »Ganz ruhig, Clemens, du musst dich nicht an deinem Bett festkrallen.« Ich denke an den T-Rex und seine Killerkrallen und umfasse die Gitterstäbe des Bettgestells noch entschlossener. Habe ich den Tod besiegt und die schlimmsten Albträume überstanden, um am Ende als Gespiele eines schwulen Krankenhaus-Masseurs zu enden? Ich bin keinesfalls homophob – Kimberly und ich wohnen schließlich in einem Schwulenviertel –, aber Herr Mayer macht mir ein wenig Angst.

Da geht plötzlich die Tür auf und Kimberly betritt das Krankenzimmer. »Was machst du denn da, Schatz?«

»Hi, Süße«, sage ich zur Begrüßung. »Darf ich vorstellen? Das ist Herr Mayer mit A und Y. Du kannst ihn aber auch Klaus nennen. Er hat mich gerade massiert«, erkläre ich und federe vom Bett.

Inständig hoffe ich, dass Herr Mayer sein pinkes Täschchen packt und verschwindet. Vergeblich.

»Clemens, so einfach kommst du mir nicht davon«, stellt der Masseur entschieden fest. »Wir machen jetzt noch ein bisschen Gymnastik. Stell dich mal hin und breite die Arme aus. So, jetzt schön damit kreisen.« Ich bemühe mich, möglichst gequält zu schauen. Aber da fällt mir Kimberly in den verspannten Rücken.

»Prima, das ist wie Yoga, Clemens. Das macht Spaß.« Ungefragt sportelt sie enthusiastisch mit. Ich bin schwer genervt und lege mich wieder ins Bett.

»Ich heiße nicht Otto Lilienthal. Macht eure komischen Flugversuche mal schön allein«, schimpfe ich.

»Na gut, Herr Hagen, für heute lasse ich dich vom Haken«, sagt Herr Mayer, sichtlich stolz auf seinen Scherz.

Kimberly reagiert enttäuscht. »Wollen wir nicht noch eine Einheit machen?« Ich sehe sie vorwurfsvoll an.

Herr Mayer verabschiedet sich mit der Drohung: »Morgen komme ich wieder.«

Als er endlich weg ist, sage ich zu Kimberly: »Na, eifersüchtig auf meinen Masseur, Liebling?«

Kimberly schüttelt schmunzelnd den Kopf. »So ein Personal Trainer ist doch purer Luxus. Oder muss ich etwa wirklich eifersüchtig sein?«

»Nö, nö, keine Bange. Aber ich habe Angst, dass ich hier ab sofort täglich den Sonnengruß machen soll.«

»Ein bisschen Yoga oder Pilates täte dir ganz gut. Du hast so lange Zeit gelegen. Das ist sicher gut für dich. Ich frage gleich mal, ob Herr Mayer morgen nicht eine Doppelstunde mit dir machen kann.«

»Untersteh dich. Sonst lasse ich mich wieder ins künstliche Koma versetzen.«

Aber hinter meinem vom langen Liegen verspannten Rücken macht Kimberly Ernst. In den folgenden Tagen entwickle ich mich regelrecht zum Klinik-Yogi. Und selbst Herr Mayer mit A und Y wächst mir so sehr ans Herz, dass ich ihn frage, ob er nach meiner Entlassung eventuell für Privatstunden zur Verfügung stünde. Seine augenzwinkernde Antwort?

»Ich mache keine Hausbesuche. Aber für ein Date im Dampfbad bin ich jederzeit offen.«

26. Dezember, abends

Nach einer Doppelstunde Klinik-Yoga, zwei Kochsendungen, ein paar Telefonaten mit Freunden (»Hier ist Clemens, der Stuntman aus Gutsing«) und einer Stunde Internet-Surfen mit seinem Handy (»Endlich Kontakt zur Außenwelt«) ist Clemens erschöpft, aber guter Dinge eingeschlafen. Selbst das Essen (Spargelcremesuppe, Käsebrot, Schokopudding und ein seltsamer Zitronentee) hat er ohne Murren verspeist. Jetzt liege ich neben ihm im Bett, er hat sich an mich gekuschelt und macht Playback-Schnarchen. So nenne ich seine tonlosen Versuche, doch wieder zu schnarchen. Die Lippen bewegen sich, die Nasenflügel beben leicht, aber es kommt kein sägendes Geräusch wie früher raus. Nur Luft. Er erinnert mich ein bisschen an die Comicfigur Goofy. Ich muss lachen, drücke ihn noch fester an mich und beobachte ihn weiter.

Sein Katheter ist endlich weg, selbst das Pflaster wegen des Luftröhrenschnitts wurde ihm abgenommen. Eine Kanüle in der Armbeuge hat er sich mal wieder selbst rausgerissen, aber Schwester Nadja meinte vorhin, dass das nicht schlimm sei. Keine Angst mehr, dass er gleich verblutet. Ich mustere Clemens genau. Sieht man ihm an, was er alles durchgemacht hat? Immer weniger. Er wird täglich mehr er selbst. Zwar ist er noch sehr dünn, klagt über Rücken- und Beinschmerzen. Das

Koma hat den Körper geschwächt, sein Gehör hat sich etwas verschoben, meint er. Er kann nicht sofort sagen, aus welcher Richtung ein Geräusch kommt. Ob von rechts oder links. Der Arzt meinte, dass sich das wieder einpendeln wird. Ansonsten ist noch die Narbe des Luftröhrenschnitts am Hals zu sehen – ein Souvenir aus dem Koma, dieser anderen, düsteren Welt. Die Narbe ist die letzte sichtbare Spur.

»Ich muss ab sofort halt immer ein Tuch oder einen Schal tragen«, sagte Clemens vorhin. Ich entgegnete ihm, dass er die Narbe mit Stolz tragen soll. Wie eine Goldmedaille für seinen Sieg im Überlebenskampf. Kein Grund, sie zu verstecken. Und die meisten Menschen wissen wohl eh nicht, was sie bedeutet. Es ist nur für Eingeweihte ein Erkennungsmerkmal.

Es ist mitten in der Nacht, Kimberly ist leider nicht mehr neben mir und ich kann nicht schlafen. Seit Stunden. Mein Zeitgefühl hat sich seit der Zeit im Koma verabschiedet. Dafür schwirrt mir die ganze Zeit »No Sleep Till Brooklyn« durch den Kopf, dieser Hit von den Beastie Boys aus den guten alten Eighties. Während ich so in meinem Krankenbettchen in Gutsing liege – anstatt in einem coolen Hip-Hop-Club in New York abzuhängen – frage ich mich: Warum muss ich ausgerechnet in diesem Moment an diesen Ohrwurm denken? Ununterbrochen dröhnt es: NO! SLEEP! TILL! BROOKLYN! Warum legt der Plattenspieler in meinem Gehirn keinen anderen Song auf? Robbie Williams vielleicht oder etwas Jazz vom großen Miles Davis oder die fantastische Sinfonie »Aus der Neuen Welt« von Antonín Dvořák? Nein, ich höre die Beastie Boys. Warum gerade jetzt? Welche chemischen Reaktionen laufen da in meinem Kopf ab? Welche Synapsen sind für die Beastie Boys verantwortlich? Allerdings stelle ich mir diese Fragen in Wirklichkeit aus einem ganz anderen Grund. Und der hat überhaupt nichts mit Musik zu tun. Ich will wissen, warum ich während meines künstlichen Komas immer wieder von Dämonen aus meiner Vergangenheit heimgesucht wurde.

Jetzt, da es mir wieder besser geht und ich einigermaßen klare Gedanken fassen kann, beschäftigt mich dieses Thema intensiv. Ich habe beim Googlen im Internet unter den Schlagworten »Künstliches Koma« und »Albträume« Berichte von Komapatienten entdeckt, denen es ganz ähnlich wie mir erging. Das ist zwar tröstlich, hilft mir aber nicht weiter. Denn was mir das Internet nicht verrät: Warum tauchen Menschen aus meinem Vorleben in meinen Albträumen auf? Auch wenn sie nie eine große Rolle gespielt haben. Gedanklich gehe ich noch einmal die Liste der Schurken und Bösewichte durch, die mich während meines langen Schlafs gequält haben. Nehmen wir Uzi-Ulli, den schießwütigen Zuhälter von der Hamburger Reeperbahn. Ihn gibt es in Wirklichkeit gar nicht, er muss ein Produkt meiner Fantasie sein. Ich habe in meinem Leben schon Zuhälter getroffen. Mit einigen von ihnen habe ich früher in einem Münchner Café gezockt, meist Backgammon. Zugegeben, auch um Geld. Das ist lange her, spielte sich Anfang ebenjener Achtzigerjahre ab, als das persische Brettspiel noch schwer angesagt war. Keiner dieser Herren taugt jedoch eins zu eins als Vorbild für Uzi-Ulli.

Uzi ist vielmehr eine Art menschliches Puzzle, bestehend aus den typischen Merkmalen meiner damaligen Backgammon-Gegner. Braun gebrannt, Maßanzug, schwere Armbanduhr, Goldschmuck (meist mit Brillis), durchtrainierter Körper (meist mit Muckis). Dass ich mich vor ihm so sehr gefürchtet habe, als sei er der Antichrist, ist nur ein paar Tage her. Ziemlich unheimlich. Anscheinend produziert das menschliche Gehirn nach Verabreichung stärkster Medikamentencocktails derartige Fehlfunktionen. Es sind zwar auch Gedanken, aber völlig unlogische. So wie Stockhausens Zwölftonmusik zwar auch Musik ist, aber völlig unmelodische. Im künstlichen Koma, so scheint es mir, wurden alle Stecker in meinem Hirn miteinander vertauscht. Der gelbe Stecker in die rote Steckdose, der rote Stecker in die blaue Steckdose, der blaue Stecker in die grüne Steckdose und so weiter.

Im Fall von Rudi, dem Radiomoderator, mit dem Kimberly durchbrannte, ist es einfacher. Verlustängste nennt der Psychologe so etwas. Wenn jemand sehr liebt, so wie ich meine Verlobte, dann fürchtet man das Verlassenwerden. Eine natürliche Reaktion, die wohl jeder Erwachsene kennt. Außer er leidet unter Gefühlskälte. Unverständlich machen meine Rudi-Albträume nur zwei Dinge: Erstens war und ist Kimberly jeden Tag an meinem Krankenbett und versichert mich ihrer Liebe immer wieder aufs Neue. Sie redet mit mir, streichelt mich, füttert mich, ist immer für mich da. Wie kann ich da nur an ihren Gefühlen zweifeln? Zweitens kenne ich gar keinen Radiomoderator, der Rudi heißt. Nicht einmal einen Rudi, wenn ich's recht bedenke. Also woher kommen die Eifersucht und die Angst vor dem Betrogenwerden? Haben sich in meinem Gedächtnis böse Erinnerungen an frühere gescheiterte Beziehungen so fest eingebrannt, dass ich sie heute auf meine Liebe zu Kimberly projiziere? Es muss so sein. Eine andere Erklärung habe ich nicht parat. Komischerweise kann ich damit auch ganz gut leben. Denn die Begründung ist logisch, nachvollziehbar für jedermann.

Anders sieht die Sache bei Chucky aus. Ihn halte ich für den Gipfel des medikamentös verursachten Irrsinns. Er war der erste Dämon in meinem Kopf und sicher auch die absurdeste Erscheinung während meiner Langzeit-Narkose. Obwohl es hier ein reelles Vorbild gibt: Der echte Chucky war ein sympathischer Grafiker, den ich nur einige wenige Male getroffen habe. Aber diese Treffen hatten keinen wirklichen Einfluss auf mein Leben – oder etwa doch? Warum also ausgerechnet Chucky die meisten und intensivsten meiner vielen Albträume beherrscht hat, interessiert mich brennend. Leider kenne ich niemanden, den ich dazu befragen könnte. Ich habe es versucht und einen alten Freund angerufen, der Chucky aus Hamburg kennt.

So wie ich. Als ich ihm mein Problem vortrug, verstand er anfangs nur Bahnhof.

»Was, Clemens, du meinst Chucky, die Mörderpuppe, aus diesen blöden Horrorfilmen?«, fragte er.

Als ich ihm erklärte, dass ich den echten Chucky meine, bekam mein Kumpel einen Lachanfall. Dann sagte er: »Du spinnst! Das ist der netteste Kerl auf dem Planeten. Der tut doch keiner Fliege was zuleide.«

Chucky hat mich gefoltert und er ließ mich vergiften, er hat auf mich geschossen und er wollte mich verbrennen und was weiß ich noch alles. Obwohl ich jetzt hundemüde bin, lassen mich die Gedanken an Chucky wach bleiben. Ich habe Angst vor dem Einschlafen. Ich habe Angst vor den Albträumen. Dass sie mich verfolgen – diese hyperrealen Albträume. Ich habe Angst davor, dass Chucky zurückkommen könnte. Und ich frage mich, warum in Krankenhäusern zwar der Körper geheilt wird, aber die Seele nicht. Warum haben sie hier keinen Doktor fürs Gehirn? Jemand, der meine Stecker wieder in die richtigen Steckdosen steckt. Eine echte Marktlücke, denke ich. Plötzlich dämmert es mir: Ich kann mir wahrscheinlich nur selbst helfen. Dann schlafe ich ein. Es sollte erstmals eine traumlose Nacht werden.

27. Dezember, mittags

»Bitte unterschreiben Sie hier und hier und hier«, sagt die Angestellte in der Aufnahme. Ich muss einen riesigen Stapel Papierkram erledigen. »Sie haben jetzt für Herrn Hagen keinen Betreuer mehr, deshalb brauche ich auch noch hier eine Unterschrift.«

»Der Betreuer hat eh äußerst dezent betreut«, murmle ich. Herr Peters hat mich nicht ein einziges Mal kontaktiert. Egal. Er hat dem Luftröhrenschnitt zugestimmt – das war die Hauptsache. Als ich fertig bin, sehe ich Julia. Sie schaut ziemlich fertig aus, die Augen rot geweint. Ich nehme sie in den Arm, frage nach Felix.

»Er hat überlebt«, bricht es aus ihr heraus.

»Ach, das sind ja großartige Neuigkeiten, Julia.«

»Für ihn nicht. Er sieht keinen Sinn mehr im Weiterleben.«

»Wo ist er jetzt?«

»Sie bringen ihn in die Psychiatrie. Voraussichtlich für sechs Wochen. Vielleicht auch länger. Er ist akut suizidgefährdet, meinte Frau Maier-Blechschmid. Und weißt du was? Sie war gar nicht so überrascht, dass er versucht hat, sich die Pulsadern aufzuschneiden.«

»Das bildest du dir ein.« Wie ein Häufchen Elend steht Julia vor mir. Ich würde ihr so gern helfen. Mit Felix. Mit der ganzen Situation. Aber wie?

»Seit Felix seine Gehirnblutung überlebt hat, will er sich umbringen. Das kapier ich nicht. Er hat eine zweite Chance bekommen und will die überhaupt nicht haben, geschweige denn nutzen.«

»Es tut mir schrecklich leid, Julia. Kann ich irgendwas für dich tun?« Sie schüttelt den Kopf.

Minuten später stehe ich vor Zimmer 464. Ich treffe Oberarzt Schultze, der gerade bei Clemens war.

»Und wie macht sich der Patient?«

»Sehr gut. Herr Hagen ist ein Kämpfer.«

»Das können Sie laut sagen.«

»Wir haben seine Speiseröhre heute Morgen gecheckt. Die Ader ist gut verheilt. Ich denke, Anfang nächsten Jahres kann er nach Hause.«

»Fabelhaft! Ich habe ihm Vanillekipferl mitgebracht. Wollen Sie auch ein paar?«

»Danke, wir werden mit Keksen und Plätzchen geradezu überschüttet. Ich muss langsam auf meine Linie achten.« Dr. Schultze fasst sich an seinen Bauch und ich gehe zu Clemens. Die Geschichte mit Felix behalte ich vorerst für mich. Sie ist einfach zu niederschmetternd. Ich möchte nicht, dass Clemens Angst bekommt. Angst davor, was das Koma mit einem anstellen kann. Fröhlich begrüßt mich Clemens, der in Jeans und Hemd auf seinem Bett sitzt.

»Du bist ja angezogen, richtig schick schaust du aus.«

»Ich hab vorhin auch das erste Mal allein geduscht. Ohne Hilfe.«

»Toll!«

»Noch toller ist, dass ich jetzt gehen darf.«

»Wer sagt das?«

»Dr. Schultze.«

»Bildest du dir das nicht eher ein? So als Wunschtraum?«

»Behandle mich nicht wie einen bescheuerten Patienten!«

»Du bist ein Patient. Aber nicht mehr lange. Ich hab den Schultze eben getroffen. Er hat mir gesagt, dass du in ein paar Tagen rausdarfst.«

»Warum tust du das? Warum bist du so anti? Mir fällt langsam die Decke auf den Kopf. Diesen Regenbogen kann ich auch nicht mehr sehen.« Clemens zeigt auf die bunte Wandbemalung.

»Ich finde den Regenbogen schön. Weißt du was – wir gehen jetzt mal raus. Frische Luft hat noch nie geschadet. Okay?«

Clemens schaut mich plötzlich verängstigt an.

»Meinst du, ich pack das?«

»Eben wolltest du doch noch für immer hier weg.«

»In welchem Stock sind wir?«

»Im vierten. Aber es gibt einen Lift. Na los. Komm! Ich helf dir auch.«

Vorsichtig steht Clemens auf. Natürlich ist er noch etwas wackelig auf den Beinen, aber Schritt für Schritt wird er sicherer. Auf dem Gang treffen wir Schwester Nadja.

»Darf Clemens mal kurz raus?«

»Gern. Wollen Sie zur Sicherheit einen Rollstuhl mitnehmen?«

Clemens sieht sie entgeistert an. »Auf keinen Fall.«

»Ich pass auf ihn auf«, verspreche ich. Fest umklammert Clemens meine Hand. Wie in Zeitlupe bewegen wir uns zum Lift. Neugierig schaut sich Clemens um. Wann immer uns ein anderer Patient begegnet, lächelt Clemens besonders freundlich. Er scheint sich wirklich zu freuen, langsam ins Leben zurückzukommen. Im Lift schnauft er erst mal kräftig durch.

»Ich fühl mich wie ein alter Sack.«

»Schnickschnack. Ist doch super, dass du dich überhaupt schon wieder bewegen kannst. Du hast eine zweite Chance bekommen, Clemens.«

»Schon, gell? Ein zweites Leben bekommt man höchstens ein Mal geschenkt.«

»Ja, mit ganz viel Glück. Du solltest dich nonstop freuen und dir auf die Schulter klopfen.«

Im Erdgeschoss angekommen, läuft uns Bruno in die Arme.

»Herr Hagen, wie schön, Sie so zu sehen – zur Abwechslung mal in der Vertikalen!«

Fragend sieht mich Clemens an.

»Das ist Bruno, Clemens. Von der Intensivstation. Weißt du noch?«

»Ah, ja, ja, ja. Hallo, Bruno. Danke für alles.«

Bruno strahlt ihn an: »Sie sehen richtig gesund aus! Glückwunsch!«

»Unser medizinisches Wunder will einen kleinen Ausflug machen«, erkläre ich. »Richte Vivi ganz liebe Grüße aus!«

»Mach ich. Sie wird sich freuen, wenn ich ihr erzähle, dass dein Verlobter schon gehen kann.«

»Schnell wie eine Schnecke.«

»Für Formel-1-Geschwindigkeit wäre es auch noch ein bisschen früh«, meint Bruno. Wir lachen, verabschieden uns und bewegen uns nach draußen. Vor der Klinik steht ein beleuchteter Weihnachtsbaum, die Sonne scheint, der Schnee glitzert.

»Oh, wie schön!«

»Ist dir nicht zu kalt?«

»Nein. Mir ist eher ziemlich heiß von der vielen Bewegung. Kann ich jetzt bitte eine Zigarette haben?«

»Lieber nicht.«

»Doch. Ich muss mich belohnen.«

»Also gut.« Ich gebe Clemens eine Zigarette, zünde sie ihm an. Glücklich inhaliert er den Rauch.

»Boah, schmeckt die toll! Noch nie in meinem Leben hat eine Zigarette so besonders gut geschmeckt. Allein dafür hat sich das Koma gelohnt.«

28. Dezember, nachmittags

Auf der Autobahn klingelt mein Handy. Clemens ist dran.

»Wann bist du da, Schönste?«

»In dreißig Minuten. Alles gut bei dir?«

»Ich schau mir grad ›Der Mann, der niemals lebte‹ mit Leonardo DiCaprio an. Ich hätte eine Frage an dich ....«

»Ich hatte nichts mit diesem Rudi – und kenn den auch gar nicht.«

»Ich weiß, ich weiß. Ich hab eine andere Frage. Kannst du mir bitte einen Big Mac mitbringen?«

Ich muss grinsen. »Gab's kein gutes Mittagessen?«

»Schweinebraten. Der war okay, ziemlich ungesalzen, aber ich hab so Lust auf einen Big Mac. Und Pommes. Mit Majo. Das wäre so fantastisch!«

Ein guter Appetit ist ein gutes Zeichen, überlege ich. »Weil du's bist. Bis gleich!«

In Gutsing mag es ziemlich wenig geben, aber eine McDonald's-Filiale, die kleinste, die ich je gesehen habe, ist doch vertreten. Täglich fahre ich an ihr vorbei, jetzt halte ich und gehe an die leere Kasse.

»Ein Big-Mac-Menü mit großer Cola, keine Eiswürfel, dafür noch mit Majo und süßsaurer Soße, bitte. Aber den Big Mac ohne Essiggurke und mit doppelt Käse. To go. Und können Sie die Tüte netterweise doppelt verpacken, damit es auch warm bleibt?«

Die Kassiererin, offenbar abgehärtet, was Extrawünsche betrifft, sagt nur: »Sehr gern. Guten Appetit.«

Ich laufe zum parkenden Auto, düse Richtung Klinik und überfahre zwei rote Ampeln. In der Dreißigerzone werde ich geblitzt. Shit! Ich schaue auf den Tacho. Sechzig Kilometer pro Stunde. Oje. Aber ich habe nur eine Mission: das Essen warm zu Clemens zu bringen. Es gibt kaum etwas Ekligeres als kaltes Fast Food. Nach allem, was er überstanden hat, verdient er einen warmen Big Mac.

Ich laufe mit der verführerisch duftenden Tüte zum Lift. Jeder Patient, den ich treffe, schaut mich geradezu flehentlich an. Im Fahrstuhl starrt mich auch gleich ein älterer, beinamputierter Mann an, der im Rollstuhl sitzt. Er kann offenbar nicht reden, aber ich verstehe, was er sagen will. Ich gebe ihm eine Handvoll Pommes. Er strahlt, als hätte er im Lotto gewonnen. Ich bin gerührt von so viel Dankbarkeit. Manchmal ist es so leicht, Gutes zu tun. Ich wünsche ihm noch alles Gute und laufe weiter. Völlig außer Puste komme ich bei Clemens an. Er schläft.

»Aufwachen! Essen ist da!« Ich halte ihm die Tüte unter die Nase. Blitzschnell wird er wach. Seine Augen funkeln.

»Yeah, wie geil, danke!« Wir setzen uns an den Tisch. »Nie habe ich dich mehr geliebt.«

»Dann hau mal rein!« Clemens genießt jeden Bissen, tunkt die Pommes ehrfürchtig in die Majo, kaut genüsslich wie noch nie. Ein wunderbares Bild. Dann packt er den Big Mac aus – als sei er ein Geschenk. Er küsst ihn, bevor er ihn Stück für Stück isst.

»Das ist wahre Medizin, Kimberly. Vergiss die ganzen Tabletten. Ein Big Mac hilft tausendmal mehr.«

Eine Stunde und eine hitzige Diskussion über die Frage, ob denn nun McDonald's wirklich besser ist als Burger King, später, ist Clemens eingeschlafen. In der linken Hand hält er noch immer die restliche Hälfte seines Big Macs fest. So sehr er ihm auch geschmeckt haben mag, aufessen konnte er ihn nicht. Zu viele Kohlehydrate nach der langen Krankenhaus-Diät. Ich nehme Clemens den Burger aus der Hand und verlasse einen friedlich schlummernden und mit Sicherheit satten Patienten. Wovon Clemens wohl gerade träumt?

Mmh, welch ein Festmahl! Köstlich, dieses Fast Food. Zumindest von Zeit zu Zeit. Soll ja nicht so sonderlich gesund sein. Aber egal. Jetzt hole ich mir noch eine Apfeltasche. Etwas Süßes muss einfach sein. Seltsam dekoriert, diese McDonald's-Filiale. Alles schwarz hier und in den Warteschlangen um mich herum stehen nur blasse, klapprige Gestalten. Richtig krank sehen die aus. Ah, ich bin dran.

»Clemens, schön dich wiederzusehen. Und so gesund.«

Ich bekomme einen Eisesschreck. Da steht er wieder vor mir, der Herr Vorsitzende, der Vorsitzende Richter am Jüngsten Gericht, der Tod.

»Apfelbäume gibt's hier keine, wie du siehst, aber du willst ja auch bloß eine Apfeltasche, nicht wahr?« Irgendwie sieht der Herr Vorsitzende lustig aus in seiner McDonald's-Uniform mit dem Papierschiffchen auf dem blanken Schädelknochen. Und gar nicht mehr so bedrohlich wie bei unserem ersten Gespräch. Trotzdem trete ich ihm selbstverständlich mit dem gebührenden Respekt entgegen.

»Clemens«, sagt der Herr Vorsitzende mit seiner gewichtigen Bassstimme, »hier ist deine Apfeltasche. Nimm an dem Tisch dort vorne Platz. Der ist frei. Ich bin sofort bei dir. Ich habe sowieso gerade Pause.«

Ich nicke und antworte: »Gern, Herr Vorsitzender, wie es Ihnen beliebt. Bis gleich.« Ich überlege, wie ich ihm begreiflich machen kann, dass ich wirklich eine zweite Chance verdiene. Dass er keinen Fehler gemacht hat, als er sie mir vor einigen Tagen gewährte. Dass ich das wirklich von Herzen zu schätzen weiß.

Als der Herr Vorsitzende an den Tisch kommt, trägt er wieder seine schwarze Kutte. Lustig sieht er nun nicht mehr aus.

Er lässt sich mir gegenüber nieder, lehnt sich zurück und sagt: »Clemens, ich habe lange über dich gegrübelt. Wie ich bereits erwähnt habe, bist du ein schwieriger Fall. An der Tatsache, dass wir hier zusammensitzen und reden, erkennst du ja, dass ich dich nicht sofort zum Tode verurteilen will.« Kurz denke ich daran, mir ein Happy Meal zu bestellen, da ruft mich der Herr Vorsitzende postwendend zur Räson: »Lenke nicht ab, Kindskopf! Dass du einen Aufschub bekommen hast, heißt nicht automatisch Freispruch. Ich würde dir raten: Nutze den Tag! Carpe Diem! Die alten Lateiner hatten schon recht.«

Ich nicke wiederum, dieses Mal besonders eifrig.

»Ausgezeichnete Apfeltaschen machen Sie hier, lieber Herr Vorsitzender, wenn ich mir die Bemerkung erlauben darf«, sage ich, um die Stimmung aufzulockern. Der Herr Vorsitzende tippt mit den knochigen Fingern auf die Tischplatte. Ich weiß, hätte er Augen in seinen Höhlen, würde er sie verdrehen.

Ich werde nervös, räuspere mich und sage: »Herr Vorsitzender, wie Sie wissen, hatte ich zuletzt viel Zeit. Zeit zum Nachdenken. Wie Sie mir schon bei unserem ersten Treffen deutlich gemacht haben, habe ich Fehler in meinem Leben begangen. Auch schlimme Fehler. Ich weiß. Aber ist das nicht menschlich? Auch wenn ich nicht den Weltfrieden gebracht habe, so habe ich immer versucht, meinen Lieben Liebe zu geben, meinen Freunden Freund zu sein. Kurz: immer das Richtige und Wichtige tun. Warum uns Menschen das nicht immer gelingen will, das weiß der liebe Gott allein.«

Bevor er mir antwortet, macht der Herr Vorsitzende eine quälend lange Pause. Dann sagt er: »Clemens, lass um Gottes willen Gott aus dem Spiel. Dass du dich stets bemüht hast, das weiß ich wohl. Trotzdem fehlt es dir an Demut im Leben. Tief in deinem Inneren denkst du doch immer noch, dass du dem Tod jederzeit von der Schippe springen kannst. Dass du unverwundbar bist. Dass du immer Glück hast. Das ist ein Fehler.«

»Nein, nein, lieber Herr Vorsitzender«, entgegne ich heftig, »das mag früher so gewesen sein. Aber die neun Minuten Kampf mit Ihnen, dem Tod, die haben mir die Augen geöffnet.«

»Sagst du das nicht einfach so dahin, Clemens?«

»Auf keinen Fall, so wahr mir der Big Mac helfe. Verzeihung, ich vergaß, die Demut. Was ich Ihnen versprechen kann: Ich werde nicht nur jeden Tag nutzen, sondern jede Sekunde daran denken, dass das Geschenk des Lebens keine Selbstverständlichkeit ist.«

Der Herr Vorsitzende nickt wohlwollend, mahnt aber sogleich wieder: »Vergiss mir nie, dass du ein Mensch bist, vergänglich wie alle anderen. Irgendwann wirst du unter der Erde liegen und langsam zu Staub zerfallen. Sei dir dessen bewusst. Und mache etwas aus dem Rest deines Lebens. Erweise dich als würdig. Du hast viele Talente. Nutze sie. Bevor deine Zeit abgelaufen ist.«

Ich muss schlucken. Der Herr Vorsitzende scheint mich recht genau zu kennen. Besser als ich mich selbst? Zugegeben, mir fehlte es im Leben bisher oft an Standhaftigkeit, an Durchhaltevermögen, an Disziplin. Aber bin ich deshalb etwa ein Mangelwesen, ein menschlicher »Underperformer«?

Da erhebt sich der Herr Vorsitzende vom Tisch und sagt, während er meine Apfeltaschen-Verpackung mit einem präzisen Wurf im Mülleimer versenkt: »So, Clemens, jetzt verlasse mein Schnellrestaurant und gehe hinaus in die Welt. Und beherzige meine Ratschläge!«

Erleichtert stehe ich auf. Ich frage mich, wie man sich passend vom Tod verabschiedet? Es war schön, Sie kennenzulernen? Auf Wiedersehen? Oder gar: Halt die Ohren steif? Während ich darüber nachdenke, hat sich mein Gegenüber in Luft aufgelöst. Ich erwache. Draußen ist es dunkel. Ich habe Hunger.

29. Dezember, abends

Juhu, ich kann lesen. Die Wörter und Sätze vor meinen Augen ergeben endlich wieder einen Sinn – anstatt Buchstabensalat. Euphorisch greife ich zu Jules Vernes »In 80 Tagen um die Welt«, einem Lieblingsbuch meiner Kindheit. Kimberly hatte es mir freundlicherweise vor einigen Tagen in die Klinik mitgebracht. Der berühmte Abenteuerroman ist genau die richtige, weil leichte, Lektüre jetzt, denke ich. Aber schon nach ein paar Seiten lege ich das Buch wieder zurück auf den Nachttisch. Meine Augen sind erschöpft. Inspiriert durch Monsieur Vernes fasse ich jedoch einen kühnen Plan. Ich will das Gutsinger Krankenhaus umrunden. Nicht in achtzig Tagen, sondern in acht Minuten. Schließlich sind nur die Augen müde, nicht die Beine. Schnell noch die Sneakers geschnürt und den Anorak übergestreift, dann geht's los. Als ich vor die Kliniktür in die kalte, klare Winterluft trete, spüre ich, wie beflügelnd das Gefühl von Sauerstoff in der Lunge sein kann. Ich fühle mich fast ein wenig berauscht. Meine Reise kann beginnen.

Das Gesicht gesenkt, mache ich vorsichtig einen Schritt nach dem anderen. Ich bin noch durchaus wackelig auf den Beinen. Nach knapp einhundert Metern erreiche ich den Klinikparkplatz. Plötzlich lassen mich zwei markerschütternd laute Geräusche zusammenzucken: das Quietschen von Autoreifen bei einer Vollbremsung, dicht gefolgt von einer Autohupe. Geschockt drehe ich mich um. Nur wenige Zentimeter entfernt steht ein mattgrauer Mercedes SLS, dieser mordsschnelle Supersportwagen mit den schicken Flügeltüren. Der Fahrer schält sich gerade aus seinem Schalensitz und steigt aus.

Als er vor mir steht, stammele ich: »K-k-krasse K-k-karre, Mann.«

»Wen haben wir denn hier?«, sagt der Mercedes-Mann grinsend. Der gepflegte Herr, er dürfte etwa so alt sein wie ich, trägt im Gegensatz zu mir Maß- statt Jogginganzug und Drei- statt Dreißigtagebart. »Das ist ja der Herr Hagen. Wir flicken Sie doch nicht mühsam auf der Intensivstation zusammen, damit Sie mir dann auf dem Klinikparkplatz gleich wieder vors Auto laufen.«

Ich erschrecke ein weiteres Mal.

»Darf ich mich vorstellen? Ich bin's, Dr. Berger. Sie waren knapp drei Wochen mein Gast«, sagt er und ergänzt grinsend: »Ich bin übrigens kein Zuhälter. Nur damit Sie's wissen.«

Da dämmert es mir langsam. Hatte Kimberly mir nicht erzählt, dass ich den Chefarzt der Intensivstation in meinen Albträumen für einen Zuhälter hielt? So einen wie Uzi-Ulli. Vielleicht waren sie aber auch ein- und dieselbe Person. Ich weiß es schlicht und einfach nicht.

Verstört sage ich: »Das ist aber schön, Sie zu sehen. Mit dem Zuhälter – das tut mir leid. Lag wohl am Koma. Und vielen Dank, dass Sie mein Leben gerettet haben. Ich weiß echt nicht, wie ich mich dafür jemals revanchieren könnte.«

Ich komme mir vor wie ein Volltrottel. Aber was sagt man, wenn man überraschend seinen Lebensretter trifft? Ein Strauß Blumen oder eine Schachtel Pralinen würden die Situation auch nicht retten, denke ich.

Dr. Berger sagt: »Herr Hagen, dass Sie jetzt vor mir stehen und wir hier miteinander reden, ist für mich als Arzt Belohnung genug. Gerettet haben Sie außerdem meine Kollegen in der Nacht, in der Sie eingeliefert wurden. Das war nicht ich.«

Ich nicke.

Dr. Berger steigt wieder in seinen Flügeltürer und ruft: »Tut mir leid, aber ich muss los. Machen Sie's gut, Herr Hagen.«

Ich schaue ihm hinterher und werfe dabei zufällig einen Blick auf das Nummernschild seines Wagens. »DO – C 1« lese ich da. Mein Retter ist auch noch ein mutiger Mann, denke ich beeindruckt. Als Dortmunder praktiziert er jetzt im FC-Bayern-Land. Leicht verwirrt von unserem Zusammentreffen beschließe ich, meine gefährliche Reise in acht Minuten um die Klinik vorzeitig abzubrechen. In Gedanken noch bei Dr. Berger renne ich im Krankenhauseingang beinahe einen etwas fülligen Mann in weißer Arztkluft über den Haufen.

»Hallo, Herr Hagen«, sagt der Doktor zu mir.

Konsterniert frage ich: »Entschuldigung, aber kennen wir uns?«

»Kann man sagen, sogar in- und auswendig«, antwortet der Arzt lachend. »Ich bin Dr. Wagner. Ich habe Ihre Speiseröhre repariert, damals in der Nacht, als Sie zu uns kamen.«

Ich bin sprachlos. Erst treffe ich auf dem Parkplatz den Chef-Schutzengel des Krankenhauses, dann wenige Meter entfernt meinen ganz persönlichen Lebensretter.

Dr. Wagner spürt wohl, wie seltsam surreal die Szene für mich ist. Jedenfalls ergreift er dankenswerterweise sofort das Wort: »Toll, dass Sie schon wieder so fit sind und allein gehen können. Bei Ihnen stand es ja wirklich Spitz auf Knopf. Zum Glück haben wir die gerissene Stelle in der Speiseröhre so schnell gefunden.«

»Ja, das war wohl ein Glücksumstand oder Vorsehung oder ich weiß auch nicht«, antworte ich überfordert.

Dr. Wagner lächelt gütig, so als wolle er mir mitteilen: »Mach dir keinen Kopf, Junge. An deiner Stelle wüsste ich auch nicht, was ich sagen soll.« Die beiden Ärzte so kurz hintereinander kennenzulernen, wühlt mich emotional mehr auf, als ich mir das hätte vorstellen können.

»Lieber Doktor Wagner ...«, beginne ich, ohne den Satz zu beenden.

»Ich weiß, ich weiß, Herr Hagen. Das ist alles noch ein bisschen viel für Sie«, sagt Dr. Wagner nachsichtig und rettet damit die Situation. »Wissen Sie, wir können uns ja später noch mal treffen. Besuchen Sie mich doch auf der Intensivstation. Vielleicht habe ich dann ein paar Minuten Zeit für ein Gespräch. Aber jetzt muss ich leider nach Hause. Meine Frau hat Gulasch gekocht.«

Gulasch, wie schön, denke ich und reiche Dr. Wagner die Hand zum Abschied.

»Guten Appetit, Herr Doktor, bis bald.«

»Bis bald, Herr Hagen.«

Während ich im Fahrstuhl stehe, der mich zurück zu meinem Zimmer bringt, habe ich weiche Knie. Meine Reise, so überlege ich, ist viel verrückter als die von Phileas Fogg, dem exzentrischen Helden aus »In 80 Tagen um die Welt«. Als ich wieder dick eingemummelt in meinem Bettchen liege, greife ich noch mal zu dem Klassiker von Jules Verne. Nach einigen Seiten fallen mir die Augen zu. Ich träume von fernen Plätzen, Indien, China, Japan, Amerika. Uzi-Ulli ist dieses

Mal nicht der Reisebegleiter, auch nicht der böse Chucky. Die Dämonen meiner Albträume sind weg, haben sich buchstäblich in Luft aufgelöst.

30. Dezember, morgens

Es klingt seltsam, aber als Langzeitpatient fühlt man sich irgendwann nicht mehr als Krankenhaus-Gast, sondern als Krankenhaus-Bewohner. So geht es auch mir: Ich kenne jetzt alle Ärzte, Schwestern und Pfleger, zumindest die auf meiner Station. Ich halte hier und da ein Schwätzchen, frage nach dem werten Befinden und werde nach ebendiesem gefragt. Da der Mensch ein Gewohnheitstier ist, akzeptiert er nach einigen Wochen selbst die bizarrsten Regeln des Klinikalltags. So wie die Essenszeiten: Frühstück um sieben, Mittagessen um zwölf, Abendessen um sechs. Ich, der sich immer viel darauf eingebildet hat, jegliches Spießertum von Grund auf abzulehnen, ertappe mich jetzt dabei, wie in mir leichter Zorn aufsteigt, wenn das Tablett mit dem Essen zehn Minuten zu spät angeliefert wird.

Zu meinen festen Klinikritualen gehört natürlich auch der Besuch meines Lieblingsortes. Es handelt sich dabei keineswegs um meine Toilette, sondern um das Bushäuschen neben dem Haupteingang. Während ich mich anfangs, immer noch benebelt von den zahllosen Medikamenten, die mir auf der Intensivstation verabreicht worden waren, fragte, warum hier nie ein Bus kommt, ist mir inzwischen sonnenklar, dass es sich um den offiziell genehmigten Raucherbereich des Krankenhauses handelt. Ein übergroßer Stehaschenbecher mit einem Berg zerdrückter, stinkender Kippen darin und feine braune Nikotinschlieren am Plexiglas der Häuschenwände ließen irgendwann keinen anderen Schluss mehr zu. Aber da mich nach den vielen Tagen im Koma so schnell nichts mehr schocken kann, sind mir diese etwas widerlichen Zustände egal.

So tapse ich spätestens nach dem Frühstück in meinem mausgrauen Jogginganzug die vier Stockwerke von meiner Station zum Erdgeschoss hinab und lege dann die paar Meter zum Bushäuschen zurück. Zeit für meine Morgenzigarette in nicht ganz frischer Luft. Denn allein bin ich fast nie an meinem Lieblingsort. Da ist zum Beispiel der Sepp in seinem Rollstuhl. Sepp ist Kettenraucher und beinamputiert, was ihn allerdings keineswegs vom Qualmen abhält. Ob das mit dem Bein eine Folge des Rauchens ist, erfahre ich nicht. Denn Sepp spricht nicht.

So begrüße ich ihn täglich mit den Worten: »Morgen, Sepp, darf ich helfen?«

Sepp stößt dann ein Bellen aus, das etwa so klingt, als würde man einem Straßenköter in den Allerwertesten treten. Dann ziehe ich den immer noch hustenden Sepp den leicht abschüssigen Boden des Bushäuschens rückwärts hinauf und parke ihn akkurat zwischen Häuschenwand und Aschenbecher ein. Schweigend rauchen wir nach dieser Prozedur nebeneinander. Selten, aber immerhin manchmal sieht der Sepp dabei sogar glücklich aus.

Zu meiner Erleichterung gibt es aber auch gesprächigere Patienten als den Sepp. Da ist Toni. Toni hat nicht nur aschfahle Gesichtshaut, sondern auch ein schwerwiegendes Alkoholproblem und in der Folge ebenso schwere Depressionen. Außerdem wurde Toni, wie er mir berichtet, gerade von seiner Frau verlassen.

»Schlimm so was. Aber die Zeit heilt viele Wunden. Wirst sehen«, versuche ich, Toni zu trösten. Wohl wissend, dass derlei stümperhafte Versuche ihn nur noch mehr schmerzen dürften.

Irgendwann, nachdem wir Tonis Leid erschöpfend diskutiert haben, stellt er mir die Frage, auf die ich die ganze Zeit gewartet habe: »Und du, Clemens, warum bist du hier?«

»Ich, also ich war tot.«

Betretenes Schweigen.

»Na ja, zumindest war ich neun Minuten weg. Innere Blutung, zwei Drittel Blut verloren, Wiederbelebung mit allem Drum und Dran. Knappe Kiste halt«, erkläre ich im Stakkatostil.

Dabei fühle ich mich komischerweise in meine Kindheit zurückversetzt, als wir Autoquartett spielten. Wer damals den Maserati hatte, der jubilierte innerlich. Denn schneller als 270 Kilometer pro Stunde war kein anderer Wagen. Mit dem Maserati gewann man immer. Es war die coolste Trumpfkarte im ganzen Spiel. Während ich noch darüber sinniere, wie sich mit den Jahren die Kategorien im Quartett des Lebens verändert haben, meint Toni nach langem Überlegen: »Klingt echt heftig!«

»Hm, ja, schon«, antworte ich und verabschiede mich dann von Toni. »Du, ich muss jetzt echt wieder rauf. Visite, verstehste?«, sage ich ein bisschen wichtigtuerisch. Während ich mich die vier Etagen zu meinem Krankenzimmer hinaufquäle, muss ich unweigerlich und politisch völlig unkorrekt schmunzeln. Der Satz »Ich war tot« ist wirklich ein Totschlagargument.

Da ich mich auf dem Weg der Genesung befinde, häufen sich mit den Tagen auch die Besuche an meinem Lieblingsort. Der besonders laue Winter beflügelt die Nikotinlust zusätzlich. Den beschwerlichen Hin- und Rückweg betrachte ich außerdem als eine Art Reha-Maßnahme. Eines Tages lerne ich im Bushäuschen Vroni kennen. Vroni blickt so traurig in die Weltgeschichte, dass man beim Anblick von Sepp und Toni glauben könnte, sie seien vom Krankenhaus engagierte Animateure. Vroni ist ein übergewichtiges Mädchen, keine zwanzig, mit schwarz gefärbten Haaren, zahllosen Piercings im Gesicht und einigen billigen Tattoos auf den Unterarmen. Als sie innerhalb einer Zigarettenlänge gleich zwei Mal von Heulkrämpfen geschüttelt wird, frage ich spontan, ob sie nicht Lust hätte, im Wirtshaus gegenüber der Klinik einen Tee zu trinken.

»Aber das ist doch verboten wegen der Versicherung und so, oder?«, gibt Vroni zu bedenken und blickt mich aus ihren dunkel geschminkten Augen an, als hätte ich gerade vorgeschlagen, aus einem Hochsicherheitsgefängnis auszubrechen.

»Stimmt«, sage ich, »aber auf Teetrinken steht auch hier nicht die Todesstrafe.« So laufen wir die kurze Strecke zum Wirtshaus, das doch tatsächlich »Zur guten Besserung« heißt. Jetzt weiß ich, wo Kimberly die Streichhölzer herhatte und wohl ihre Pausen zwischen den Besuchszeiten verbracht hat. Richtig gemütlich ist es. Eine hübsche Bedienung mit russischem Akzent bringt uns zwei Kännchen Darjeeling. Dann sprudelt es nur so aus Vroni heraus: Ihre Eltern hätten sich immer gestritten und sie geschlagen, von der Schule sei sie geflogen und Freunde hätte sie eh nie gehabt. Als sie dann auch noch von ihrer ersten Liebe verarscht worden sei, sei plötzlich alles zu viel geworden.

»Erst konnte ich nicht mehr, war immer müde, hatte Burn-out. Dann habe ich versucht, mir das Leben zu nehmen, mit Tabletten. Aber meine Oma kam früher als geplant nach Hause, dann wurde mir der Magen ausgepumpt und nun bin ich also hier«, berichtet Vroni atemlos. Weitere zwei Kännchen später kenne ich ihre kurze, traurige Lebensgeschichte.

»Weißt du«, sage ich vorsichtig, »Selbstmord ist nie eine Alternative, schon gar nicht in deinem Alter. Dafür ist das Leben einfach viel zu schön. Glaub mir, ich kann's beurteilen. Gerade jetzt.«

Als wir uns an meinem Lieblingsort verabschieden, fällt mir Vroni spontan um den Hals und sagt: »Clemens, dass du mir so lange zugehört hast, das war eines der nettesten Dinge, die ich bisher erlebt habe. Danke!« Gerührt und mit einer Träne im Auge schnaufe ich die vier Stockwerke zu meiner Station hinauf. In meinem Krankenzimmer angekommen, sehe ich Kimberly auf meinem Bett sitzen.

»Wo warst du denn, Schatz? Ich hab mir schon Sorgen gemacht!«

Ich bin völlig außer Puste, kann kaum antworten.

»Trainierst du etwa heimlich für den Marathon?«

»Wenn ich hier raus bin, sollte ich wirklich mehr Sport machen.« Kimberly sieht mich an, als hätte sie sich verhört.

»Bis dahin spiele ich den Hobby-Therapeuten. Irgendwie gibt's hier nur Patienten um mich herum.«

»Ach, und du bist keiner mehr?« Stimmt. Wo sie recht hat, hat sie recht. Aber wenn ich mir schon wieder Sorgen um andere Menschen machen kann, dann kann es mir selbst ja gar nicht mehr so schlecht gehen.

31. Dezember, nachts

Silvester! Es ist kurz vor Mitternacht. Ich stehe am Fenster meines Krankenzimmers und blicke auf das nächtliche Gutsing. Die Klinik befindet sich auf einer Anhöhe und vor mir tut sich ein wunderschönes Panorama auf. In wirklich allen Häusern, die mir zu Füßen liegen, herrscht Festbeleuchtung. Höhepunkt ist das Gutsinger Kloster, ein imposanter gotischer Bau aus dem elften Jahrhundert, der, angestrahlt von zahlreichen Scheinwerfern, mir gegenüber auf seinem Berg thront. Wäre mein Blick nicht von Medikamenten getrübt – ich sehe alles noch ziemlich verschwommen wie durch eine schmutzige Brille –, ich müsste allein schon wegen dieser Aussicht wunschlos glücklich sein. Ich habe überlebt. Ich denke kurz an die Textzeile aus dem Lied von David Guetta: »I am Titanium«. Gerade habe ich eine Zigarette geraucht, verbotenerweise im Zimmer am Fenster, dafür mit großem Genuss. Gleich werden die Silvesterraketen den dunklen Himmel über Gutsing hell erleuchten und die riesigen Klosterglocken das neue Jahr einläuten. Aber wunschlos glücklich bin ich trotzdem nicht. Denn sie darf nicht bei mir sein. Kimberly. Meine Lebensretterin. So spät in der Nacht hat sie keinen Zutritt zum Krankenhaus. Leise verfluche ich die strengen Klinikregeln.

Jetzt, da ich nach Wochen tiefster Umnachtung endlich wieder einigermaßen klare Gedanken fassen kann, fehlt mir Kimberly ganz besonders. Beim Blick auf Gutsing denke ich melancholisch daran, wie wir uns kennenlernten. Ausgerechnet auf dem Oktoberfest, klischeehafter geht es für zwei Münchner Kindl überhaupt nicht. In dem Moment, als ich Kimberly zum ersten Mal sah, war ich wie vom Blitz getroffen. Klingt abgeschmackt kitschig, ist aber die Wahrheit. So etwas hatte ich in meinem Leben noch nie empfunden. In dieser Sekunde habe ich nur stumm gebetet: Lieber Gott, lass mich mit dieser Frau zusammenkommen. Ich habe mich gefühlt wie ein nervöser Teenager beim ersten Date. Ich habe gestottert und gezittert. So sehr, dass ich mein weißes Hemd beim Essen über und über mit brauner Entensauce bekleckert habe. Peinlich für einen Mann meines Alters.

In Gutsing krachen jetzt die ersten Böller.

Kimberly ist eine ganz besondere Frau. Es ist schwer zu begreifen, geschweige denn zu erklären, wie es sich anfühlt, die Richtige zu treffen – und dies auch sofort zu wissen. Es ist überwältigend. Einfach unbeschreiblich schön. Und gleichzeitig so rätselhaft. Gibt es nicht bald dreieinhalb Milliarden Frauen auf der Erde? Ich bin kein Lotto-Profi, aber die Chance auf den Liebes-Jackpot muss winzigst sein. Rein statistisch betrachtet. Warum ausgerechnet mir dieses Glück zuteilwird? Keine Ahnung. Ich weiß nicht, womit ich es verdiene. Bin ich ein besserer Mensch als andere? Nein, sicher nicht. Ich habe einige Stärken, aber auch viele Schwächen. Ich habe Fehler gemacht in meinem Leben. Kimberly akzeptiert mich mit allen meinen Unzulänglichkeiten. Nein, sie liebt mich sogar. So sehr, dass sie mich jeden Tag in der Klinik besucht. Viele Frauen, behaupte ich, würden es sich einfacher machen, wenn ihr Mann so lange im Krankenhaus läge. Ein Besuch während der Woche, einer am Wochenende – das war's. Kimberly ist anders. Sie fährt jeden Tag mit dem Auto die 33 Kilometer zu mir nach Gutsing und die

33 Kilometer zurück nach München. Egal, ob es schneit oder regnet. Sie kommt so früh es geht und bleibt so lange es geht. Es ist Punkt zwölf. Das neue Jahr ist da. Jetzt rauschen die Raketen in den Nachthimmel.

Damals, als mich mein Ex-Vermieter urplötzlich vor die Tür setzte, zögerte Kimberly keine Sekunde, mich in ihrer Wohnung aufzunehmen. Ich war wahnsinnig erleichtert, denn ich wusste wirklich nicht, wohin. Aber seit wir zusammen sind, hat Kimberly noch viel mehr Dinge getan, die mich erstaunt, ja sprachlos gemacht haben. Eines Tages stand sie leise lächelnd mit einem großen Karton an der Straßenbahnstation, an der wir uns verabredet hatten. Darin war der Staubsauger, der Dirt Devil, den ich so toll fand. Männer lieben solche Geschenke. Oder sie organisierte einmal zu meinem Geburtstag eine Überraschungsparty auf dem Oktoberfest. Sie lud meine Freunde ein, die von nah und fern kamen. Einer immerhin aus London, ein anderer sogar aus Brasilien. Aber es sind auch die kleinen Dinge, die mich Kimberly so sehr lieben lassen. Wenn sie mir morgens noch schnell ein Brot macht, obwohl sie eigentlich schon aus dem Haus sein müsste. Oder ihr Lachen, wenn sie nach getaner Arbeit zu mir nach Hause kommt. Kimberly ist der positivste Mensch der Welt. Die vielen bunten Sterne der explodierenden Raketen und das Krachen der Kanonenschläge machen mich nervös. Lärm bin ich nicht mehr gewohnt.

Lieber denke ich weiter über Kimberly nach. Wie sehr ich mich jeden Morgen freue, wenn ich bei uns daheim das Bad betrete. Nicht etwa wegen meines Spiegelbildes, nein, nein. Ich freue mich, weil dort jeden Tag ein kleiner Post-it-Zettel mit einer süßen Botschaft klebt: »Hab einen sonnigen Tag, mein Liebling!« So etwas schreibt Kimberly, auch wenn die Wettervorhersage gerade »drei Grad, Graupelschauer« lautet. Kimberly schreibt überhaupt gern und viel: Mails, SMS- und WhatsApp-Nachrichten, ja sogar ganz old-school-mäßig

Briefe und Postkarten. Im Gegensatz zu mir hat sie eine schöne und leserliche Handschrift. Und was sie schreibt, an mich, aber genauso an die Familie oder Freunde, ist immer witzig, schlau und liebevoll. Das richtige Formulieren wurde ihr ja auch in die Wiege gelegt, denn ihre Eltern sind genauso Journalisten, wie es die meinen waren. Auch diese Übereinstimmung in unseren Biografien, nur eine von vielen, wie wir schon kurz nach unserem Kennenlernen feststellten, macht unser Zusammensein so einzigartig. Wir müssen meist nicht lange darüber reden, wir wissen, was der andere gerade meint. Ja selbst, woran er denkt. Draußen ist das Feuerwerk vorbei. Die Stille, nur noch unterbrochen von einigen Böllerschüssen, finde ich angenehm.

Zurück im Bett möchte ich schlafen, kann aber kein Auge zutun. Ich denke weiter über die fabelhafteste Verlobte der Welt nach. Wie frauenuntypisch unzickig sie ist. Zwar kann sie eine einzige unbedachte Bemerkung auch mal auf die Palme bringen. Da sitzt sie dann hoch oben und bewirft mich mit Kokosnüssen. Autsch! Aber ihr Ärger verraucht auch genauso schnell wieder. Am Ende sind wir beide süchtig nach Harmonie – zumindest, was unser Verhältnis betrifft. Es wäre auch komisch, wenn es anders wäre. Schließlich haben wir uns geschworen, für immer und ewig, bis in alle Zeiten und darüber hinaus, zusammen zu sein. Vielleicht, so schießt es mir durch den Kopf, ist das ja auch der Grund, warum ich das alles hier überlebt habe. Waren es Kimberlys Gebete, die mich vor dem Tod bewahrten? Gibt es eine geheime Vorsehung, die uns zusammenschmiedet? Es wäre schön, wenn es so wäre. Tröstlich. Das würde nämlich allen Paaren Hoffnung geben. Hoffnung, in Schicksalsschlägen wie dem unsrigen auch etwas Positives zu entdecken: die Kraft der Liebe. Es ist spät. Ich bin müde und glücklich. Glücklich, Kimberly als Frau zu haben. Ach, könnte sie jetzt doch neben mir liegen.

Da piept mein Handy. Kimberly hat mir ein Video geschickt, wie sie mit ihren Eltern im Garten Raketen anzündet und in den Himmel schickt. Dazu jubelt sie: »Clemens, wir vertreiben alle bösen Geister für dich – und danken allen Schutzengeln! Neun Raketen für die neun Minuten! Ich liebe dich!«

1. Januar, morgens

Ganz Gutsing schläft. Schläft seinen Silvesterrausch aus. Ganz Gutsing? Nein, Patient Hagen hat zum Jahreswechsel statt Champagner nur seinen ekelhaften Verdauungssaft bekommen und ist schon frühmorgens glockenwach. Das neue Jahr ohne schweren Kopf und fettiges Katerfrühstück zu beginnen, hat auch seine Vorteile, denke ich. Ich beiße in ein knackig frisches Marmeladenbrötchen, das mir Schwester Nadja gerade gebracht hat, da klingelt das Telefon. Kimberly ist dran.

»Guten Morgen, Schönster. Ein wunderbares, kerngesundes neues Jahr wünsche ich dir.«

»Dito, mein Liebling. Wann kommst du denn heute? Du kommst doch heute oder hast du gestern zu lange gefeiert?«

»Natürlich komme ich, keine Bange. So gegen vierzehn Uhr. Wäre schön, wenn du dann auf deinem Zimmer bist und nicht wieder an dem Raucher-Bushäuschen rumhängst.«

»Kein Problem. Wie könnte ich dir an diesem Tag einen Wunsch abschlagen?«

Natürlich freue ich mich jedes Mal, wenn Kimberly zu Besuch kommt, aber heute tue ich das ganz besonders. Silvester allein zu verbringen, war nicht schön. Auch wenn ich ganz genau weiß, dass es ein Gottesgeschenk für mich war, diesen Tag überhaupt erleben zu dürfen.

Um Punkt vierzehn Uhr höre ich gedämpfte Schritte auf dem Krankenhausflur. Auf Kimberlys Timing ist eben Verlass, denke ich schmunzelnd. Da fliegt auch schon die schwere Zimmertür auf. Kimberly steht im Türrahmen, ein pinkes, glitzerndes Papphütchen kokett schief auf dem Kopf. Sie pustet eine Luftschlange in meine Richtung und ruft für Krankenhaus-Verhältnisse sehr laut: »Surprise! Surprise! Überraschung! Überraschung!«

Da sehe ich auch sofort, was sie meint. Hinter ihr betreten mein Zimmer: Intensivstations-Chef Dr. Berger alias Uzi-Ulli, der Zuhälter. Dr. Wagner, mein Haupt-Lebensretter in den kritischen neun Minuten zwischen Himmel und Hölle. Seine Kollegin Frau Dr. Maier-Blechschmid, die mich mit den Worten »Schön, Sie mal im Wachzustand zu erleben, Herr Hagen« begrüßt. Das süße frisch verliebte Paar Vivi und Bruno, von denen mir Kimberly viel erzählt hat. Die nette, blonde Sabrina, die sich darüber freut, den Porzellan-Schutzengel ihrer verstorbenen Mutter auf meinem Nachttisch zu entdecken. Meine Lieblingsschwester und Frühstücksengel Nadja. Mein sehr bayerischer Mitpatient auf der Intensivstation, Herr Schindlinger, der auch gleich nach einem Weißbier verlangt. Kimberlys neue Freundin Julia, deren Mann Felix die schrecklichen Koma-Albträume in die Psychiatrie brachten. Die fesche russische Bedienung Svetlana aus der »Guten Besserung«, die mir vorgestern noch einen Tee servierte. Und – last but not least – mein Superkumpel Sascha, der seinen Thailandurlaub anscheinend unbeschadet überlebt hat. Was mir sofort auffällt, ist, dass Sascha seine Augen nicht von Svetlanas XL-Dekolleté lassen kann.

Er zwinkert mir zu und sagt: »Toll, wieder zurück in den bayerischen Bergen zu sein. Übrigens: Kennst du schon meine neue Lieblings-Pornoseite im Internet? Sie heißt www.hot-hospital.com. Lustig, nicht?«

Ich nicke kurz und sage: »Pssst, Sascha, hier sind Damen anwesend. Aber cool, dass du da bist. Freut mich sehr.«

Sascha wendet sich wieder Svetlana zu und ich mich Frau Dr. Maier-Blechschmid, die mich interessiert beäugt.

»Herr Hagen, Sie haben ganz schön rumrandaliert auf der Intensivstation. Unglaublich, wie ruhig und ausgeglichen Sie jetzt scheinen«, sagt die Ärztin.

»Tja, aber das wirkt nur so. Fragen Sie Kimberly«, antworte ich grinsend.

Als Nächstes kommen Vivi und Bruno auf mich zu. Vivi hat einen selbst gebackenen Schokomuffin in der Hand. Darauf steht eine kleine, brennende Kuchenkerze.

»Hier, Clemens«, sagt sie, »du hattest ja irgendwie gerade Geburtstag. Auch wenn du nichts davon mitbekommen hast. Feier ihn schön nachträglich.«

Ich bin gerührt und kämpfe zu meiner eigenen Überraschung kurzzeitig mit den Tränen. Ich bedanke mich bei Vivi mit Bussi links, Bussi rechts, bei Bruno mit einem rustikal männlichen Händedruck.

Jetzt will ich die günstige Gelegenheit ergreifen und kurz mit Dr. Wagner reden.

»Herr Doktor«, sage ich, »können Sie mir kurz erzählen, wie das war damals in der Nacht, als ich die Besinnung verlor?«

Dr. Wagner: »Na ja, als Sie eingeliefert wurden, lag Ihr Puls nur noch bei 26 Schlägen pro Minute. Das ist nicht sehr viel, aber Sie haben trotzdem geplaudert wie ein Wasserfall. Das Letzte, was Sie gesagt haben, bevor Sie weg waren, waren die Worte: ›Ob ich das mal überlebe.‹ Ein Satz, den wir Ärzte nicht so gern hören, wie Sie sicher verstehen.«

Ich nicke eifrig und frage: »Wie knapp war es denn wirklich?«

»Zehn Minuten später und Sie wären tot gewesen. Wenn unser Verdacht mit der gerissenen Ader in der Speiseröhre falsch gewesen wäre, dann würden Sie jetzt hier nicht stehen und mit mir reden. Knapp genug?«, sagt Dr. Wagner.

»Absolut«, antworte ich und reiche Dr. Wagner einen Plastikbecher mit alkoholfreiem Kindersekt, den Kimberly mitgebracht hat. »Lassen Sie uns anstoßen, Herr Doktor. Auf das Leben …«

»… und auf die Liebe«, ergänzt Kimberly und knufft Vivi in die Seite. Alle erheben ihre Plastikbecher.

Meine Überraschungsparty ist wirklich gelungen. Herr Schindlinger trinkt inzwischen sein zweites, natürlich alkoholfreies, Weißbier. Als

Sascha ihm erzählt, dass er in Thailand kein einziges Mal am Strand war und die Sonne auch nur ganz selten gesehen hat, lacht Herr Schindlinger so sehr, dass er prompt einen Hustenanfall bekommt.

Dr. Berger klopft ihm besorgt auf den Rücken und sagt: »Immer schön langsam, Herr Schindlinger. Oder wollen Sie uns gleich wieder einen Besuch abstatten?«

Herr Schindlinger schüttelt energisch den Kopf und antwortet: »Na, dahoam gibt's Weißbier mit Alkohol. Des mog i lieba.«

Ich gehe zu Julia, Kimberlys Leidensgenossin.

»Sie Arme, Kimberly hat mir die Geschichte von Ihrem Mann erzählt. Es tut mir von ganzem Herzen leid. Ich habe fast ein schlechtes Gewissen, alles halbwegs unbeschadet überstanden zu haben.«

»Ach, Herr Hagen«, sagt Julia, »Sie hier gesund vor mir zu haben, gibt mir so viel Hoffnung. Und es freut mich so sehr für Kimberly. Sie war mir in den schweren Stunden eine echte Freundin. Passen Sie gut auf sie auf.«

»Versprochen, das tue ich. Und Sie werden sehen: Die Albträume Ihres Mannes werden irgendwann verblassen.«

Irgendwann ist auch meine Überraschungsparty vorbei. Die meisten Gäste haben sich still und leise verkrümelt. Jetzt sind nur noch Sascha, Kimberly und ich da.

Sascha fragt: »Soll ich dich abholen, Alter, wenn du morgen entlassen wirst? Es wäre mir eine besondere Freude.«

»In deinem Porsche? Du machst Witze. Da passt ja nicht mal mein Kulturbeutel rein. Geschweige denn Kimberly und der Rest unseres Gepäcks. Das liegt ja noch am Flughafen. Kimberly kam bisher ja nicht dazu, die Koffer abzuholen. Aber das Angebot ehrt dich.«

Sascha wirbelt seinen Porscheschlüssel am Zeigefinger durch die Luft und sagt: »Dann halt nicht. Macht's gut. Ich breche jetzt auf.

Ich hab da noch so eine vollbusige Afrikanerin, die in München auf mich wartet.«

Kimberly und ich verabschieden Sascha und sind plötzlich ganz allein im Zimmer.

»Du, Schatz«, sage ich zu Kimberly, »kneifst du mich mal bitte? Das war doch alles surreal hier in Gutsing. Von der Einlieferung bis zu der tollen Party. Es ist so verrückt, ich war tot, auf der anderen Seite. Und jetzt sitze ich hier, trinke Kindersekt und werde morgen hoffentlich wieder auf die Menschheit losgelassen. Ein bisschen fühle ich mich wie ein Zombie, ein Untoter. Mal sehen, wie alles wird. Ich habe ein bisschen Angst.«

2. Januar, mittags

Nach einer Ewigkeit im Klinikum Gutsing habe ich die Nase gestrichen voll vom Patientenleben. Die Ärzte, die Schwestern, die Pfleger, sie haben mich nicht nur vor dem Tod bewahrt, sie alle waren auch die ganze Zeit ausgesprochen nett zu mir. Aber genug ist genug. Ich will raus hier. Heute ist es so weit. Schon seit dem Frühstück, zu dem mir die frohe Botschaft verbindlich serviert wurde, kann ich an nichts anderes mehr denken. So muss sich Clint Eastwood in dem Gefängnisfilm »Flucht von Alcatraz« kurz vor dem Ausbruch gefühlt haben. Der Vormittag vergeht quälend langsam. Ich blättere im »Gutsinger Tagblatt«, lese vor lauter Langeweile sogar das Kleingedruckte. Da verkauft jemand ein gebrauchtes Motorrad, eine Suzuki Hayabusa, ein Geschoss auf zwei Rädern, zu einem recht vernünftigen Preis. Okay, die Höchstgeschwindigkeit von dreihundert Kilometern pro Stunde ist dafür nicht wirklich vernünftig. Was wohl Kimberly sagen würde, wenn ich mir jetzt ein Motorrad kaufe? Quasi als ganz persönliche Wiedergutmachung an mir selbst? Schnell verwerfe ich den Gedanken. Der Traum vom eigenen Bike bleibt vorerst wohl besser ein Traum. Ich lege die Zeitung weg.

Verflixt, die Zeit will einfach nicht vergehen. Fernsehen lenkt bekanntlich ab. Also zappe ich durch die Programme. Mittlerweile kann ich das sogar allein – ohne meinen persönlichen Durchschalter. Da läuft auf einem kleinen Privatsender eine spannende Dokumentation über Basejumping. Das sind die Typen, die mit Fallschirmen von Wolkenkratzern und Ähnlichem springen. Cooler Sport, denke ich, der absolute Nervenkitzel. Wäre vielleicht auch was für mich. Kimberly könnte ich ja vielleicht mit einem Gutschein für einen Tandemsprung mit dem Fallschirm auf den Geschmack bringen. Die sichere Variante. Wie sie reagieren würde? Klar. Ich kenne die Antwort. Deshalb werde ich mir die Frage verkneifen, wenn Kimberly später kommt, um mich abzuholen. Erstaunlich, aber mir geht es gut, bedenkt man, dass ich noch vor ein paar Wochen tot war. Also kurzzeitig. Wie ich mich fühlen werde, wenn ich wieder draußen bin, in Freiheit? Ich weiß es nicht. Da geht die Tür auf und Schwester Nadja kommt herein.

»Na, Herr Hagen, alles in Ordnung?«, fragt sie.

»Alles weltklasse!«, antworte ich betont euphorisch. »Wann darf ich endlich raus?«

Schwester Nadja sagt: »Sie wissen's doch selbst: Wenn die Ärzte da waren. Vor der Visite auf gar keinen Fall.«

Über vier Wochen bin ich nun schon hier, da machen ein paar Stunden mehr den Braten auch nicht fett, versuche ich mich zu beruhigen. Dabei fühle ich mich aber so wie früher als Kind, als ich am Heiligen Abend auf die Bescherung warten musste. Da wurden Sekunden zu Minuten, Minuten zu Stunden. Um die Zeit totzuschlagen, beschließe ich, eine Zigarette qualmen zu gehen. An meinem geliebten Bushäuschen, dem kleinen Raucherparadies vor der Kliniktür, entdecke ich einen neuen Gast. Er ist jung, trägt noch längere

Haare als ich und den Arm in einer Schlinge. Er stellt sich als Mick vor. Rocksänger sei er. Heavy Metal.

Ich nicke anerkennend und sage: »Respekt. Was ist dir denn passiert? Hörsturz?«

»Sehr witzig«, antwortet Mick, »das war ein Unfall beim Stagediving beim letzten Konzert in Rosenheim.«

»Bedauerlich, aber irgendwie Berufsrisiko, oder?«

»Klar«, erwidert Mick und fragt dann unvermittelt: »Willst du kiffen?«

»Ach nö, sehr nett, aber lass mal lieber«, sage ich bei dem Gedanken daran, dass der Konsum von Marihuana die Zeit wohl noch langsamer verstreichen ließe.

Auf dem Rückweg, die quälend vielen Stufen hinauf zu meiner Station im vierten Stock, denke ich an Mick und seinen Tauchunfall beim Sprung von der Bühne. Eigentlich würde ich Stagediving auch mal gern ausprobieren, aber leider bin ich viel zu unmusikalisch für eine Rock'n'Roll-Karriere. Im Musikunterricht in der Schule ließ mich die Lehrerin früher nur Triangel spielen. »Da störst du am wenigsten, Clemens«, sagte sie immer. Statt Basejumping oder Stagediving gibt's jetzt Königsberger Klopse. Das Klinikmittagessen ist da, als ich mein Zimmer erreiche. Ich stochere lustlos ein bisschen auf dem Teller herum, spieße zum Spaß die wenigen Kapern mit der Gabel auf. Den Salzkartoffeln fehlt Salz. Ich wundere mich wieder mal, wie man unter diesen Umständen als Patient zu Kräften kommen soll. Aber gerade als ich mich über den Nachtisch, garantiert geschmacksneutrale Dosenbirne, mokieren will, betritt meine Fluchthelferin das Zimmer.

»Schatz, heute geht's nach Hause«, jubele ich zur Begrüßung und mache vor Freude ein paar Luftsprünge.

»Wirklich?«

»Ganz wirklich!«

»Warum hast du mir das nicht früher gesagt?«

»Ich wollte auch mal dich überraschen.«

»Wow! Das ist ja sensationell!« Ich bin überwältigt. Clemens darf raus. Endlich. Ich freue mich riesig, küsse ihn und muss lachen. »In deinem Jogginganzug siehst du übrigens aus wie ein riesiger Hase. Willst du den ganzen Weg zurück in die Stadt hoppeln?«

Während ich aus Spaß auf zwei Beinen Richtung Bett hopse, geht, ohne dass ich es bemerke, ein weiteres Mal die Zimmertür auf.

»Ganz ruhig, Herr Hagen, lassen Sie es langsam angehen«, höre ich die Stimme von Oberarzt Schultze. »Das müssen Sie mir zum Abschied versprechen.«

Ich nicke eifrig. Da Chefarzt Müller-Mollenweber in den Winterferien beim Skifahren in St. Moritz weilt, führt Schultze die Geschäfte auf der Station.

»Das ist schön, dass Sie schon wieder Sport machen. Was halten Sie denn von einer anschließenden Therapie? Ruhe in der Natur, gesundes Essen und noch mehr Bewegung«, schlägt Schultze vor. Die beiden jungen Ärzte neben ihm können sich ein Lachen nicht verkneifen.

Ich erschrecke und sage: »Um ehrlich zu sein, Herr Doktor, davon halte ich gar nichts. Vier Wochen Krankenhaus reichen mir dicke.«

Kimberly blickt mich besorgt an.

Schultze sagt: »Wir können Sie nicht zwingen, aber wir empfehlen Koma-Patienten immer eine Therapie. Es wären ja nur noch mal ein paar Wochen. Und es gibt da eine ganz fabelhafte Einrichtung im Bayerischen Wald.«

Ein paar Wochen Wassertreten mit anderen Rekonvaleszenten und noch mehr Dosenbirnen zum Dessert? Nicht mit mir!

Entschieden sage ich: »Klingt ganz verlockend, aber nein danke. Sie haben doch gerade gesehen, dass ich schon fast wieder völlig auf dem Damm bin.«

Schultzes Tonfall wird schärfer: »Auch wenn Sie's nicht wahrhaben wollen, vor einigen Wochen waren Sie tot. Tot! Über zwei Minuten hat Ihr Herz nicht mehr geschlagen. Über neun Minuten hat es gedauert, bis Ihr Kreislaufsystem wieder einigermaßen stabil war. Das ist rekordverdächtig für unsere Klinik.«

Ich muss schlucken. Plötzlich schäme ich mich dafür, dass ich gerade noch an Dinge wie Motorradfahren, Basejumping oder Stagediving gedacht habe. Wie konnte ich nur? All meine Schutzengel haben doch schon genügend Überstunden gemacht.

»Also gut, Herr Doktor«, verspreche ich, »das mit der Therapie überlege ich mir noch mal.«

»Fein, wie Sie meinen. Sie können jetzt gehen. Passen Sie bitte bloß auf sich auf.«

Kimberly strahlt mich an. Hand in Hand verlassen wir Gutsing. Als wir draußen vor der Klinik stehen, muss ich weinen. Auch Kimberly ist gerührt, Tränen kullern ihr die Wangen hinunter.

Da hupt schon Bruno, der mit Vivi im roten Panda sitzt und uns netterweise zum Flughafen fährt. Schließlich sind dort ja noch unsere Koffer aus Berlin in der Gepäckaufbewahrung.

Nach ziemlich viel Papierkram und einer langen Zollkontrolle haben wir unsere Sachen. Bruno und Vivi sind bereits weggefahren. Vorher haben wir uns noch auf ein Wiedersehen in München verabredet. Mit den Koffern steuern wir auf die lange Taxischlange zu. Wir quetschen uns mit unserem Gepäck in ein besonders winziges Taxi. Während ich noch darüber nachdenke, wie man für so ein Zwergen-Auto überhaupt eine Taxilizenz bekommt, lenkt mich die laute indische Musik ab. Am Rückspiegel baumelt eine vielarmige, bunte Shiva-Puppe.

Es riecht nach Räucherstäbchen, der junge indische Fahrer lächelt uns an und fragt freundlich: »Na? Gut gelandet?«

Ich antworte: »Äh, ja, wir hatten nur etwas Verspätung. Neun Minuten.«

Der Taxifahrer schüttelt den Kopf und sagt: »Was los mit Ihnen? Regen auf wegen neun Minuten? Neun Minuten sind gar nichts.«

Nachwort

Heute habe ich meinen ersten zweiten Geburtstag. Oder meinen zweiten ersten Geburtstag. Je nach Sichtweise. Ein Umstand, an den sich der Nahtoderfahrene und seine Verlobte erst einmal gewöhnen müssen. Jedenfalls riss vor genau 365 Tagen diese fiese, kleine Ader in meiner Speiseröhre. Es passierte kurz vor Mitternacht, zur selben Zeit etwa, zu der ich 1962 auch das Licht der Welt erblickt habe. Das ist nur einer von vielen überraschenden Zufällen an diesem Tag, dem ersten Jubiläumstag meiner Wiedergeburt. Aber der Reihe nach.

Es ist bereits spät am Vormittag, als mich Kimberly mit einem sanften Küsschen und einem ins Ohr gehauchten »Happy Birthday« aus meinen garantiert dämonenfreien Träumen weckt. Kurz danach sitzen wir beide entspannt am Frühstückstisch. Während sie sich eine Scheibe Brot mit Frischkäse und Hähnchensalami zubereitet, vertilge ich genüsslich einen Berg Karotten, Kohlrabi und Apfelstücke. Seltsam, denn vor meinem »Unfall« habe ich Gemüse und Obst zutiefst verachtet. Jetzt bin ich geradezu süchtig nach Vitaminen. Und das ganz freiwillig, ohne dass mich ein Arzt dazu verdonnert hätte.

Derlei gestärkt schlurfe ich, immer noch in Bademantel und Pantoffeln, die wenigen Stufen hinab zum Briefkasten. Neben den üblichen, wenig erbaulichen Rechnungen fällt mir sofort ein schmaler, dunkelroter Flyer ins Auge. Im Treppensteigen lese ich: »Verlust und Trauer – Ist mit dem Tod alles vorbei?« Darunter ist ein Paar zu sehen, das auf eine Wand voller Kinderfotos blickt. Offensichtlich die verstorbene Tochter der beiden. Wie schrecklich. Ich muss schlucken. Dann lese ich weiter: »Ist diese Behauptung ... Richtig? Falsch? Schwer zu sagen?« Verfasser des Flyers ist eine christliche Sekte, die auf diese Weise offensichtlich neue Mitglieder gewinnen will. Denn die Sekte kennt die Antwort auf diese Frage aller Fragen natürlich schon. Zurück in unserer Wohnung zeige ich Kimberly die Wurfsendung und sage: »Gespenstisch, nicht?«

Kimberly nickt, schaut mir auf die Füße und antwortet: »Das ist wirklich spooky, aber wir müssen jetzt in die Puschen kommen. Du weißt, wir haben heute noch viel vor.«

Da hat sie allerdings recht. Wir duschen, ziehen uns geschwind an und machen uns mit dem Auto auf den Weg nach Gutsing. Dort wollen wir heute in der alten gotischen Klosterkirche eine Kerze entzünden.

Nach der einstündigen Fahrt erreichen wir Gutsing. Kimberly und ich machen einen Schlenker, um einen kurzen Blick auf die Klinik zu werfen, in die ich vor einem Jahr in höchster Lebensgefahr eingeliefert worden war. Ich will die Notaufnahme sehen, wo mich damals Dr. Wagner und seine famosen Kollegen in Empfang genommen hatten. Zu Fuß gehen wir die paar Meter vom Parkplatz zu jener Auffahrt, die ausschließlich für Notarztwagen bestimmt ist. Und wer kommt uns dort zu Fuß entgegen? Schwester Vivi und Pfleger Bruno, Hand in Hand. Anscheinend haben sie Feierabend. Kimberly und ich schauen uns an, lachen und verschwinden unerkannt. Wir wollen die beiden jetzt nicht unnötig in Verlegenheit bringen. Weiter geht unsere Fahrt zur Gutsinger Klosterkirche. Wir betreten das hohe Mittelschiff und bekreuzigen uns. Dann gehen wir schweigend zu den vielen Kerzen, die Menschen vor uns als Zeichen ihrer Dankbarkeit aufgestellt haben. Ich nehme eine Kerze und stecke einen gefalteten Geldschein in den Schlitz der kleinen Spendenkiste. Dann stelle ich die Kerze auf und entzünde sie. Kimberly und ich halten inne und nehmen uns an der Hand. Ich muss weinen. Ganz plötzlich. Kimberly ergeht es ebenso. Still stehen wir so einige Minuten da, schauen in die Flamme, während uns die Tränen über die Wangen laufen. Dann gehen wir weiter zu einer Bank und beten zusammen still ein Vaterunser.

Auf dem Weg zum Parkplatz, wo unser Auto steht, gehen Kimberly und ich über einen kleinen Kiesweg. Weit entfernt, ich habe meine Brille nicht auf, bilde ich mir ein, ihn zu sehen. Ihn, den lieben Herrn Vorsitzenden, den Vorsitzenden Richter am Jüngsten Gericht, den Tod. Er steht einfach so da am Waldrand, halb verdeckt von einer Fichte, einem Lebensbaum, und winkt mir zu. Ich kneife die Augen zusammen und winke zurück. Aber da ist er auch schon verschwunden. Vielleicht war's ja auch bloß ein Ast.

Zurück in München steht uns eine weitaus irdischere Aufgabe bevor. Weil Kimberly in der »Abendzeitung« darüber berichten will, besuchen wir später die Eröffnungsparty einer Modeboutique an der exklusiven Maximilianstraße. Dort ist es laut und lustig. Die Gäste, darunter diverse Prominente, drängen sich dicht an dicht in dem Geschäft. Kimberly trinkt ein Glas Champagner, ich Mineralwasser.

Als wir kurz vor Mitternacht nach viel, meist recht unterhaltsamem, Small Talk gehen, passiert etwas Seltsames. Vor der Boutique steht, dick eingepackt in Winterkleidung, ein kleiner Gospelchor, der die Gäste mit seinen Liedern in Weihnachtsstimmung bringen soll. Die vier Musiker wollen gerade aufbrechen.

Als sie uns sehen, sagt der Solist zu seinen drei durchgefrorenen Background-Sängerinnen: »Na kommt schon, ein Lied für dieses Paar geht noch.«

Wir bleiben stehen und lauschen. Der Chor singt mit Inbrunst und exklusiv für uns ein wunderschönes »Oh Happy Day«. Kimberly und ich sind spontan so gerührt, dass wir abermals mit den Tränen kämpfen. Vergeblich.

Zurück in unserer Wohnung besehe ich mir das Einlassbändchen, das jeder Partygast Stunden zuvor am Eingang der Modeboutique erhalten hatte. Daran baumelt, ich kann es kaum glauben, ein kleiner, mit Kristallen besetzter Engelsflügel.

Ich zeige ihn Kimberly, die zu mir sagt: »Siehst du, das ist noch ein Zeichen. Den darfst du auf keinen Fall verlieren.«

»Nein, niemals«, antworte ich, »der Flügel kriegt einen Ehrenplatz neben Sabrinas Porzellanengel aus Gutsing.«

Erschöpft von den vielen Eindrücken und Emotionen des Tages gehen wir schnell zu Bett. Ich liege noch lange wach und lasse das letzte Jahr Revue passieren. Wie haben Nahtoderfahrung und Koma mein Leben verändert?

Mein Uraltfreund Gregor, der uns vor einigen Tagen besucht hat, sagte zu mir: »Clemens, früher warst du immer so nervös, irgendwie dauernd angespannt. Jetzt wirkst du auf mich angekommen, endlich ganz bei dir selbst. Du hast – ich weiß, es ist peinlich das jetzt zu sagen – so was Guruhaftes, so was Weises an dir.« Ich habe Gregor dann wenig charmant einen Vogel gezeigt, aber jetzt denke ich zum ersten Mal in Ruhe über seine Worte nach. Vielleicht hat Gregor ja recht, vielleicht hat mir der Blick auf die andere Seite, der Blick ins Jenseits tatsächlich die Seelenruhe gebracht, die ich mein Leben lang gesucht und nicht gefunden hatte.

Fest steht, dass ich keine Angst mehr vor dem Morgen habe. Es mag ein wenig pathetisch klingen, aber ich sehe jeden Tag als Geschenk. So oder so ähnlich müssen sich auch Menschen fühlen, die einen Flugzeugabsturz überlebt haben. Jedenfalls ist in diesem Jahr kein Tag vergangen, an dem ich nicht daran gedacht habe, was mit mir passiert ist. Wenn ich meine Geschichte erzähle, was häufig der Fall ist, hören mir die Menschen zu. Meist sogar aufmerksam. Nach Ende meines Berichts sehen mich die Zuhörer immer irgendwie ungläubig und gleichzeitig fasziniert an. Ich glaube, ich kann ihnen ein wenig Hoffnung schenken für ihr eigenes Leben. Hoffnung, dass mit dem Ende nicht alles vorbei ist. Mein Herz stand still, aber die Gedanken flogen weiter. Ich war neun Minuten weg, tot, aber mein Geist blieb lebendig.

Ich denke heute häufig an das Lieblingsbibelzitat meines leider viel zu früh verstorbenen Vaters. Es stammt aus dem Alten Testament und ist von dem Propheten Jesaja. Es lautet: »Fürchte dich nicht, denn ich habe dich erlöst; ich habe dich bei deinem Namen gerufen; du bist mein!« Es hat ihm Kraft gegeben zu einer Zeit, als er bereits wusste, dass sich sein Leben dem Ende zuneigt. Er hat sein Wissen damals ganz für sich behalten, um die Familie nicht zu beunruhigen. Nur in seiner Bibel markierte er mit Bleistift den Vers. Ach, so denke ich oft, hätte ich ihm damals nur sagen können, was ich ihm heute sagen könnte.

Weitere Titel von Eden Books

Sunny wachst in einer großen und scheinbar glücklichen Arztfamilie auf – bis sich eine Tragödie ereignet. An einem wunderschönen Sommertag ersticht sich ihr Vater und raubt Sunny damit die Möglichkeit einer unbeschwerten Kindheit. Zwanzig Jahre später begibt sich die Tochter auf eine Spurensuche in die Vergangenheit. Zum ersten Mal setzt sie sich intensiv mit der Geschichte ihres Vaters und den Motiven für seine erschreckende Tat auseinander. Dabei kommt sie zu überraschenden Erkenntnissen, die sie nicht nur ihrem Vater, sondern auch sich selbst ein Stückchen näherbringen.

Alexa von Heyden
HINTER DEM BLAU
Ein kleines Mädchen verliert seinen Vater.
Eine junge Frau findet zu sich.

208 Seiten | Klappenbroschur | 13,5 × 21 cm
12,95 € (D) / 13,40 € (A)
Auch als E-Book erhältlich
ISBN: 978-3-944296-03-6